Barbara Erlacher-Farkas
und Christian Jorda (Hrsg.)

Monodrama

Heilende Begegnung
Vom Psychodrama zur Einzeltherapie

SpringerWienNewYork

Dr. Barbara Erlacher-Farkas
Dr. Christian Jorda
Wien, Österreich

© 1996 Springer-Verlag/Wien
Printed in Austria

Satz: H. Meszarics · 1200 Wien
Druck: Eugen Ketterl Ges.m.b.H., A-1180 Wien
Graphisches Konzept: Ecke Bonk

Gedruckt auf säurefreiem, chlorfrei gebleichtem Papier-TCF

Mit 9 Abbildungen

Die Deutsche Bibliothek – CIP-Einheitsaufnahme

Monodrama : heilende Begegnung ; vom Psychodrama zur Einzeltherapie / Barbara Erlacher-Farkas ; Christian Jorda (Hrsg.). – Wien ; New York : Springer, 1996
ISBN 3-211-82835-4
NE: Erlacher-Farkas, Barbara [Hrsg.]

ISBN 3-211-82835-4 Springer-Verlag Wien New York

Gewidmet
Zerka T. Moreno

Maithal, E. A. Kasper, 1989

O öffne Dich,
Maithal,
Dem der dich schuf.

Köstliche Gaben
Bringe ich dir.

Feurige Kräuter,
Traumdunkles Grün,
Mondweiße Stämme
im Wald.

Auf Deinem Hügel
Steinernes Haus,
Reiser und Hecken
Voll Most.

aus: Testament des Vaters, J. L. Moreno, 1922

Geleitwort

Als gruppenpsychotherapeutisches Verfahren ist Psychodrama aus der heutigen Psychotherapie nicht mehr wegzudenken. Daß es auch als Einzeltherapie erfolgen kann, ist weniger bekannt, obwohl Moreno es seit den fünfziger Jahren häufig in dieser Form anwandte. Er unterschied zwei einzeltherapeutische Varianten des Psychodramas, zum einen das Monodrama, bei dem ein Patient oder Klient unter Zuhilfenahme besonderer technischer Möglichkeiten von einem Psychodramatherapeuten im einzeltherapeutischen Setting behandelt wird; zum anderen das Autodrama, bei dem der Protagonist sein Psychodrama mit mehreren Hilfs-Ichen selbst dirigiert. Letztere Form ist laut persönlicher Mitteilung von Zerka T. Moreno bei Personen mit schweren Autoritätskonflikten besonders indiziert.

Eine erfolgreiche Anwendung des Monodramas setzt allerdings umfassende Kenntnisse der Triadischen Methode Psychodrama, Soziometrie, Gruppenpsychotherapie voraus sowie Gewandtheit in ihrer Anwendung. Gegebenenfalls wird es Psychodramatherapeuten und -therapeutinnen gelingen, ihren Patienten auch im einzeltherapeutischen Setting die Möglichkeit zu spontanem szenischem Handeln und Verstehen zu erschließen.

Im vorliegenden Buch schildern die Autoren und Autorinnen in übersichtlicher Weise ihre Erfahrungen mit dem Monodrama und geben Anleitungen zu seiner Praxis. Psychodramatherapeuten und -therapeutinnen wird das Buch ermutigen, diese Form der Einzeltherapie zu praktizieren, Ausbildungskandidaten finden in ihm eine wichtige Ergänzung der Lehre.

Überlingen am Bodensee, 1996   *Grete Leutz*

Denn Wert oder das „Gute", wenn es dergleichen gibt, ist ja das Einzige, das von sich her aus der bloßen Möglichkeit auf Existenz dringt (oder aus gegebener Existenz rechtmäßig auf Weiterexistenz) – also einen Anspruch auf Sein, ein Sein sollen begründet und, wo das Sein von wahlfreiem Handeln abhängt, es diesem zur Pflicht macht.

Jonas Hans, 1984, Das Prinzip Verantwortung, Suhrkamp, S. 100

Die Menschenwürde ist getroffen,
wenn der konkrete Mensch zum Objekt,
zu einem bloßen Mittel,
zur vertretbaren Größe herabgewürdigt wird.

G. Dürig[1]

Vorwort

Alle Psychodramatechniken zeigen handelnd Jakob L. Morenos therapeutische Philosophie, dem einzelenen Patienten in seiner Individualität als Person gerecht zu werden, ihn nicht als Mittel zum Zweck eigenen therapeutischen Ehrgeizes, „des Geldverdienens oder gar der Befriedigung des Machttriebes zu betrachten, sondern ihm in echter Liebe den Dienst heilender, helfender und begleitender Obsorge zu erweisen" (Zsifkovits, 1995, S. 26)[2].

Wenn auch das Wort Liebe in diesem Zusammenhang einen christlichen Aspekt hat, so ist sie als Bereitschaft auf den anderen zuzugehen, den eigenen Standort verlassend, allgemein gültig.

In diesem Sinn meinen wir, daß Begegnung im Sinne Morenos die face-to-face-Situation voraussetzt. Meine Augen kann ich nur mit dem Augenpaar *eines* Mädchens, oder *eines* Buben, oder *einer* Frau oder *eines* Mannes, also nur mit *einem* anderen Menschen tauschen, damit ich ihn mit seinen Augen und er mich mit meinen Augen anschauen kann. Oft ein schmerzlicher Prozeß.

Eine kurze historische Rückschau: In der Zeit von Aischylos (525–456 v. Chr.) begann das griechische Drama mit der Wechselrede zwischen dem Chor und nur einem Darsteller. Als Monodrama wurde im 18. Jh., als Gegenstück zur Oper, ein meist weiblicher Monolog bezeichnet, durch Instrumentalmusik unterstützt und begleitet. Daneben gab es Duodramen und seltener Triodramen (vgl. hierzu Reallexikon der deutschen Literaturgeschichte, Bd. 2, 1926/1928, S. 415 Fs.). In Deutschland entwickelte sich diese Form selbständig weiter, angeregt durch Rousseaus Monologe in „Pygmalion". Diese Form des Monodramas führte ohne Anfang und Mitte meist das tragische Ende einer klassischen Frauengestalt wie z. B. Ariadne vor. Die Heldin erinnert sich an Szenen aus ihrer Kindheit, schildert ihre Emotionen und ihre Zukunftsvisionen ganz im Sinne Innerer Monologe, der Technik von

---

[1] G. Dürig, Verfassungsrechtler, Kommentar zum Bonner Grundgesetz.
[2] Univ.-Prof. DDr. Valentin Zsifkovits, Vorstand des Institutes für Ethik und Sozialwissenschaft der Universität Graz/Austria. In: Granatapfel, 12/1995, S. 26.

Psychodrama- und Monodramatherapie. Im scheinbaren Zwiegespräch mit Sturm und Donner werden Gefühle vielseitig ausgedrückt zur Sprache gebracht.

Goethe plante sogar den Urfaust als Monodrama. Aber schon in den letzten beiden Jahrzehnten des 18. Jhdts. verlor das Monodrama seine Faszination.

Erst im Expressionismus tauchte es wieder auf. Schönberg verwendete die Bezeichnung „Monodrama" für seine einaktige Oper „Erwartung" (1909) mit einer Sprechgesangsrolle. Ab dieser Zeit werden psychologische Dramen bevorzugt als Ich-Dramen oder mit längeren monodramatischen Sequenzen gestaltet.

Eine der frühen Schriften Morenos, „Das Testament des Vaters" (1920 bzw. die erweiterte Ausgabe 1922) ist in dieser Technik verfaßt.

In beeindruckender Kasuistik schildert H. Straub psychodramatische Behandlung mit Ich-stärkendem Rollenspiel u. a. im Setting der Einzelpsychotherapie (Angewandtes Psychodrama, 1972, Hrsg. H. Petzold, Junfermann, S. 177–186).

Im Sammelband „Psychodrama in der Praxis: Anwendung in Therapie, Beratung und Sozialarbeit" hrsg. v. E. Engelke mit einem Vorwort von Grete A. Leutz (Pfeiffer, 1981, München), aus der Reihe „Leben lernen" (Nr. 51) beschreibt G. Klosinski Psychodrama als Interventionstechnik in der Einzelpsychotherapie mit Pubertierenden und zieht Querverbindungen zu entsprechenden Arbeiten französischer Psychiater wie S. Lebovici 1958, und andere, die diese Form in Krisenintervention und Kurzzeittherapie verwenden.

Zerka T. Moreno (zitiert nach persönlicher Mitteilung v. G. Leutz). „Moreno meant it to be a psychodrama by a single protagonist with a director and playing all the roles himself. The variation was autodrama in which the protagonist directed him/herself and used auxiliary egos to complete the interaction . . . I have succesfully used both forms with rebellious adolescents when it was desirable to avoid . . . rejection of any authority figure . . . It was most certainly in the early 50s years."

Klosinski macht in seiner Arbeit bereits aufmerksam auf Rollenkonfusionen seitens des Therapeuten, wenn er Antagonistenrollen übernimmt: „Aus dem Dilemma heraus, daß der Therapeut im Monodrama über längere Strecken Hilfs-Ichfunktionen und Antagonistenrollen übernehmen muß, besteht die Gefahr, daß er das Gefühl entwickelt, seiner Leiter- und seiner Therapeutenfunktion nicht gerecht werden zu können" (ebenda S. 152). Er vergleicht das ev. Drängen des Therapeuten im Monodrama mit einer zu schnell vorgebrachten Deutung im psychoanalytischen Setting.

In Österreich haben Psychodrama- und Monodramatherapie im Zusammenhang mit der österreichischen Psychotherapiegesetzgebung 1990 die gesetzliche Anerkennung bekommen und damit auch die

Berechtigung zur Kassenverrechnung bei entsprechender Indikation. Monodrama ist im Rahmen der Ausbildung zur Psychodramatherapie in Selbsterfahrung und als Methodik vorgeschrieben.

Im vorliegenden Lehrbuch werden erstmals detaillierte Anleitungen zur Beherrschung der Varianten der Psychodramatechniken für die Methode Monodrama gegeben. Sie wird in der Einzeltherapie bereits vielfach fruchtbringend angewandt.

Die im Original farbigen Zeichnungen der Salzburger Künstlerin E. A. Kasper sollen die kreativ gestalterische Seite, die in der Monodramatherapie in vielfacher Symbolik dargestellt werden kann, auch in der Sprache der Bilder zum Ausdruck bringen.

Ch. Jorda
Wien, im Juni 1996   *B. Erlacher-Farkas*

Danksagung

Zu großem Dank sind wir PsychodramatikerInnen den Förderern des Psychodramas in Österreich, Herrn Univ.-Doz. Dr. Raoul Schindler und unserem viel zu früh verstorbenen Herrn Univ.-Prof. Dr. Erich Pakesch, verpflichtet.

Zu besonderem Dank bin ich meinen Lehrern und Vorbildern verpflichtet:

Vor allem Frau Dr. med. Grete Leutz bei der ersten Begegnung mit ihr und dem Psychodrama bei den Lindauer Psychotherapiewochen 1972 im „Kaminzimmer" eines zentral gelegenen Hotels, Herrn. Dr. med. A. Friedemann, Schweizer Kinderarzt und einer der ersten Europäischen Psychodramatiker, Frau Dipl.-Psychologin Heike Straub, Herrn Oberarzt Dr. med. Erich Franzke, österreichischer Arzt seit Jahrzehnten in Schweden lebend, und vielen anderen Psychodramatikern ob in der Schweiz, in Italien, Deutschland oder in Ungarn wirkend, die auf meine Einladung hin das Psychodrama zu uns nach Österreich brachten.

Für die ausführlichen Korrekturen sowie wichtige Hinweise und fruchtbares inhaltliches Feedback danke ich Frau Dr. Grete Leutz ganz besonders herzlich, Frau Dr. Anneliese Schigutt für die kritische Durchsicht manch heikler Stellen sowie Herrn Mag. Helmut Haselbacher, Fachsektionsleiter für „Psychodrama, Soziometrie und Rollenspiel" im ÖAGG.

Für die verläßliche Mithilfe bei der schriftlichen Ausarbeitung dieses Buches danke ich Frau cand. iur. Claudia Kohlmaier und für die umsichtige redaktionelle Hilfe Frau Mag. Getrude Rabel.

B. Erlacher-Farkas
Herausgeberin und Autorin

Inhaltsverzeichnis

Autoren/Innen

Dr. phil. Hanna Egger
Seit 1993 stellvertretende Direktorin am Museum für Angewandte Kunst, Wien, seit 1992 Lektorat an der Universität Innsbruck „Geschichte der Ornamentik", seit 1982 Leiterin der Bibliothek und Kunstblättersammlung, an der sie seit 1967 tätig ist. Schwerpunkte in Forschung und Publikationen: Geschichte der Buchillustration, Geschichte der Ornamentik und des Ornamentstiches, Bearbeitung von Themen der profanen und christlichen Ikonographie vom Mittelalter bis zum 19. Jahrhundert.

Dr. phil. Barbara Erlacher-Farkas
Klinische Psychologin und Gesundheitspsychologin, Psychotherapeutin (Psychodrama, Psychoanalyse, Verhaltenstherapie), Supervisorin. Psychodrama-Lehrtherapeutin ÖAGG. Univ.-Lektorin für Lernpsychologie a. d. Technischen Universität Wien, Vorstandsmitglied beim Berufsverband Österr. Psychologen/Innen (BÖP). Lehraufträge f. Psychotherapeutische Propädeutika, Wien.

Dipl. Pädagogin Friedel Geisler
Pastorin, Gründerin und Leiterin der Jugend- und Drogenberatung anonym e. V. Solingen, Lehrtherapeutin (Psychodrama DAGG und DGSV) und Supervisorin u. a. bei der Sozialtherapeutischen Zusatzausbildung des Landesverbandes Westfalen-Lippe, wo sie auch für die Konzeptionsentwicklung verantwortlich ist. Eigene freie Praxis mit Psychodrama in Einzel- und Gruppenarbeit. Zahlreiche Publikationen.

Dipl. Sozialarbeiter Karl Grimmer
Psychotherapeut (Psychodrama) und Supervisor ÖAGG. Lehrauftrag a. d. Bundesakademie für Sozialarbeit, Wien sowie für Psychotherapeutisches Propädeutikum, ÖAGG.

Wolfgang Hofer
Psychotherapeut (Psychodrama) und Supervisor ÖAGG, Familienberater, Gemeinschaftspraxis mit Manuela Hofer-Hartnig, Arbeitsschwerpunkte sind Sexualtherapie und Suchtverhalten. Graduierten Vertre-

ter der Fachsektion Psychodrama, Soziometrie und Rollenspiel i.
ÖAGG, Mitarbeiter i. Jugend-, Familien-, Sexualberatungsstelle i. Ver-
ein BILY, Linz, OÖ.

Dipl. Sozialarbeiterin Manuela Hofer-Hartnig

Psychodrama-Assistentin ÖAGG. Gemeinschaftspraxis mit Wolfgang
Hofer. Fortbildungsleiterin und Supervisorin im Diakonie Werk Gall-
neukirchen, OÖ.

Dr. phil. Christian Jorda

Klin. Psychologe und Gesundheitspsychologe, Psychotherapeut (Psy-
chodrama) in freier Praxis und in der staatlichen Justizanstalt, Wien,
Lehrbeauftragter für Literatur und Monodrama der Fachsektion
Psychodrama, Soziometrie und Rollenspiel im ÖGG.

Prof. Dr. phil. Elisabeth A. Kasper

Psychotherapeutin (Psychodrama) Autorin mehrerer wissenschaftlicher Arbeiten. Psychodrama, Monodrama über afrikanische Kultur,
Text- und Aquarellzyklen, zahlreiche Einzel- und Kollektivausstellun-
gen (Wien, Paris, Heidelberg, Amsterdam u. a.)

Hildegard Pruckner

Psychotherapeutin in freier Praxis, Supervisorin, Psychodramaleiterin
im ÖAGG, Lehrbeauftragte der Fachsektion Psychodrama ÖAGG für
Monodrama sowie Lehrbeauftragte der Weiterbildung zum/zur Kin-
der- und Jugendtherapeuten/In ÖAGG. Arbeit als Beratungslehrerin.

Mag. Gertrude Rabel

Ethnologin, Psychodrama-Assistentin i. ÖAGG. Mehrere Publikationen
über ethnolog. und psychodramat. Themen.

Univ.-Doz. Dr. phil. Magda Ritook

habilitiert an der Lorand Eötvös Universität, Budapest/Ungarn, dort
Leiterin der Fachgruppe für Berufssozialisation und Arbeitspsycholo-
gie, Leiterin d. Bildungsprogrammes der Studienspezialisation – Bera-
tungspsychologie sowie Leiterin des Studentenberatungsdienstes der
philosophischen Fakultät obengenannter Universität.

Dipl. Sozialarbeiter Willi Ruthner

Psychotherapeut (Psychodrama) Streetworker f. jugendl. Randgrup-
pen, seit 1990 Familienbetreuer des Wiener Amtes f. Jugend und
Familie.

Dr. phil. H. Ruediger Schiferer
Bibliothekar, ab 1971 Österr. Nationalbibliothek, zuletzt Forschungs-
abteilung, jetzt Koordinator für kulturelle Veranstaltungen und Aus-
stellungseinrichtungen der Bibliothek. Zahlreiche Publikationen,
Rundfunksendungen, internat. Ausstellungen sowie (Mit-)Autor mehrerer Bücher zu psychotherapeutischen Themen.

Univ.-Doz. Dr. med. Raoul Schindler
Psychotherapeut (Psychoanalyse, Gruppenpsychotherapie, Familientherapie), Supervisor. Wissenschaftliche Entwicklung der „Rangdyna-
mik" und der „Bifokalen Familientherapie".

Dr. Ella Mae Shearon
Ph. D. Psychologin, Schülerin von J. L. und Zerka Moreno, Psychodrama Leiterin Moreno-Institut Beacon, New York, seit 1976 Gründerin
und Direktorin des Institutes für Psychodrama/Köln. Ausbildnerin
TEP (Trainer, Education, Practitioner) d. American Brand of Exami-
nes. Mitglied zahlreicher intern. Vereinigungen.

Dipl. Sozialarbeiterin Maria-Th. Sponger-Schönherr
Psychotherapeutin (Psychodrama) in freier Praxis, Psychodrama-
Lehrtherapeutin und Supervisorin i. ÖAGG. Lehrtätigkeiten für Fort-
bildung in Sozialberufen im In- und Ausland.

. . . Das Ziel des Psychodramas bestand von Anfang an darin, ein therapeutisches Setting zu schaffen, das das Leben als Modell benutzt, in dem alle Modalitäten des Lebens, angefangen von den Universalia Zeit, Raum, Realität und Kosmos bis zu den Einzelheiten und Feinheiten des Alltagslebens integriert werden können.

J. L. Moreno, etwa 1966

Einleitung

B. Erlacher-Farkas und Ch. Jorda

Ein Gang zu zweit: Auge vor Auge, Mund vor Mund.
Und bist du bei mir, so will ich dir die Augen aus den Höhlen reißen
und an Stelle der meinen setzen,
und du wirst die meinen ausbrechen
und an Stelle der deinen setzen,
dann will ich dich mit den deinen
und du wirst mich mit meinen Augen anschauen.
Jakob L. Moreno

Alle Psychodramatechniken zeigen Jakob L. Morenos therapeutische Philosophie, dem einzelnen Patienten in seiner Individualität als Person gerecht zu werden. Im Sinne Morenos setzt Begegnung eine face-to-face Situation voraus. Die Weiterentwicklung zum Monodrama ist deshalb eine geradezu logische Folge vom schützenden Rahmen der Gruppe in die individuelle Situation.

Erstmalig wird Monodramaarbeit differenziert beschrieben und illustriert. Monodrama entwickelte sich aus dem klassischen Psychodrama nach J. L. Moreno. Erst später kam es zu einer Spezifikation der Methode Monodrama. Sie wurde 1983 auf dem Symposium in Henndorf von Frau Erlacher-Farkas als Technik beschrieben und es wurde die Bezeichnung „Monodramatherapie" als terminus technicus in Österreich eingeführt (siehe Feedback 1983, S. 20).[1] Dabei wurde diese Variante des Psychodramas für einen Klienten wissenschaftlich zur Diskussion gestellt und in Österreich auch als psychodramatische Einzeltherapie bezeichnet.

Die Herausgeber finden es befruchtend, auch anderen Lehrmeinungen Raum zu geben, und so findet der Leser im IV. Teil unter Kapitel 2 die Differenzierung für die therapeutische Arbeit mit einem Klienten im Psychodrama à Deux: Einerseits wird dabei dem Leiter die Möglichkeit eingeräumt mitzuspielen, und andererseits wird auch die Monodramavariante vorgestellt, in der er dies nicht tut.

Im ersten Teil wird dem Leser ein historischer Überblick vermit-

---

[1] Heft 1/2, Jahrgang 1.

telt. R. Schindler beschreibt die erste Psychodramasitzung Morenos in
Wien mit einer Klientin. Moreno kehrte zu dieser Zeit nach Wien – zu-
sammen mit seiner Frau Zerka Moreno – zurück, die ihn bei seiner
Arbeit als Hilfs-Ich unterstützte. Es war die erste Begegnung zwischen
der „Methode Psychodrama" und der klinisch psychiatrischen Szene in
Wien.

Der religionsphilosophische (F. Geisler) und der künstlerisch-
expressionistische Hintergrund der Zeit in Wien (R. Schiferer) stellen
das Umfeld Morenos auf diese „Buch-Bühne", auf der er sowohl in intellektueller als auch in menschlicher Hinsicht seine Methode „Psychodrama" reifen lassen konnte. Auf eine der religionsphilosophischen
Wurzeln verweist die Ethnologin G. Rabel. Moreno selbst bezieht sich
auf diesen wichtigen Aspekt des Schamanismus indigener Kulturen.

Im zweiten Teil wird der Versuch unternommen, die philosophischen und theoretischen Aspekte von Moreno mit den heutigen Theorien in Verbindung zu setzen und so zu einer Monodramatheorie zu
gelangen, die sich auf dem Boden empirischer Forschung bewegen soll.

Moreno entwickelte seine Theorie der Spontaneität und Kreativität
auf Grund der Philsophie von Henry Bergson (1859–1941), die der In-
tuition vor dem Verstandesmäßigen den Vorrang einräumte.

Im theoretischen Teil werden daher psychologische Theorien mit
kasuistischem, intuitivem Wirken in Verbindung gebracht.

Im methodischen dritten Teil wird die praktische Monodramaarbeit beschrieben und das Spezifikum der Monodramatechniken illustriert. Es wird die Anwendung des Psychodramas mit den Variationen
hinsichtlich der Arbeit mit einem Klienten im Detail beschrieben, in
der der Klient aber nicht den Leiter spielt, sondern dieser jenen begleitet.

Weiters wird in einem eigenen Kapitel der kreative und expressionistische Aspekt des monodramatischen Geschehens herausgearbeitet,
indem verschiedenste Arbeiten wie Collagearbeit und Symbolarbeit
in die monodramatische Arbeit eingebunden werden. Es werden
länderüberschreitende Beiträge gesammelt, um die Bewährung der
monodramatischen Zugangs- und Arbeitsweise im therapeutischen
Sinn zu demonstrieren.

Über die Anwendung von monodramatischen Arbeiten und Techniken in verschiedensten klinischen Bereichen wie Studentenberatung,[2] Psychiatrie, Gefängnisarbeit und Arbeit mit Kindern, wird ein
Teil der monodramatischen Möglichkeiten aufgezeigt.

---

[2] Am 30. 4. 1976 fand die erste von der Herausgeberin (damals: Erlacher B.)
     dokumentierte Psychodramasitzung mit einem Klieneten, ein Werkstudent,
     in der Psychologischen Studentenberatungsstelle/Wien d. Bundesministe-
     riums f. Wissenschaft u. Forschung statt.

Ziel dieses Buches ist es, den Bezug zwischen Praxis und Theorie herzustellen, welcher dem Interaktionskreis zwischen Mensch und Welt gerecht wird und so eine Rollentheorie bzw. kreative Ansätze entwickelt, um auch psychopathologische Phänomene verstehen zu lernen. Die Beispiele aus der alltäglichen monodramatischen Praxis erheben keinen Anspruch auf Vollständigkeit.

Eine Übersicht zur Indikationsstellung wird dem Leser von M. Stelzig gegeben. Die Herausgeber hoffen damit einen kurzen Einblick in die Praxis monodramatischer Arbeit vermitteln zu können.

Bindeglied dieser verschiedenen Arbeiten ist das „dramaturgische Verständnis" (nach Sponger-Schönherr) seelischer Vorgänge. Diese Psychodramasicht ist der gemeinsame Nenner unterschiedlicher Erfahrungen im eigenen Erleben wie in der therapeutischen Praxis.

In Zukunft werden auch gesellschaftspolitische Positionen miteinbezogen werden müssen, wie es z. B. im Rahmen des 14. Psychodramasymposiums 1996 in Mondsee bereits Thema ist: „Psychodrama, Mittel zur Politikgestaltung?".

Hiemit möchten wir uns bei allen Autoren und Autorinnen für ihre intensive Arbeit ganz herzlich bedanken. Die Tradition des Schreibens ist im Psychodrama eine sehr junge, um so wichtiger fanden wir es, diesen Prozeß, auch hinsichtlich einer gemeinsamen Sprachfindung, zu fördern.

Vom Psychodrama zum Monodrama[1]

B. Erlacher-Farkas

„Es ist charakteristisch, daß Wien der Geburtsort des Psychodramas, der Soziometrie und der Gruppenpsychotherapie gewesen ist, der drei Methoden, die, so nah miteinander verwandt, untereinander unentbehrlich sind" schreibt Moreno (Moreno, 1959, S. 18).

In diesem Text erläutert Moreno auch die drei Wurzeln der Gruppenpsychotherapie:
- Medizin, den heilenden Aspekt,
- Soziometrie, den dynamischen Beziehungsaspekt und
- Religion, d. h. „religiare = binden", das Prinzip des ganzheitlichen Einbeziehens, das Prinzip des Alles-Einschließens.

Für Moreno ist der Mensch – der Verantwortung für den gesamten Kosmos übernimmt[2] – mehr als ein psychologisches, biologisches, soziales Wesen: „entweder er ist mitverantwortlich für das ganze Universum, für alle Formen des Seins, für alle Werte oder seine Verantwortlichkeit bedeutet überhaupt nichts (Moreno, ebenda). Diese Sicht Morenos bekommt gerade in unserer heutigen Zeit brennende Aktualität.

Der Wiener Arzt Jakob Levy Moreno (1889–1974) hat vor mehr als sechs Jahrzehnten das Psychodrama, die Gruppenpsychotherapie und die Soziometrie begründet. Moreno sieht den Menschen gemäß seinem psychodramatischen Gesundheitsbegriff als spontan handelndes, kreatives und soziales Wesen, so steht im Zentrum des Psychodramas das spontane Spiel. Die treibende Kraft des Handelns ist der Aktionshunger. Für Moreno ist Handeln heilender als Reden. Alles menschliche Handeln ist an Rollen gebunden. Auf die kreative Seite des Handelns weisen Rollenübernahme und Rollengestaltung. Störungen zeigen sich in verminderter oder mangelnder Rollenflexibilität, in Rollendefekten durch psychische oder physische Mangelerscheinun-

---

[1] Vgl. Ottomeyer u. Wieser et al. 1992.
[2] Vgl. dazu einen aus der christlichen Tradition überlieferten Text der Hildegard von Bingen (1098–1179). Siehe S. 116, Anmerkung 1.

gen oder Traumatisierungen, weiters in Rollenkonflikten innerer Art, und mit sozialem Umfeld.

Im Psychodrama sind psychische Störungen daher in erster Linie Beziehungsstörungen. Die Techniken des Psychodramas, wie z. B. Innerer Monolog, Doppeln, Rollentausch, Spiegeln, sind entwicklungspsychologisch begründet, nicht „erfunden". Sie sind auch soziometrisch fundiert; so bietet die optimale Gruppentherapiegröße mit etwa 8 (6 bis 9) Teilnehmern das Bild einer Großfamilie. Alle Gruppenmitglieder sind in den therapeutischen Prozeß aktiv miteinbezogen durch Feedback und Sharing sowie Rollenübernahmen und Doppeln. Vielfache Rollengestaltung ist Ziel für autonomes Handeln.

Der erwachsene Mensch aktualisiert sich in vier Rollenkategorien: der Somatischen, Psychischen, Sozialen und Transzendenten. Moreno hat auf dem Phänomen der Rolle aufbauend seine umfassende Anthropologie entwickelt in Dialektik zur Spontaneität einer kreativen Lebensgestaltung (vgl. Leutz 1986, S. 54).

Das klassische Psychodrama kennt drei Phasen: die Phase des Anwärmens, des Spielens und der Aufarbeitung. Die wichtigsten Elemente sind: Protagonist, Mitspieler (Antagonisten) mit Hilfs-Ich-Funktion, Leiter, ev. Coleiter, Bühnenraum und Zeit.

Die Variante des Rollenspieles kann als übendes, lernförderndes Mittel, aber auch als diagnostisches Instrument wie auch zur reinen Spielfreude angeboten werden.

Im Soziodrama setzt sich die Gruppe mit ihr relevanten gesellschaftlichen Themen und anderen Gruppen auseinander.

Im psychodramatischen Bibliodrama werden religiöse Themen in Bezug auf die individuelle Lebensgestaltung erarbeitet.

Bei neueren Psychodramaautoren wird die rollentheoretische Ätiologie Morenos verbunden mit Ätiologiemodellen anderer therapeutischer Schulen, wie z. B. der Psychoanalyse oder Familientherapie.[3] Das Psychodrama kann personenzentriert, themenzentriert, gruppenzentriert eingesetzt werden. Eine Fülle von Literatur gibt dem interessierten Leser über Grundlagen, Theorie und Techniken des Psychodramas wie der Soziometrie weitere Informationen oder hilft zur Vertiefung.

In den etwa letzten beiden Jahrzehnten hat sich aus den gesellschaftlich-politisch begründeten Anforderungen zur Einzeltherapie das Psychodrama zum Monodrama weiterentwickelt. Moreno selbst forderte zur Weiterentwicklung auf.

Monodrama ist dann angezeigt, wenn z. B. die Gruppenfähigkeit nicht gegeben ist, bestimmte Anliegen einer strikten Anonymität bedürfen, rasches Krisenmanagement gefordert ist u. a. Diesen Vorteilen

---

[3] Ottomeyer ebenda, S. 9ff. u. Fs.

des Einzelsettings „Monodrama" steht der Nachteil des Verzichtes auf die heilende, reale, vielfache Begegnung in der Gruppe gegenüber. Andererseits wird dieser Mangel gerade kreativ umgesetzt durch vermehrte Symbolarbeit, wodurch Erweiterung und Vertiefung des Rollenspektrums erzielt werden können.

Die Herausgeber hoffen, auf das Buch neugierig gemacht, den Aktionshunger für die Rollenhandlung „Lesen" verstärkt zu haben.

Literatur

Leutz G (1986) Psychodrama. Theorie und Praxis. Springer, Berlin Heidelberg New York Tokyo

Moreno J L (1959) Gruppenpsychologie und Psychodrama; Einleitung in die Theorie und Praxis. Thieme, Stuttgart (Benützt wurde die 2. Aufl. 1973; derzeit 4. unveränderte Aufl. 1993)

Ottomeyer K, Wieser M et al. (1993) Unveröffentl. Informationspapier über die methodenspezifische Ausrichtung des Psychodramas, Rollenspiels u. d. Soziometrie. Zur Einreichung d. Anerkennung der Methode b. Bundesministerium f. Gesundheit, Sport u. Konsumentenschutz, Wien

J. L. Moreno durchbricht einen depressiven Stupor

R. Schindler

Dieser rückerinnernde Bericht führt in die Jahre des Wiederaufbaus der österreichischen Psychiatrie nach dem 2. Weltkrieg und dem Desaster der NS-Ideologie, Anfang der 50er Jahre. Die Wiener psychiatrische Klinik unter Prof. Hoff hatte den Anschluß an die internationale Entwicklung eben wieder erreicht, ich selbst war als junger Assistent mit dem Aufbau einer Ambulanz für Psychotherapie beschäftigt, nachdem ich mit einem familientherapeutischen Ansatz bei Schizophrenen (bifokale Familientherapie) erste Anerkennung gefunden hatte. Hoff stand der Psychotherapie durchaus ambivalent gegenüber, sein Hintergrund war hirnanatomisch basiert. Aber sein psychiatrischer Assistentenstab war mit Solms, Becker und mir psychoanalytisch, Ringel und Spiel individualpsychologisch ausgerichtet. Da ich allerdings eine Gruppenstruktur für meine Methodik wählte und diese Richtung immer mehr ausbaute, was 1959 zur Gründung des Österr. Arbeitskreises für Gruppentherapie und Gruppendynamik (ÖAGG) führte, war ich nicht sehr schulenfixiert. Das gab mir eine gewisse Unabhängigkeit und auch Ausgesetztheit, eine Situation stimulativer Ungesichertheit, die damals vielleicht viele von uns jeweils in ihrer Ebene wahrnahmen und die sich kreativ von der sichernden Schulenorientierung der 90er Jahre unterscheidet. In dieser Atmosphäre meldete Moreno seinen ersten Besuch Wiens nach seiner Emigration nach den USA Ende der 20er Jahre an. Es war auch für ihn ein ungewisser Schritt. Er hatte Europa nicht als verfolgter Jude verlassen, eher hatte ihn eine, ihn damals überfordernde, Zuneigung zu diesem Schritt motiviert. Vor allem aber hatte er damit seine Neigung zu Dichtung und Theater hinter sich gelassen und daraus in Amerika eine Wissenschaft gemacht. Er hatte es damit zu einer Weltgeltung gebracht, die aber auch nicht unangefochten blieb. Die damals vorherrschende Konjunktur der Psychoanalyse in den USA hatte sein ehemaliger Mitarbeiter (in seinen Augen: „Schüler") Slavson zu nutzen vermocht und „seine" Organisation (AGPA) in Opposition zu ihm gebracht, die wissenschaftliche Neigung der Amerikaner zum Behaviorismus sorgte sowieso für Distanz. Eine Distanz, die der Gruppendynamik wissenschaftlichen Hintergrund ver-

lieh und die Morenosche Dramatik samt Soziometrie dem Theater zu-
schob. So drohte die sentimentale Neigung zu Europa für Moreno zur
Rückkehr auf eine Bühne zu werden, auf der er als Künstler bereits einmal gescheitert war und die nun seine Zuwendung als Ausdruck eines
Scheiterns als Wissenschaftler in Amerika interpretieren und zurück-
weisen konnte. Tatsächlich neigte die Stimmung in der Assistenten-
ebene der Wiener Klinik zu einer solchen Tendenz und Prof. Hoff
legte die Betreuung des Gastes in die Hände eines jungen Assistenten,
er beauftragte mich, etwas aus dem Besuch zu machen.

Ich führte Moreno und Zerka, seine junge Frau, zunächst auf den
Kahlenberg, von wo wir uns über das Wien der 20er Jahre unterhielten.
Er kannte alle Dichter und Regisseure dieser Zeit persönlich, aber ich
verstand, daß der engagierte Gemeindearzt aus Baden an den Café-
tischen eine Randerscheinung hätte bleiben müssen. Aber aus der ge-
hobenen Ferne des Berges war die Maysedergasse ein Sprungbrett für
Amerika, was ja auch Wirklichkeit geworden war. Also vereinbarte ich
mit ihm, daß er an einem kommenden Mittag für die Ärzte der Klinik
eine praktische Vorführung seiner Technik an einem Patienten halten
möge, den wir für ihn aussuchen würden. Moreno war sofort einverstanden.

Als ich am vereinbarten Tag morgens Visite machte, erschien diese
Spontanität im Kreis der Kollegen als unkritische Selbsteinschätzung.
Die Methode sollte für alle Krankheitszustände der Psychiatrie an-
wendbar sein. Also wählten wir für die mittägliche Demonstration eine
Patientin in einem depressiven Stupor, die für uns unansprechbar war.
Von einer Befragung der Patientin, ob sie einverstanden wäre, war aus
Gründen ihrer krankheitsbedingten Entrücktheit keine Rede, derglei-
chen war damals aber auch nicht üblich.

Der Vorzug, an der Universitätsklinik behandelt zu werden, setzte
das Einverständnis zu Lehrzwecken im Hörsaal vorgeführt zu werden,
voraus. Jedoch bedachten wir durchaus, daß die Mittagsstunde für die
Wirkung einer abschwächenden Tagesschwankung noch zu früh wäre.
Zur vereinbarten Stunde erwartete die Ärzteschaft der Klinik den Gast
im Hörsaal, dessen steil ansteigende Ränge damals durch eine Decke
gekrönt waren, die einem Sternenhimmel entsprach. Das Demonstrati-
onsfeld glich einem breiten Gang zu Füßen der Zuschauer, an dessen
einem Ende hinter einer Glastüre die Patientin auf ihren Auftritt war-
tete. An seinem andern Ende befand sich eine gleichartige Glastüre,
vor der ich den Gast mit Prof. Hoff bekanntmachte. Dann trat man ein
und der Professor stellte nun seinerseits den Gast aus Amerika mit be-
messenen Vorschußlorbeeren den versammelten Ärzten vor und gelei-
tete seine Frau zu einem freigehaltenen Platz in der Mitte der ersten
Reihe.

Dann übernahm Moreno das Wort. Er sagte etwas Nettes über

Wien und etwas Polemisches über seine Bemühung um die Psychoanalyse und daß es in der Psychotherapie auf die „Begegnung" ankomme. Freilich eine Begegnung, die alle Vorgeschichte mit hereinnähme, auch dort, wo sie verdeckt und ihres Ausdrucks beraubt werde. Darum könne er sich nicht auf das bloße Wort zurücknehmen, sondern spreche auch mit Händen und Füßen . . . Das Verdrängte müsse herausgelebt – acting out – werden, nicht nur herausgesprochen. Und die Theorie einer Methode nicht nur verstanden, sondern erlebt werden, darum bitte er jetzt die Patientin herein, damit sie ihm helfen könne, sich den Ärzten verständlich zu machen.

Der Hörsaaldiener öffnete die Glastüre und wies mit einer Geste der Patientin den Weg in die Arena. Sie blieb nach ein paar Schritten stehen. Aber da trat Moreno schon auf sie zu, begrüßte sie laut und nahm ihre Hand. Dann stellte er sich neben sie und erklärte ihr die Ärzte im Auditorium als eine Art Studenten, die von ihr ihre Sicht ihrer Situation verstehen lernen wollen. Nachdem er so ihre Beachtung von sich auf die Ärzte gelenkt hatte, fragte er sie, quasi nebenbei, nach ihrem Namen. Zu unserem Erstaunen nannte sie ihn, als läge keine Hemmung über ihr. Moreno wiederholte den Namen langsam und fand ihn schön. Er band eine Assoziation daran, die ich vergessen habe und die auch nicht paßte. Die Patientin verbesserte ihn und er nahm ihre Sicht sofort an, bot eine Erweiterung an. So entwickelte sich ein durchaus triviales Gespräch mit der Akzentuierung hoher Wichtigkeit, getragen von einem Ausdruck persönlichen Interesses und ohne jede objektivierende Begründung.

Der Stupor schien abgefallen und es entwickelte sich ein Gespräch über ihre Lebenssituation. Moreno fragte fast nie, er bot ihr seine Vorstellungen an und ließ sich von ihr durch Korrekturen führen. So war eigentlich er es, dem da geholfen wurde. Es tauchten Familienmitglieder auf, die sich ihr zu entziehen suchten. Nicht sie, Moreno wollte das nicht dulden. Er brauchte dafür eine Person, mit der er sich auseinandersetzen konnte. Da löste sich Zerka Moreno aus der Zuschauerreihe und übernahm diese Rolle. Sie bot zuerst Motive für diesen Rückzug an, die objektiv erschienen. Aber die Patientin korrigierte und beharrte, das habe mit ihr zu tun. Da bot Moreno ihr einen Rollentausch an: Sie sollte Zerka, die jetzt an ihre Stelle träte, erklären, was sie, als die andere Person, gegen sie habe. Dabei tauschte er mit handgreiflicher Führung die Position der beiden Damen im Raum, nunmehr bereits ganz Regisseur der Darstellung des sich entwickelnden Psychodramas.

Die Inhalte desselben habe ich vergessen, aber es bleibt der überzeugende Eindruck, daß die Patientin voll in das angebotene Spiel eintrat. Der Stupor war von ihr gewichen, sie agierte ihre Empörung. Es war, als hätte sie die Aussichtslosigkeit, mit ihrer Sicht durchzukommen, für den Moment verloren und bemühe sich, sich verständlich zu machen. Offenbar ließ sie ein Verständnis für eine ähnliche Bemühung auf der anderen Seite gelten. Zu einer Lösung des Konfliktes kam es allerdings nicht. Moreno brach die Bemühung mit einem Hinweis auf Nichtüberforderung mehr oder minder willkürlich ab. Vielleicht wollte er auch die Zeit der miterlebenden Ärzte nicht überfordern.

Es wurde nicht mehr viel diskutiert und es war auch nichts zu diskutieren. Man spürte in den Wortmeldungen rasch den Rückzug in die reine Rationalität. Mir wurde bewußt, wie wenig ich mich „mit Armen und Beinen" würde ausdrücken können. Niemand wagte damals Morenos Weg bei der Patientin fortzusetzen, als sie am nächsten Morgen wieder in den Stupor zurückfiel. Aber heute freue ich mich, daß sich im ÖAGG[1] eine Psychodrama-Sektion entwickelt hat, und ich bin der Herausgeberin dankbar für ihre Arbeit, die sie dafür geleistet hat.

---

[1] Österreichischer Arbeitskreis für Gruppentherapie und Gruppendynamik.

1. Historischer Teil

1. Anfänge in Wien
2. Zur Ideengeschichte

Kapitel 1.1

Imaginative Inszenierung des Selbst

J. L. Moreno: Sein soziales Wirken und sein expressionistischer Hintergrund

H. R. Schiferer

1. Spurensuche

Der Erste Weltkrieg hatte die kulturelle Atmosphäre Wiens tiefgreifend verändert. Das Anliegen aller war eine Erneuerung der gesellschaftlichen, kulturellen, intellektuellen und politischen Belange. Es galt, aus Trümmern einer vergangenen Welt eine Zukunft zu gestalten. Die Veränderungen zeigten sich auch in den Verhaltensweisen der Vertreter der Wiener Literatur; die Absage an die Boheme fand Entsprechung in der Wahl eines neuen Literatencafés. Das „Esprit-Lüfterl" des Café Central wurde als miefig empfunden, Dichtung sollte auch im Café Sturm sein, Aktion, oft auch unter Zuhilfenahme von bewußtseinserweiternden Substanzen, wie etwa Kokain. So nimmt es nicht wunder, daß führende literarische Zeitschriften die entsprechenden programmatischen Titel trugen: „Der Sturm"; „Die Aktion"; „Der Anbruch"; „Kokain"; „Der Mensch"; „Der Frieden". Die intellektuellen Vorreiter, die solche Zeitschriften gestalteten und belieferten, benötigten einen neuen Treffpunkt, und fanden ihn – man war ja in Wien – in einem neuen Kaffeehaus in der Herrengasse, nur wenige Schritte vom nun geschmähten Café Central entfernt.

Anton Kuh (1891–1941), Aphorist, bissiger „Sprechsteller" und Meister der kleinen Form, charakterisierte Neuigkeiten und neu gewonnene Lokalität als unmittelbar Involvierter:

Herrenhof, „ein breites, helles, prächtiges, unpersönliches, bourgeoises Familiencafé. Emanzipation vom süffisanten Bohemegeruch. Der Kaffeesieder zeigte weniger ‚voll Wohlwollen' als ‚voll Mißtrauen' ".

„. . . Das war vor allem der Fortschritt: es ging an jedem Tisch Wichtigstes, Beziehungsvollstes vor, oft unter Begleitung von Kokain – ja, und an die Stelle des Wortes ‚Verhältnis' war jetzt überhaupt das Vokabel ‚Beziehung' getreten."

Der Aktivismus zog ein: Werfel, Robert Müller, Jakob Moreno Levy. Des

Letztgenannten philosophische Einbildung, jeder sei sein eigener Gottvater, er aber vor allem, hatte einmal zur Folge, daß er, als ich arglos vor mich hinseufzte: „Ach, um Gottes Willen. . .“ rasch vom Nebentisch herbeigesprengt kam und fragte: „Bitte, wollten Sie etwas von mir?“

Die Menschen waren jung und der Kommunismus auch. (A. Kuh: „Central“ und „Herrenhof“; in ders. Von Goethe abwärts. Forum–Verl., Wien, 1963, S. 21/22, Auszug.)

Anton Kuh gibt in dieser Geschichte anscheinend eine jener zahlreichen literarischen Caféhaus-Anekdoten wieder, die Atmosphäre schaffen, sonst aber gerne überlesen werden. Dennoch ist diese Schilderung einer realen Begegnung von unschätzbarem Wert als eines der ersten literarischen Zeugnisse für die „Wiener Umtriebe“ eines Moreno, der später als Initiator der Soziometrie, der Gruppentherapie, im weiteren Sinn Gruppendynamik, und des Psychodramas weltberühmt werden sollte. Freilich ist die Zuordnung des wirklichen Moreno zu dieser humorig-literarisch geschilderten Gestalt für einen nicht vorgebildeten Leser schwierig, denn Moreno wird hier mit seinem wirklichen Familiennamen bezeichnet.

Moreno hat selbst in einigen autobiographischen Entwürfen seinen Werdegang in Wien skizziert. Doch seine Schilderungen sind Literatur und mehr Ausdruck eines über lange Entwicklungsjahre hinweg geschaffenen magisch-literarischen Lebenskonzepts. Eine Überprüfung der angegebenen Daten stößt auf nicht geringe Schwierigkeiten. Weder in Bibliothekskatalogen, noch in Einwohnerverzeichnissen und auch nicht im Studentenregister der Universität Wien findet sich der Name Moreno. Er wurde ja erst nach 1925 in Amerika sein persönliches Kennzeichen. In Wien konstruierte sich ein Jakob Levy über lange Jahre hinaus als religiös-literarische Kultfigur, die schließlich als ein Hauptrepräsentant des Wiener Aktionismus und Expressionismus gelten kann.

Eine Spurensuche, die anhand des autobiographischen Entwurfs die Entwicklungsstadien Morenos aufzufinden trachtet, wird trotz der verwirrenden Details notwendig.

Jakob Levy (die für ihn in amtlichen bzw. halbamtlichen Dokumenten gewählte Namensform – zur Auswahl stünden noch Levi, Lewi, Lewy, Loewy) wurde am 18. Mai 1889 in Bukarest geboren. Er war der Sohn des Moreno Nissam Levy, eines Großkaufmannes türkisch-jüdischer (d. h. sephardischer) Herkunft, der in Wien von 1900–1903 seine Geschäftsniederlassungen (2. Bezirk, Lilienbrunngasse 19, Castellezgasse 15 und Große Stadtgutg. 29) hatte, und einer christlichen Mutter. Der Vater hatte nicht nur in den Staaten der Monarchie, sondern auch in vielen anderen Ländern Firmenniederlassungen und befand sich daher in Wahrung der Geschäfte ständig auf Reisen.

Zu einer Zeit, in der Jules Verne seinen Roman „In 80 Tagen um die Welt" schrieb, waren lange Geschäftsreisen für Großkaufleute notwendig und daher nicht ungewöhnlich.

Jakob Levy blieb vorerst bei seiner Mutter Pauline in Bukarest. Seine Erziehung erfolgte daher im Spannungsfeld zwischen mosaischen und orthodox-christlichen Weltsichten, wobei die Familie des Vaters versuchte, den wegen dessen ständiger Abwesenheit wachsenden christlichen Einfluß der Mutter durch gediegene religiöse Ausbildung bei Bekhor Hayyim Ben Moses Bejerano (1850–1931), der als bester Rabbiner der Gegend galt, auszugleichen. In begreiflich immer größer werdender Sehnsucht nach der Figur des Vaters begab er sich allerdings recht bald auf die Suche nach diesem, allein und mit Mutter und Geschwistern.

Der Vater hatte zeitweise in Wien die Zentrale seines Geschäftsimperiums. So kam es, daß Jakob Levy schließlich nach Wien kam, mit Mutter und schließlich mit den jüngeren Geschwistern. Sie siedelten im 2. und 20. Wiener Gemeindebezirk.

Nachweisbar ist Jakob Levy in Wien ab ca. 1909. Obwohl er große literarische Ambitionen hatte, begann er 1911 an der Wiener Universität das Studium der Medizin, den entsprechenden, vorausgesetzten Schulabschluß mit einem Maturazeugnis vom 23. Februar 1910 (in Wien nostrifiziert) nachweisend. Vor und während seines Studiums wohnte er am Sterneckplatz 4, Türe 33, danach in der Arnetzhoferstraße 11, Stiege 4, Türe 26, und Lilienbrunngasse 8, Tür 6. Nach dem 1.Rigorosum übersiedelte er dann in die Kronprinz-Rudolf-Strasse 30 (heute: Reichsbrückenstrasse).

Jakob Levy ist allerdings nicht im Wiener Adressenverzeichnis angeführt, seine Mutter erst ab 1914.

Das Medizinstudium absolvierte er in der vorgesehenen Zeit; die Rigorosen legte er 1913, 1916 und 1917 ab. Zum Dr. med. univ. wurde er am 5. Februar 1917 mit der Gesamtnote „Genügend" (von drei möglichen Benotungen) promoviert.

Die vom Studierenden selbst auszufüllenden Nationale (Inskriptionszettel) zeigen, daß er außer den in der Studienordnung festgelegten Vorlesungen und Praktika kaum bemerkenswerte Vorlesungen und Übungen aus seinem späteren Spezialgebiet belegte, sieht man von einer Vorlesung über Grenzfragen der Psychiatrie von Otto Pötzl, später Nachfolger des Nobelpreisträgers Julius Wagner-Jauregg an der Wiener Psychiatrischen Universitätsklinik, und Vorlesungen bei Erwin Stransky, darunter eine über Streitfragen der Psychiatrie, ab. Dies ist bemerkenswert, weil diese beiden damals erst am Beginn ihrer Universitätslaufbahn standen.

Eine Begegnung mit Sigmund Freud läßt sich nicht nachweisen.

Moreno berichtet von einer Auseinandersetzung über Studienangelegenheiten mit Julius Tandler, dem späteren Wiener Gesundheitsstadtrat. Eine wie von Moreno geschilderte Auseinandersetzung von Studenten mit einem Professor der medizinischen Fakultät ist schwer denkbar. Allerdings gehörte Tandler nicht zu jenen besonders vaterlandsliebenden Professoren, die ihre kriegsuntaugliche Hörerschaft aus Solidarität mit den eingezogenen Ärzten mehr als unfreundlich behandelten, ja manchmal, wie zum Beispiel der Chirurg Julius von Hochenegg, sogar von Vorlesungen und Übungen aussperrte. Wahrscheinlicher wäre, daß es zwischen dem jungen, engagierten Arzt und dem Gesundheitsstadtrat, der ja für das Fürsorgewesen zuständig war, nach dem Weltkriege eine Auseinandersetzung über Fragen der Organisation der Fürsorge gab – während der vielen aufklärenden Veranstaltungen, die Tandler in seinem Anatomie-Hörsaal in der Währinger Straße abhielt. Manche dieser Veranstaltungen verliefen sehr erregt.

Moreno erinnerte sich stets gerne seines Studiums. Bei einem Besuch in Österreich sollte er später von der medizinischen Fakultät ein Ehrendoktorat verliehen bekommen (1959).

Jakob Levy begnügte sich allerdings nicht mit einer nur medizinischen Universitätsausbildung. Nach seinem 2. medizinischen Rigorosum, in der Vorbereitung des abschließenden 3., inskribierte er an der Philosophischen Fakultät der Universität Wien und studierte vier Semester lang Psychologie und Philosophie. Psychologie gehörte damals zur Philosophie, war allerdings für Literatur und Intelligenz eines der zentralen Themen dieser Zeit.

Das Zweitstudium fiel in die Zeit zwischen seinem Absolutorium an der Medizinischen Fakultät bis zu seiner Promotion zum Dr. med. Es war auch die Epoche der ersten Erfolge seines literarischen Aktivismus, die Zeit, in der er sich aus der Erprobung mit Kindern löste und Eingang zum Kreis der „neuen" Literaten fand, soweit der Weltkrieg sie samt den literarischen, revolutionären Bestrebungen noch nicht eliminiert hatte. Er fand Zugang zur literarischen Jugend. Infolge des Krieges hatten sich die schon seit längerer Zeit aktuellen expressionistischen Tendenzen in ihrer krassen Bildlichkeit und ihrer Fixierung auf drastisches Grauen endgültig etabliert. Frühe dichterische Schöpfungen Morenos zeigen sein Bemühen um Austausch zwischen seiner bis dahin religiös, oder besser, antireligiös motivierten Lyrik und der diesseitsgebundenen, direkten Art seiner Dichterkollegen. Er stand wohl vor der Notwendigkeit, seine eigene Poesie philosophisch zu überhöhen, um gleichziehen zu können. Vier Semester Geisteswissenschaften legten hier den Grundstein zur Kenntnis der systemimmanenten Voraussetzungen. Er hatte das Glück, in Professor Alexander Stöhr einen vielseitigen Philosophen und Psychologen als Lehrperson hören zu können. Professor Stöhr, Schüler Ernst Machs, betrieb nicht nur die an der Universität zugelassene „reine" Denkpsychologie, sondern praktizierte, teilweise außerhalb der Universität, im Rahmen der Volksbildungsversuche mit seinen Studenten auch experimentelle Psychologie. Seinen Studenten vermittelte er das dafür nötige mathematische Rüstzeug. Stöhrs – indirekter – Einfluß auf die weitere Entwicklung Morenos vom Literaten zum Meta-Theatertheoretiker und zur Soziometrie kann also bestätigt werden.

Moreno gibt einige Protokolle und Erinnerungen zu seinen Tätigkeiten während des Medizinsstudiums. Er zählt sie zu den Vorstufen seiner Theorienbildungen.

Ganz besonders streicht Moreno Besuche bei den Prostituierten des „Spittelberges" hervor, die er – vom Zeitungsherausgeber und Schriftsteller Carl Colbert initiiert – mit diesem und dem Mediziner Wilhelm Gruen, eines Spezialisten für Geschlechtskrankheiten, unternahm. Der Spittelberg war seit den Zeiten Maria Theresias ein verrufenes und ziemlich abgeschlossenes Gebiet, das sich früher unmittelbar vor den Stadtmauern, dann im 7. Wiener Gemeindebezirk befand. Heute ist dieses Viertel wunderbar restauriert, damals allerdings galt es selbst bei sozial Benachteiligten als Endstation eines sozialen Abstieges. Colbert wollte als Zeitungsherausgeber und Literat gewisse Mißstände in Wien aufzeigen, beseitigen oder mildern. Seine oft verwendeten Pseudonyme Alphaeus, Katilina und Augias deuten auch darauf hin. Er hatte sich etwa um 1913 der ärmsten der Wiener Prostituierten angenommen. Eben der Damen des Spittelberges, da sie noch rechtloser waren als ihre Kolleginnen in anderen Bezirken. Colbert konnte durch entsprechende Reportagen in seiner Wochenzeitung „Der Morgen" die Auflage derselben erhöhen, gleichzeitig aber auch die nötigen Mittel für diese Art von „Sozialarbeit" zur Verfügung stellen. Die Tätigkeit des Sozialmediziners Gruen und seines Helfers Levy, die das Ziel hatte, die Rolle dieser Prostituierten ihnen selbst sozial verträglich werden zu lassen und sie gleichzeitig zur Selbsthilfe und zur Selbstorganisation zu ermutigen, hatte Erfolg; die Frauen selbst gründeten dafür einen Fonds für Notfälle (vgl. dazu auch S. 16, Anm. d. Hrsg.) und akzentuierten damit den werdenden Protest gegen die Ausgrenzung. Die Bedürfnisse der Kriegsmaschinerie sollten jedoch bald jeden Wunsch nach sozialer Hilfe für Prostituierte ersticken. Jakob Levy hatte hier freiwillig eine Tätigkeit als „Sozialarbeiter und sozusagen Streetworker" übernommen.

Der beginnende Weltkrieg stellte ihm bald andere Aufgaben. Er besaß den Vorteil, als Ausländer, der aus der Türkei, einem befreundeten, ja verbündeten Land, stammte, recht privilegiert und frei zu sein; frei vom allgemeinen Kriegsdienst. Als Freiwilliger innerhalb der österreich-ungarischen Armee war er nicht denkbar – er hätte in jedem Falle der türkischen Armee überstellt werden müssen. So konnte er nur innerhalb gewisser Hilfsorganisationen tätig werden. Erfolge der Russen, die schon in den ersten Monaten des Krieges das österreichische Galizien überrannten, brachte den österreichischen Stammlanden ungeahnte Schwierigkeiten. Ab dem Jahreswechsel 1914/15 strömten Zehntausende von Flüchlingen in die Gegend um Wien. Rasch hatte die österreichische Zivilverwaltung Auffanglager geschaffen – schließlich wollte man durch Flüchtlinge die allgemeine Kriegsbegeisterung nicht beeinträchtigen, doch in kürzester Zeit brach dieses Schutzkonzept infolge der hohen Zahl der Flüchtlinge zusammen, zumal viele in Wien auch Verwandte oder Bekannte hatten. Die Lager wurden zu Durchgangsstationen; eine große Zahl von Flüchtlingen mußte schließlich auch in Wien untergebracht werden, teils im Prater, teils in schnell geschaffenen Barackenlagern oder in privaten Unterkünften. Gasthäuser des Praters wurden zu Flüchtlings-Verwaltungsstellen, zu Auszahlungorten für Flüchtlingsgelder, zu Heimen für Mütter und werdende Mütter. Ihrer aller nahm sich die „Kriegshilfe" und eine spezielle Verwaltungsstelle unter der Leitung von Ritter Rudolf von Schwarz-Hiller an. Private Hilfsorganisationen entstanden und halfen bei der Minimierung der Probleme erheblich mit. Ebenso wurden die Studenten der Medizin, die nicht in den aktiven Dienst „einrückend gemacht" waren, gebeten, freiwillig bei der gesundheitlichen und mentalen Betreuung mitzuhelfen. Durch den Einsatz von Studenten wurde es möglich, Flüchtlingsverhalten und -krankheiten genau zu dokumentieren. Eine Reihe von ausgezeichneten wissenschaftlichen Arbeiten entstand, die wenigsten davon allerdings in fachspezifischen Zeitschriften publiziert. So befaßt sich etwa Otto Kaus, der junge angehende Arzt und Mitbegründer des Vereins für Individualpsychologie, bereits 1915 in der „Deutschen Rundschau" umfassend mit den Lagerpsychosen von Flüchtlingen. Otto Kaus sollte allerdings über diesen Betätigungen seinen Wunsch, Arzt zu werden, aufgeben. Nach seinem darauf folgenden Kriegseinsatz an der Ostfront wandte er sich ganz der Literatur zu.

Moreno wurde in eines der großen Durchgangslager gebeten, die sich in der Nähe von Wien um die Mitterndorfer Senke reihten. Moreno, der als Ausländer nur sporadisch an Hilfsdiensten teilnehmen konnte, fühlte sich in seiner Berufswahl bestätigt. Nach seiner Promotion versuchte er daher, sich als Arzt in den eben erst kennengelernten Gegenden niederzulassen. Vor dem Weltkrieg wäre dies infolge der großen Konkurrenz mit anderen Jungärzten für ihn als „Fremden" kaum möglich gewesen. Der Krieg aber hatte zu viele Ärzte für seine Maschinerie nötig, der Blutzoll wuchs mit jedem Kriegsmonat. Die zurückgebliebene Bevölkerung, nach 1917 in erster Linie Untaugliche, Kriegsverletzte, Alte, Frauen und Kinder, mußte auf ausreichende ärztliche Versorgung verzichten. So wurde Moreno, nach einem für ihn aus finanziellen Gründen unattraktiven Zwischenspiel in Kottingbrunn, schließlich die Stadtarztstelle in Bad Vöslau angeboten.

„Wenn Sie mit uns gehen, haben Sie ein Haus, dort können Sie leben, dort können Sie praktizieren; wir können Ihnen kein Gehalt geben, aber wir geben Ihnen das Haus. Aber Sie haben die Möglichkeit, als Chefarzt der Kammgarnspinnerei zu wirken, da bekommen Sie ein gutes Gehalt." (J. L. Moreno: Preludes to my autobiography. 1953.)

So gibt Moreno das Angebot der Gemeinde Bad Vöslau wieder, das er auch annahm.

Er bekam also sein Wohnhaus im Maital in Bad Vöslau und richtete sich dort die Praxis als Stadtarzt ein. Die Anstellung als Fabriksarzt funktionierte ebenfalls. Dies erwies sich als unerwartetes Glück, denn die verarmte Bevölkerung in Bad Vöslau und Umgebung konnte ihm seine ärztlichen Leistungen nicht abgelten. Die Hungerzeiten der Nachkriegsjahre überstand er besser, da ihm die ländliche Klientel mit Naturalien für seine Dienste dankte.

Die Vöslauer Kammgarnfabriken gehörten zu den größten derartigen Industriekonzernen der österreich-ungarischen Monarchie. Der Krieg hatte dazu geführt, daß in ihnen fast ausschließlich Frauen zu Mindestlöhnen arbeiteten – unter sogenannten Kriegsbedingungen. Moreno hatte also als Fabriksarzt eine kaum vorstellbare Aufgabe übernommen, die nach dem Ende des Krieges wuchs. Es waren vor allem bislang nicht bekannte Probleme und Krankheiten von Frauen, die auf engen Raum zusammengepfercht und unter – nach heutigen Maßstäben – menschenunwürdigen Bedingungen arbeiten mußten, Probleme, die ihnen durch Geburten entstanden und durch die zu betreuenden Kleinkinder. Moreno erwies sich bei der Lösung dieser Aufgaben als besonders geschickt und konnte schließlich seine Erfahrungen der „Wiener Volkshilfe" zur Verfügung stellen. Unter seiner ärztlichen Leitung wurde in Bad Vöslau ein Betreuungszentrum für arbeitende Frauen eingerichtet, in dem diese in den kritischen Phasen der Schwangerschaft und bei der Betreuung von Kleinkindern Hilfe und Unterweisung erhielten. Es war das größte derartige Unternehmen in Wien und Niederösterreich, das hier von Moreno mitbetreut wurde. Bis zum Funktionieren der neugeschaffenen Wiener Fürsorgeeinrichtungen für Mütter und Kinder fanden in Bad Vöslau diese „Kurse" mit Erfolg statt.

Moreno blieb von 1918 bis zu seiner Emigration 1925 ein vielbeschäftigter Fabriks- und Stadtarzt in Bad Vöslau.

2. Jakob L. Moreno und der literarische Expressionismus

Trotz der außergewöhnlichen beruflichen Beanspruchung fand Moreno aber noch Zeit, seine philosophisch-religiöse Weltsicht als Poet weiterzuentwickeln. Er hatte sich bis zur Übernahme der Arztstelle in Bad
Vöslau bereits einen großen literarischen Ruf erarbeitet. Die geschilderte Szene aus dem Essay Anton Kuhs über das Café Herrenhof, die
am Beginn dieser Abhandlung steht, kennzeichnet die Phase der kom-
pletten Identifikation der Person Morenos mit seinem literarischem
Spiel-Ich, der aktionistischen Verwendung seiner Fiktion des Vaters –
oder säkularisiert –, Gott-Vaters beziehungsweise Vater-Gottes.

Es ist nicht Aufgabe dieser Abhandlung, die einzelnen Quellen dieses Konstrukts aufzuspüren, die aus genauen Kenntnissen der „Heiligen Schrift", des Chassidismus, der Kabbala, aber auch der Mystik und
Magie hier synkretisiert wurden. (Anm.: Teile davon sind in anderen
Kapiteln dieses Buches zu finden. F. Geislers, s. I, Kapitel 2.1) Die
nachträgliche Selbstinterpretation Morenos, die er in autobiographischen Versuchen seinem Werdegang aussetzt, soll beibehalten werden,
und Moreno selbst hat mit ungenauen biographischen Angaben vielfach sich überlagernde Interpretationen bewußt provoziert. Schwierigkeiten und Mißverständnisse sind daher unvermeidbar.

In seinem Entwurf zu einer Autobiographie nennt Moreno den
14. Mai 1892 als sein Geburtsdatum. Es war dies der 400. Jahrestag der
Vertreibung der spanischen Juden durch die christlichen Spanier aus
einem Land, in dem sie über Jahrhunderte hinweg unter arabischer
Herrschaft in Wissenschaft und Kultur Wesentliches geleistet hatten.
Da das Datum 1492 mit dem Aufbruch Columbus' nach Indien, der zur
Entdeckung Amerikas führte, zusammenfiel und zudem Columbus
einen guten Teil seiner Schiffsbesatzung aus jüdischen Emigranten
rekrutiert hatte, sprach Moreno hier eine doppelte Symbolik an: er als
Abkömmling einer aus Spanien vertriebenen Familie, also Sohn eines
sephardischen türkisch-jüdischen Kaufmannes, stilisiert sich damit zu
einem Auserwählten, der zu neuen Ufern führen kann.

Diese Überhöhung der eigenen Person, die als Prinzip seines
Auftretens und seines kreativen Lebens anzusehen sind, mußte jedoch
Einbußen durch seine christliche Mutter erleiden, deren Christentum
ihn, dem Namen Levy nach Angehöriger einer Priesterkaste, vom
eigentlichem Judentum ausschloß. Nur eine jüdische Mutter kann
jüdische Kinder haben.

Der Einfluß seines Vaters sicherte ihm in Bukarest die bestmögli-
che Talmudausbildung beim damals bereits berühmten Rabbiner Bekhor Hayyim Ben Moses Bejerano. Den wirklichen Vater vermissend gab
Moreno allerdings auch immer wieder dem Einfluß seiner Mutter
nach, die ihn im christlichem Glauben erziehen wollte.

In der Spannungszone zwischen Identifikation und realer religiöser Möglichkeit gestaltete der junge Moreno seinen eigenen Freiraum.

Auf der Suche nach dem Vater, der in Wien ein großes Comptoir besaß, landete er schließlich zum Medizinstudium in der Metropole der österreichisch-ungarischen Monarchie und bewegte sich vorerst durchwegs im jüdischen Umfeld. Elisabeth Bergner, berühmte Theater- und Filmschauspielerin gibt in ihrer Autobiographie konkrete Hinweise auf die frühe Studienzeit Morenos, da sie in ihm den Hauslehrer ihres Bruders wiedererkannte. Sie schildert, wie Moreno vom Aste eines Baumes im Augartenpark einer Schar von Kindern zur Unterhaltung und Bildung eigene und andere Dichtungen deklamierte.

Für jüdische Studenten war es üblich, zur Beschaffung von finanziellen und materiellen Studienunterstützungen, bei Familien, die sich das leisten wollten, den Hauslehrer zu mimen, eine Aufgabe, die vom Babysitter bis zum wirklichen Nachhilfeunterricht reichte. Selbst finanzschwache jüdische Familien legten größten Wert auf beste Bildung für ihre Kinder. Da dies natürlich den angehenden Studenten nur wenig Einkommen bringen konnte, mußten sie oft größere Gruppen von Kindern betreuen, speziell wenn sich die Eltern nur eine sittengerechte Aufsicht wünschten.

Moreno selbst poetisiert das von Elisabeth Bergner angesprochene Ereignis:

„Ich wurde Freund der Kinder, ihr ständiger Begleiter. Sie liebten den Mann ohne Hut, ohne Herkunft, ohne Hinkunft, der nur da war mit seiner zu ihnen sprechenden Gegenwart . . ."

„Ich ruhte auf einem Ast des Baumes und erzählte ihnen Märchen vom König, den die Kinder suchen müssen . . ." (J. L. Moreno: Der Königsroman. 1923.)

Es ist die Faszination einer Märchenszene; die zuhörenden Kinder, aber auch Moreno selbst mußten ihr erliegen. Die Kinder liebten seine Bemühungen, die ihnen mit Spielszenen und aus den Bibeloffenbarungen entlehnten Inszenierungen die nicht immer heitere Gegenwart aufhellten. Für Moreno wurde die Anerkennung der Kinder bald so wichtig, daß er schließlich auf die dürftigen Honorare verzichtete. Vorstellbar sind allerdings vorangegangene Schwierigkeiten mit den Eltern der Kinder. Zu offenkundig sind in der poetischen Schilderung die Verstöße gegen die religiösen Grundsätze, zu denen ein jüdischer Hauslehrer Kinder eben auch anzuhalten gehabt hätte. Die zentralen Stellen der Schilderung weisen ihn als ohne Herkunft und damit folgerichtig auch als „Mann ohne Hut" aus – und dies in einer Umgebung, die gerade das Tragen des Hutes für eine wichtige reliöse Pflicht ansah. Er selbst kennzeichnet sich als vaterlos („Mann ohne

Herkunft"), wohl in Anspielung an reale Schwierigkeiten mit seinem Vater, und daher als assimiliert, ja religionslos („Mann ohne Hut"), der in religiösem Sinne auch keine Zukunft hatte („. . . ohne Hinkunft"). Er war damit mit Sicherheit keine Person, dem ein gläubiger Jude seine Kinder auch nur für kurze Zeit anvertraut hätte.

Die Erlebnisse mit diesen Kindergruppen, die seinen Aktionen und Worten mit Hingabe folgten, prägten den Weg Morenos zur Literatur. Er begann sich als charismatischen Führer zu sehen. Als uneigennütziger Betreuer der Kinder (Verzicht auf Honorar) versuchte er die Rolle des Mentors und auch des Propheten zu übernehmen.

„Spontanes, unmittelbares Reden ist die Ausdrucksweise des Kindes und des Dichters . . ." schreibt Moreno 1959 im Vorwort zu Gruppenpsychotherapie und Psychodrama. „Das Dichterische nun, so kann es betrachtet werden, nimmt eine Mittelstellung ein zwischen sprechen und schreiben, zwischen Kind und Erwachsenen."

Daher sind seine frühen Schriften eben als Dichtungen konzipiert, trotz programmatischer Titelgebung.

Eine kurze Übersicht der Druckgeschichte der ersten Schriften Morenos:

1914: Einladung zu einer Begegnung. 2 Hefte. Wien, Leipzig, Anzengruber-Verlag Brüder Suschinski, 1914.

1915: Einladung zu einer Begegnung. 2 Hefte. Wien, Leipzig, Anzengruber-Verlag, 1915. H. 1 Das Testament des Schweigens. Flugbericht 1. H. 2. Frühling. H. 3 (Die Gottheit) u. H. 4 (Don Juan) sind nur aus Anzeigen bekannt. Erscheinen fraglich.

1920: Das Testament des Vaters. Wien, Leipzig, Genossenschaftsverlag; in: Die Gefährten. 3. Jahr, H. 2.

1922: Die Gottheit als Autor.

1922: Die Gottheit als Redner. (Vorabdr. in „Daimon").

1922: Die Gottheit als Komödiant. (Teile davon auch in „Daimon").

1923: Der Königsroman. Potsdam, Verlag des Vaters Gustav Kiepenheuer.

1923: Rede über den Augenblick. Potsdam, Verlag des Vaters Gustav Kiepenheuer.

1924: Das Stegreiftheater. Potsdam, Verlag des Vaters Gustav Kiepenheuer. 1923 (Auslieferung 1924). 100 S.

1925: Rede vor dem Richter. Potsdam, Verlag des Vaters Gustav Kiepenheuer. 35 S.

Die Veröffentlichungen 1914/15 erschienen mit der Verfasserangabe Jakob Levy; die weiteren anonym.

Im Gegensatz dazu waren seine Beiträge zur Zeitschrift „Daimon" immer gezeichnet, selbst wenn es sich um Nachdrucke oder Vorabdrucke anonym erschienener Werke handelte .

Mit der Herausgabe der Zeitschrift „Daimon" begann Moreno

1918. Als Redakteur stand ihm einer der rührigsten expressionistischen Dichter, E. A. Rheinhardt, Studienkollege und Freund der ersten Studienzeit, zur Seite.

Als der „Daimon" zu erscheinen begann, hatte sich der Expressionismus in Österreich bereits fest etabliert. Während des Krieges hatte auch Moreno Aufnahme in den Kreis der Aktionisten gefunden, wie die Publikationen der Zeit zeigen. Nach und nach wurden einige Schriften Morenos im „Daimon" erneut abgedruckt, und damit auch weiteren Kreisen bekannt.

Von den ersten Publikationen 1914 bis zum Erscheinen des „Daimon" vollzog sich die endgültige Wandlung des Dichters Moreno. Als Jakob Levy veröffentlichte er noch die „Einladungen zu einer Begegnung", sich selbst in dieser Begegnung und allein dadurch definierend.

„Es gibt kein Mittel zwischen mir und andern.
Ich bin unmittelbar: in der Begegnung.
Ich bin nicht einzig: bloß in der Begegnung,
ob ich ein Gott, ein Narr oder ein Dummer.
Ich bin geweiht, geheilt, gelöst in der Begegnung,
ob ich das Gras oder die Gottheit treffe.

Einladung zu einer Begegnung.
1. Das Testament des Schweigens.
Erschienen Herbst 1915.

Aus dieser Anonymität des Mittlers begann er sich langsam zu befreien. Er begann nach der Erlangung des Doktorates 1917 eine vornamenähnliche Bezeichnung seines Vaters (Moreno) im Sinne des jüdisch-religiösen Titel „Morenu" für sich zu benützen. „Morenu" im ursprünglichem Sinne bedeutet als Titel den auserwählten und talmudgelehrten religiösen Führer, wurde dem Namen vorangestellt und bis zur Einführung von Rabbinerschulen als Legitimation von Rabbinern benützt. Jakob Levy versuchte damit eine mehrdeutige Anspielung zu erreichen. Sehr mit dem Studium der Kabbala beschäftigt, ebenso mit den magischen Möglichkeiten, die in dieser Geheimlehre teilweise tradiert wurden, war ihm die Umwandlung der letzten Buchstaben des Wortes von Morenu zu Moreno und eine Änderung zugrunde liegenden Zahlenwertes der Buchstaben aus einer religiösen Wertigkeit des Begriffes zu einer nach außen gewandten Bedeutung, und zugleich der Anspruch auf die Rolle des „Vaters". Im Hinblick auf die Mythologisierung seines Geburtsdatums läßt sich auch eine bewußte Anspielung auf die Bedeutung des spanischen Wortes moreno (Braun als Name; negroid/braun oder einer bestimmten Theatertradition verhaftet als Adjektiv) annehmen. Schließlich besuchte er zu dieser Zeit auch Vorlesungen in Dramaturgie.

Sinngemäß begann auch seine Wandlung vom reinen Mentor zum

Propheten, zum Vater – auf die Heilige Schrift, Altes Testament, anspielend, die diesen Begriff für die großen Propheten reservierte, nennt man doch einige Bücher entsprechend der jüdischen Auffassung der „Schriften der Väter". Die Selbsterhöhung[1] Morenos durch die Bezeichnungen „Schriften des Vaters" und „Verlag des Vaters" wird ersichtlich, besonders da der Vaterbegriff in der Bibel später zur Bezeichnung und Umschreibung des Namens Gottes diente, der zu heilig war, um direkt ausgesprochen zu werden. In seiner Dichtung befand er sich also bereits auf dem Wege zur Entthronung der Väter und des Gottes zur eigenen Inthronisation als Vater-Gott, stellvertretend für alle Lebewesen, die sich ihm in der Begegnung ebenfalls nur gleichwertig, also göttlich, stellen konnten.

Morenos neue Lyrik bediente sich zwar nach wie vor der drastischen Bildsprache, die ihm durch andere Expressionisten, wie Trakl, wie Sonka, wie Werfel und Kokoschka, vorgegeben war. Form und Inhalt allerdings orientierten sich immer stärker an der Heiligen Schrift. Seine Gedichte bringen Anklänge an Psalmen, an religiöse Gottbeschwörungen. Alliterationen bringen Verstärkung des Ausdrucks.

> *„Es gibt nichts außer mir.*
> *Es gibt nichts außer Gott.*
> *Es gibt keinen Gott außer Gott.*
> *Es gibt keinen Gott außer mir."*

Testament des Vaters, 1920, S. 2.

Dennoch ergeben sich wesentliche Unterschiede zu religiösen Veranstaltungen. In einem spieltheoretischen Ansatz konstruiert er sein „Weltbild" in einer metareligiösen Theorie: er benützt Inhalte und Formen als „Versatzstücke", um in der Sprache des Theaters zu bleiben, um seinen Aktionismus nach Belieben formen und lenken zu können.

Bereits vor dem Erscheinen des „Daimon" war er einer der prominenten Vertreter der jungen, radikalen Erneuerer. Vielleicht hat er auch deshalb für seine Zeitschrift den religiös besetzten Begriff „Daimon" gewählt, die Angst des Chassidismus vor Bessesenheit durch einen Geist (Daimon bzw. Dybbuk) ansprechend.[2]

---

[1] Anmerkung: Die Herausgeber teilen diese Interpretation nicht.

[2] Anm. der Hrsg. E.-F.: Der Name „Daimon" hat seinen Ursprung möglicherweise darin, daß Moreno sich mit *Gott*, der das Schicksal der Menschen bestimmt, lebenslang auseinandergesetzt hat, und zum Zeitpunkt der Titelgebung Moreno gerade sein Werk „Die Gottheit als Autor" veröffentlicht hatte. Mündliche Mitteilung von Reichelt Walter, Wr. Psychodramatiker, 22. 1. 1996. Inzwischen sind die Schrecken des 1. Weltkrieges, der zu dieser Gottesauseinandersetzung der jungen Intellektuellen zur Zeit Morenos geführt hat, durch die Grauen und Massaker des Krieges am Balkan 1991–1995 in unvorstellbarer Weise überschritten; dennoch finden heute deshalb kaum Auseinandersetzungen mit Gott statt.

Erlösender Daimon!
Sterblichen Menschen zeige
die heilige Blume,
die Leid beschwichtigt,
menschliche Schranken durchbricht.
Dein Feuer erschließe die Schau
seelen-befreiender Bilder!
Nach dem 5. Orphischen Hymmus, aus:
Lauenstein, 1987, S. 225–226.

In der Endzeit des Ersten Weltkriegs begannen die Expressionisten eine sehr harte Auseinandersetzung mit der Rolle der Väter und der Funktion Gottes in einer grausamen Zeit; die Diskussionen bewegten sich zwischen Antigott (Weiss), Vatermord (Bronnen) und Anthropomorphismus, den Ersatz des Gottes durch die Person.

Es gelang ihm binnen kürzester Zeit, die intellektuelle Elite des jungen Expressionismus und Aktionismus an seine Zeitschrift zu binden. Ende 1919 zog er sich aus der verantwortlichen Leitung der Zeitung zurück, unter dem Vorwand, mehr für seine Arztstelle in Bad Vöslau arbeiten zu müssen. Sein intellektueller Einfluß blieb aber erhalten, seine Werke wurden weiter publiziert, redaktionelle Kommentare stammten immer noch von ihm.

Eine kurze Analyse des „Daimon" zeigt die Wichtigkeit dieser Publikation, den wachsenden Kreis mitwirkender und mitwirken wollender Autoren und unterstreicht die zentrale Rolle J. M. Levys innerhalb der jungen Schriftstellergeneration, die er sich offensichtlich durch persönliche Kontakte seit der ersten Publikation der „Einladung zu einer Begegnung" erarbeitet hatte.

Die erste Nummer der Zeitschrift erschien als „Prolog" im Februar 1918 unter dem Titel: „Daimon; eine Monatsschrift" im Verlag der Daimon-Schriften, Verl. Brüder Suschinsky, Wien. Die Monatsschrift erreichte aber während des ersten Jahres nur vier Nummern. Aus Heft 4, August 1918, werden hier Inhaltsverzeichnis und Beitragsankündigung wiedergegeben, die den ungefähren Mitarbeiterkreis – keineswegs vollständig – andeuten sollen.

„Mit Beiträgen von Paul Baudisch, Petr Bezruc, N. Brüstiger, Georg Kaiser, Paul Kornfeld, Georg Kulka, Jakob Moreno Levy, Hetta Mayr, Robert Müller, E. A. Rheinhardt, Friedrich Schnack-Rieneck.

Die folgenden Hefte werden Beiträge enthalten von: Max Adler, Paul Adler, Bela Bálázs, Petr Besruć, Felix Braun, Otokar Brezina, Max Brod, Martin Buber, Alfred Döblin, Andreas Eckbrecht/d. i. Gina Kaus. Anm. d. Verf./Efraim Frisch, Emil Freiherr von Gebsattel, Iwan Goll, Gütersloh, Adolf V. Hatzfeld, Francis Jammes, Georg Kaiser, Otto Kaus, Chajm Kellmer, Paul Kornfeld, Georg Kulka, Jakob Moreno Levy, Georg V. Lukacs, Robert Müller, Robert Musil, Giovanni Pascoli, Charles Peguy, Leopold Reisinger, E. A. Rheinhardt, Friedrich Schnack, André Suarés, Andreas Thom, Jakob Wassermann, Ernst Weiss, Franz Werfel, Alfred Wolfenstein."

Ergänzt man diese Autorenliste durch die Inhaltsverzeichnisse der vorhergehenden Hefte (etwa durch Franz Blei, der einen umstrittenen Beitrag lieferte, von dem sich Moreno mehr oder weniger distanzierte, durch Fritz Lampl, Albert Ehrenstein u. a.), dann ist unter den Mitarbeitern der Zeitschrift wohl alles versammelt, was in Wien und Prag, München und Berlin zu den revolutionären, zu den linken Aktionisten und Expressionisten zählte – geschmückt durch einige internationale Autorennamen. Aus den Namen ist die Nähe zu den Zeitschriften „Die Aktion", „Der Mensch", speziell „Der Friede" u. a. deutlich erkennbar, dies wird auch durch eingeschaltete Annoncen der genannten Blätter unterstrichen. Manche der Autoren kamen auch aus dem „Akademischen Verband für Literatur und Musik" (Vereinsgründung 1908), aus der Zeitschrift „Der Anbruch" und vor allem aus dem berühmten Österreichischen Kriegspressequartier. Herauszugreifen sind, da für die theoretisch-literarische Entwicklung Morenos von besonderer Bedeutung, neben Ernst Alphons Rheinhardt, dem Freund und Herausgeber einiger expressionistischer Anthologien, der Arzt und Dichter Ernst Weiss (vertreten beispielsweise mit einem Gedicht: „Der Antigott") und in erster Linie Martin Buber. Bei Martin Buber hatte Moreno seine Kenntnisse über Chassidismus und Kabbala vertieft und verdankt ihm wohl auch die Kenntnis der Bezeichnung Morenu. Buber sollte später im Entwurf seiner mit Siegfried Bernfeld erarbeiteten Erziehungsrichtlinien für die Kibbuzim in Palestina die Bezeichnung Morenu für die Leitfiguren innerhalb der Selbstorganisation der Kibbuz-Gemeinschaft benützen.

Morenos Entwurf seines Stegreiftheaters als Bild eines den Prinzipien der Kabbala entsprechenden Kosmos, der Ich-Gottheit und Du-Gottheit theometrisch umschloß, und allem Geschehen durch die Magie der Örter den Platz in dieser kosmischen Gesamtheit zuordnete, sind in Grundzügen aus der offensichtlich weiteren Zusammenarbeit und gegenseitigen Befruchtung mit dem Kreis um Martin Buber zu erklären. Einen besonderen Reiz bringt die bereits im zweiten Jahr der Zeitschrift erfolgte Mitarbeit Alfred Adlers, der durch seine Einbindung in die sozialistische Kinder- und Erziehungsszene sicher praktische Erfahrungen vermitteln konnte.

Nach dem Augustheft erschienen 1918 keine weiteren Nummern. Dies hing teilweise mit der Papierknappheit bei Kriegsende zusammen, teilweise mit den anderen Aktivitäten der Autoren. Erst mit Jänner 1919 wurde die Folgenummer publiziert. Die Zeitschrift änderte im zweiten Erscheinungsjahr mit dem größer gewordenen Mitarbeiterkreis die Form des Erscheinens und den Titel. Nach der Umbenennung in „Der neue Daimon" ergab sich schließlich auch die Notwendigkeit einer zeitgemäßen Betriebsform.

Es kam zur Gründung des Genossenschaftsverlags, der die Autoren gleichzeitig zu Verlagsinhabern und Rechtsträgern für ihre eigenen Produkte machte. Dies entsprach den sozialistischen und kommunistischen Tendenzen der Nachkriegszeit. Wichtige Produktionsbetriebe sollten in Genossenschaften überführt werden, in das Eigentum der Mitarbeiter übergehen, um die würdelose und fragwürdige Abhängigkeit von Einzelunternehmern zu umgehen; eine Tendenz, die in der Nachkriegspolitik für materielle Produktionen und Verteilungsorganisationen für sehr wichtig erachtet wurde, sollte hier auch auf intellektuellem Gebiete angewandt werden.

Gründungsmitglieder dieses Genossenschaftsverlages waren:

Alfred Adler, Albert (und desen Bruder Carl) Ehrenstein, Fritz Lampl, Sonka (d. i. Hugo Sonnenschein) und Jakob Moreno Levy. Diese Personen standen schon vor der Gründung des Genossenschaftsverlags in recht engen Beziehungen. Alle konnten einen weiten Bekanntenkreis erreichen, der sich tief in die Wiener Gesellschaft erstreckte. Damit stieg die Wahrscheinlichkeit, daß ein antikapitalistisches Verlagsunternehmen auch mit wirtschaftlichen Erfolg arbeiten werde.

In den Wiener Buchhändlerzeitungen erschien dann auch folgende Werbeeinschaltung:

„Der ‚Daimon‘, der als ‚Der neue Daimon‘ den Jahrgang 1919 beginnt, hat sich während des Jahres 1918 durch seine radikal-ethische Gesinnung, seine Exklusivität wie durch den Versuch, neben den jüngsten extremgeistigsten Verfassern wie Max Brod, Martin Buber, Iwan Goll . . . Franzosen . . . Tschechen . . . u. a. vor das deutsche Publikum zu bringen, eine führende Stelle unter den neueren Zeitschriften wie einen ansehnlichen Leserkreis im deutschen Reiche und im Auslande erworben."

Die programmatischen Erklärungen zur Gründung des Genossenschaftsverlags wurden von Zeitungen, die den Mitarbeitern des „Daimon" und „Neuen Daimon" nahestanden , als die Sensationsmeldung über die Sozialisierung eines Verlages gebracht. (Z. B. „Der neue Tag" am 16. 4. 1919 und „Wiener Allg. Zeitung" am 14. 4.) Größeres Publikumsecho allerdings ergab sich aus dem Ende März veröffentlichten „Aufruf des Genossenschaftsverlages", in dem es hieß:

„Wir wollen, was wir zu geben haben, preisgeben . . . Das Wort muß frei werden, Gemeinbesitz aller. Unsere Arbeit gehört der Menschheit. Der von den Gefährten verwirklichte Genossenschaftsverlag stellt die Dichter endlich in die Reihe der Arbeiter: die Ernte aus ihren Werken dient nicht mehr dem Wucher der Zwischenhändler, sondern dem Lebensunterhalt der Mitschaffenden. Wer reine Hände hat, stehe zu uns! Für den Genossenschaftsverlag Wien:
Alfred Adler, Albert Ehrenstein, Fritz Lampl, Jakob Moreno Levy, Hugo Sonnenschein, Franz Werfel." (Gekürzt durch den Verf.)

Ziel des Genossenschaftsverlages war „die vollkommene Sozialisierung der Autoren, das heißt, die Sicherung des vollen Lebensunterhaltes aller Genossenschafter, die ihr gesamtes präsentes und künftiges Werk dem Verlag zur Verfügung stellen". Mitglied der Genossenschaft konnte jeder Autor werden, von dem ein Werk vom Verlag angenommen wurde – womit der Verlag sämtliche Autorenrechte erwarb – und der überdies einen einmaligen Beitrag von 250 Kronen als Geschäftsanteil erlegte. Dieser Betrag war hoch, vergleicht man ihn mit dem Jahresabonnement des „Neuen Daimon" von 12 Kronen.

Jeder Genossenschafter hatte Anspruch auf mindestens eine Verteilungseinheit, auch wenn von seinem Werk keine tausend Exemplare verkauft werden sollten. Bei einem gewissen Betrag übersteigenden Reingewinn mußte sich der Autor Abzüge bis zu 20 % gefallen lassen, die in einen Fonds zur Absicherung der Genossenschafter fließen sollten.

Organisatorisch versäumten es die Genossenschafter aber, um entsprechende Konzessionen beim zuständigen Amt der Niederösterreichischen Landesverwaltung einzukommen, sie bemühten sich zwar um eine Vertriebsgenehmigung, diese wurde jedoch auf Amtswegen auf die lange Bank geschoben und schließlich nach zwei Jahren abschlägig beschieden. Obwohl nach dem Ausscheiden von Moreno Ende 1919 professionelle Herausgeber wie Fritz Kampl, der aus dem Brenner-Kreis kam, und der medienerfahrene Albert Ehrenstein die Vermarktung übernahmen und auch ohne Zweifel einige Erfolge hatten – allein die Werke Heinrich Manns dürften sehr hohe Auflagen erreicht haben –, war auf Dauer das Unternehmen finanziell nicht zu halten. Druckkosten und Vetrieb zehrten schließlich die Ressourcen auf. Es erschienen zwar neben dem „Neuen Daimon" als Ergänzung drei Hefte unter der Reihenbezeichnung „Die Gefährten", die schließlich ab 1920 auch Titel der Zeitschrift wurde. Zehn weitere Hefte wurden unter diesem Titel publiziert, darunter Heinrich Mann: „Der Weg zur Macht"; und „Die Tote"; Jakob Moreno Levy: „Das Testament des Vaters"; Albert Ehrenstein: „Karl Kraus"; Ernst Weiss: „Stern der Dämonen"; Oskar Kokoschka: „Der weiße Tiertöter", ein Teil der „Träumenden Knaben".

Infolge der Schulden wurde die Zeitschrift 1920 mit dem 10. Heft eingestellt. Der revolutionäre Versuch eines sozialisierten Genossenschaftsverlages war damit gescheitert.

Moreno allerdings hatte 1919 im Heft 1/2 des „Neuen Daimon" auch einen politischen Aufruf publiziert. In einer „Erklärung an Spartakus" schrieb er:

„Was würde Gott als Poliker tun? . . . Gott als Politiker wird nicht als Gott-Mensch, sondern als auserwähltes Volk, als Gott-Volk, auf die Welt kommen... Darum lebet auf, messianische Schwärmer, denn nicht Programme, Manifeste, Proklamationen, sondern allein Gott-Mensch und Gott-Volk sind die treibende

Essenz, werdet berufen beim Anblick der unerlösten Völker, die, wie Jaakob im Kampf mit dem Engel auf euren Segen warten."

Der bisherige Überblick zeigt, daß sich Moreno als Litcrat auf dem Weg zur Spitze befand. Bemerkenswert ist auch die gar nicht erstaunte Reaktion Anton Kuhs auf die Einmischung Morenos in seinen Seufzer: er nahm sie ganz offensichtlich im Sinne Morenos als Aufforderung zu einer Begegnung und zur Selbstbesinnung.

Bis Ende 1920 gab es von Moreno bereits viele Veröffentlichungen in Dialogform, die in ihrer Dialektik an Aktionen abgeschliffen und erprobt waren. In der Zeit des „Daimon" orientierten sich diese Dialoge noch an den chassidischen Geschichten Martin Bubers mit ihrem paradoxen Witz- beziehungsweise Erleuchtungstechniken, die sich selbst im Gegenüber des Berczewer Rabbis zu einzelnen Handlungen seines Gottes zeigen.

Prophetische und messianische Aufrufe waren weitgehend dialogischen, theatralischen Formen gewichen. Im „Königsroman" hatte er schließlich seine Spielversuche mit Kindern aufgearbeitet und an die eigene Spieltheorie angepaßt. Müde, seine Ideen in den Insiderkreisen der Kaffeehäuser kundzutun, ging Moreno zur Erprobung seiner Vorstellung vom unmittelbarem, spontanen Spiel und aus direkter Begegnung enstehendem Dialog in einem echten Theater.

Moreno selbst hatte noch vor der entscheidenden Vorstandssitzung zur Gründung des Genossenschaftsverlages in einem „Aufruf an die Leser" in der Form einer biblischen Prophetenpredigt die Sozialisierung weit über den Kapitalismus eines Verlegers hinaus propagiert. Im Heft 1/2, 1919, des „Neuen Daimon" adressiert er die Leser in der Rubrik „Die Zeit im Neuen Daimon":

„Bruder Leser, was wird Dir einfallen, wenn Du irgend ein Buch zu Ende gelesen hast? Oder sonst jedes Buch aller Autoren? Du wirst wissen: es ist nicht das Ende . . . Die Autoren sind die neuen Heiden, heidnischer geworden noch durch Religion; darum können ihre Werke töten, aber nicht lebendig machen. Wenn sie nur das Gefühl ihrer Sünde hätten; aber das sind Dichter und keine Kinder, das sind nur Weise und keine Kinder, das sind nur Päpste und keine Kinder. Eher kommt ein Reicher durch ein Nadelöhr als ein Autor in das Reich Gottes. Ich habe die Aufgabe, einseitig und ohne Aufenthalt zu lallen: der vollkommene Weg des Buches ist die Einladung zu einer Begegnung, der vollkommene Weg des Wortes ist der Bericht.
Bruder Leser, ich gebe dir ein Amt, stehe auf und schreite, bis du des Wortes angesichtig wirst, das du gelesen hast. Wenn der Autor nicht zu dir kommt, so gehe zu ihm. Opfere dich, gehe, ich meine wirklich und nicht im Gleichnis . . . "
„Der Aufstand der Leser ist die Verfolgung der Autoren."
„. . . damit es einmal heiße: Das ist der Kreuzzug der Leser gegen die Heerführer des Geistes, der Kinder gegen die Wort- und Erlebnishamsterer gewesen."

„. . . Nun kann der Geist Gottes erkannt werden und unter uns leben, denn
das ist des Gottmenschen tiefster Widerspruch, daß er der Allerfernste werden
muß durch das Allernächste."

Seine Bestrebungen sind in der bisherigen Wiedergabe erreichter
Positionen erkennbar. Moreno hatte in Aufrufen die Begegnung gefordert, dann die Abschaffung der Autoren, verbunden mit der Ver-
pflichtung der Leser (Zuschauer), sich selbst zu den Autoren zu begeben. Die unverfälschte Reaktion von Kindern wird zum Ideal in einem
theatralischem Ablauf, der aber gleichzeitig nicht im „als ob" einer
Welt, sondern im real existierenden Kosmos, mit realer Zeit, realen
persönlichen Anliegen, in Einheit von Raum und Erleben dargestellt
werden soll.

3. Jakob L. Morenos Theaterexperimente, sein Stegreiftheater und frühes Psychodrama

Am 1. April 1921 begann er in der Maysedergasse, einer Seitengasse
der Kärntner Straße, unmittelbar hinter dem Hotel „Sacher",
das Unternehmen eines „Stegreiftheaters". Im obersten Stock der
Maysedergasse 2 mietete er einen leerstehenden Saal und gründete
dort sein Versuchstheater.

Moreno baute bei diesem Versuch auf die weitverzweigten persönlichen Verbindungen der Autoren des „Daimon", des „Neuen
Daimon" und der „Gefährten". Sie stellten vorerst seine Mitspieler und
sein Publikum.

Wie in ganz Europa, so gab es auch in Wien nach dem Weltkrieg
zahlreiche Theatererneuerungsversuche. Morenos Theatersaal und
Morenos Versuche gehörten zu den zahlreichen Vorproben zu einer
Theaterrevolution in kleinem Maßstab, die junge Aktionisten, Expressionisten, und Theaterfachleute unternahmen, um wenig später auch
das „große" Theater revolutionieren zu können. Eines der Hauptanlie-
gen betraf den Theaterraum. Die Guckkastenbühne war nach dem Ersten Weltkrieg einfach obsolet geworden. Sie entsprach nicht mehr
dem Selbstgefühl der Zuschauer und der Autoren. Die Aufhebung der
Trennung von Zuschauer und Schauspieler gehörte zu den erklärten
ersten Zielen unzähliger Theaterversuche dieser Zeit, von Rußland,
Berlin, Paris und bis hin zu Wien. Durch die Umwälzung der technischen Möglichkeiten würden sich dann auch die Theateraufführungen
und die Inhalte der Schaustücke dem geänderten Selbstverständnis
der Nachkriegsgeneration nähern.

In der Maysedergasse mußte Moreno mit einfachsten Mitteln aus
einem großem Saal einen Theaterraum gestalten. Zur Verfügung standen nur wenige Versatzstücke. Die Stühle für die Zuschauer wurden

um einen leicht erhöhten Spielort gruppiert. So kam es fast automatisch zu einer Durchbrechung des bisherigen Guckkastenprinzips. In
Morenos Bestreben, spontane Aktion und Reaktion zu erreichen, griff
er nun getreu der Theorie seiner Ablehnung des Theaterdichters auf
eine Spielform zurück, die sich in Wien großer Tradition erfreute: das
Stegreiftheater. Seine Freunde und Bekannten aus Literatur und Kaffeehaus sollten ihm beim Versuch assistieren, nicht ein Identitäten-
und Personenverwirrspiel à la Pirandello zu inszenieren, sondern ein
Selbsterleben von Darstellern und Publikum.

Bis zur Theaterausstellung 1924 mit ihren Turbulenzen gibt es nur
spärliche Berichte über die Versuchsaufführungen in der Maysedergasse. Fest steht jedenfalls, daß Moreno in seinem Kreis eine Reihe
hervorragender Darsteller hatte, teilweise Berufsschauspieler, die sich
hier gerne einem Experiment stellten, teilweise Autoren, denen der
Sinn ohnedies nach Neuem ging, teilweise auch interessierte Laien
aus Kaffeehaus und Erziehungsbereichen.

So lassen sich die Namen von Peter Lorre, Alexander Moissi, Karl
Forest, Elisabeth Bergner unter den Darstellern herausgreifen, wie unter den Autoren die Namen Albert Ehrenstein, Georg Kaiser, Bela
Bálász und Robert Müller. Bedauerlicherweise fehlen die entsprechenden Theaterzettel, und aus den wenigen Ankündigungen geht kein
konkretes Bild hervor.

Moreno machte sehr bald die Erfahrung, daß Bühnenschauspieler
ihren vorgenormten Schatz an Gefühls- und Problemdarstellun-
gen selbstverständlich auch in ihrem Stegreifspiel einsetzten. Daher
wurde es für ihn sehr wichtig, Laien zu finden, die sich eine Wiedergabe ihrer Gefühle erst mühsam und gegen ihre Konventionen er-
ringen mußten. Natürlich verliefen diese Versuche der Publikumsbeteiligung nicht ohne Probleme. Moreno hatte dafür zuerst – nach
eigenem Bericht – Kritiker vorgesehen, doch die erwiesen sich
gegenüber solchen Tendenzen besonders resistent; sie waren einer
rezipierenden und wiedergebenden Aufgabe innerhalb eines Thea-
terabends zu sehr verpflichtet. So begann Moreno sehr bald, behut-
sam, aber entschieden, in die Aufführungen einzugrcifen, also Regie
zu führen. Dieses in der Weise seiner Erfahrungen mit Kindern
und eigenen Selbstinszenierungen. Nach zahlreichen Anläufen
konnte sich so ein spontanes Improvisationstheater, aber unter der
„Gott"-Regie Morenos, realisieren. Rollenspiel, echte und simulierte
Realität, die Frage der Bedeutung des Ortes und schließlich die
Moreno besonders am Herzen liegende „theometrische Bedeutung"
der vorigen Kategorien kristallisierten sich langsam zu einer Theatertheorie.

Nach eigenen Aussagen Morenos gestalteten sich Durchbrüche oft
zufällig.

„Wir hatten eine junge Schauspielerin, die besonders erfolgreich in der
Darstellung von Heiligen, Heldinnen und romantischen, zarten Geschöpfen
war. Einer ihrer Verehrer war ein junger Bühnendichter, der keine ihrer Auf-
führungen versäumte. Sie verliebte sich ebenfalls in ihn und sie heirateten.
Doch blieb sie weiter unsere Hauptdarstellerin und er sozusagen unser Haupt-
zuschauer. Eines Tages kam er sehr bedrückt . . . Seine Frau, die alle für einen
Engel hielten, sei allein mit ihm wie verwandelt . . . sagte ich ihr, daß sie dem
Publikum etwas Neues bieten müsse, sie dürfe sich nicht zu einseitig auf die
Rollen verehrenswürdiger Frauengestalten festlegen. Sie griff den Vorschlag
begeistert auf und improvisierte mit einem Kollegen eine Szene, in dem sie ein
Straßenmädchen spielte."

Der Text kann hier nur gekürzt, also in Ausschnitten wiedergegeben werden. Moreno interpretierte dieses Vorkommen (Moreno:
Gruppenpsychotherapie und Rollenspiel" 1959, S. 14-15) als eines der
ersten therapeutischen Erlebnisse in seinem Stegreiftheater. Er
schließt die Beschreibung:

„Sie erklärten sich/zum gemeinsamen Auftreten/einverstanden, und ihre
improvisierten Dialoge, die mehr und mehr ihren privaten häuslichen Szenen
ähnelten, wurden zum festen Bestandteil unseres Programms. . . . Nach jeder
Vorstellung suchten mich einige Zuschauer auf und bekannten, daß die
Darbietungen dieses Paares sie tiefer ergriffen als alle anderen Vorführungen.
Es war eine Katharsis des Publikums." (Text durch Verf. gekürzt.)[3]

In dem im ‚Verlag des Vaters Gustav Kiepenheuer‘, Potsdam, anonym erschienenen Werk „Das Stegreiftheater" sind die einzelnen Entwicklungsstufen der Wunschvorstellungen Morenos gut dokumentiert
und interpretiert. Doch nicht nur die Wandlungen im Spiel sind hier
wiedergegeben. Moreno hatte sein durch den Spielort Saal vorgegebe-
nes Raumproblem bearbeitet und in Zusammenarbeit mit dem jungen
Architekten Rudolf Hönigsfeld den Bühnenraum unter Einbeziehung
der Publikumsbeteiligung zu einem großen, kosmisch aufgefaßten
Raum erweitert. Sein Podiumstheater sollte zu einem großen Raum-
theater werden. Hönigsfeld hatte zu dieser Idee eine Skizze gefertigt,
die ein großes Zentrum zeigt, an das sich zum langsamen Einstieg
für die beteiligten Zuschauer mehrer kleinere, ebenfalls kreisförmige
Nebenschauplätze anschließen.

4. Der Streit um das Urheberrecht für die „Raumbühne"

Mit dem anonym erschienenen Buch „Das Stegreiftheater", der schriftlichen Fixierung seiner Ideen, legte Moreno eine wirklich neue, radi-
kale, revolutionierende Theatertheorie vor. Der Raumentwurf seines
Mitarbeiters Rudolf Hönigsfeld sollte daher auch ins Zentrum der ge-

---

[3] Anm. d. Hrsg. In der Begegnung mit der Reaktion des Publikums entstand
die Idee zur Gruppenpsychotherapie, im Spielen zum Psychodrama.

planten „Internationalen Ausstellung neuer Theatertechnik" im Rahmen des Wiener „Musik- und Theaterfestes 1924" gerückt werden, sozuagen als Wiener Pendant zu den vielen, in erster Linie architektonischen Ideen eines erneuerten Theaters aus aller Welt, die in einer großen Theaterausstellung in Wien erstmals zusammengefaßt und einem großen Publikum präsentiert werden sollten.

Mit der Durchführung des gesamten Austellungsprojektes war der Maler Friedrich Kiesler beauftragt, den Moreno aus dem Umkreis der „Daimon"-Mitarbeiter bestens kannte. Kiesler sammelte die einlangenden Entwürfe, von Mayerhold, von Leger, von Reinhardt bis zum Bauhaus, und erkannte sehr schnell, daß mit dem Prinzip einer „Raumbühne" eine ungeheure und attraktive Theaterform im Entstehen war. Als er längere Zeit von einer technischen Realisierung des Projektes Morenos nichts hörte, nahm er es aus dem Mittelpunkt der Ausstellung und setzte an dessen Stelle einen eigenen Entwurf. Sein Theater sollte eine Raumbühne werden, die Elemente von Morenos „Theater ohne Publikum" mit den architektonischen Neuerungen der anderen Entwürfe verbinden konnte. Kieslers „Raumbühne" wurde als sensationell empfunden, zum architektonischen Aufbau im Wiener Konzerthaus vorgesehen und zur Bespielung mit ausgesuchten Theaterstücken vorbereitet.

Moreno fühlte sich um seinen Originalentwurf geprellt. Eine Skizze der Außenansicht seines Theaters durch Hönigsfeld ist im Ausstellungkatalog zu bewundern. Eine Chance zu einer technischen Verwirklichung war aber nicht mehr gegeben. Schon vor Ausstellungseröffnung kam es daher zu einem Zeitungskrieg um die Idee der Raumbühne, der sich über mehrere Monate hinzog. In Leserbriefen beschuldigte als Vertreter Morenos der Architekt Rudolf Hönigsfeld Kiesler, für diesen wiederum nahm der Ingenieur und Karikaturist Dolbin recht bissig Stellung. Interessant an dieser Auseinandersetzung ist jedenfalls die Zuordnung des „Theaters ohne Zuschauer" Morenos zu kultisch-religiösen Projekten. Morenos Entrüstung wuchs. In einem Bericht über die Ausstellungseröffnung 1924 erfährt man:

> „Stegreifbühne und Raumbühne. Bei der Eröffnung der Ausstellung ereignete sich ein Zwischenfall. Es ist bekanntlich um die Entstehung der Raumbühne ein Urheberstreit entstanden. Dr. Moreno Levy, der sich unter den geladenen Gästen befand, bezeichnete nach Ansprache des Präsidenten an die Festgäste den Maler Friedrich Kiesler, den Schöpfer der Raumbühne, als Plagiator. Nach Feststellung des Nationales Dr. Moreno Levys nahm die Eröffnungsfeier ihren Fortgang." („Neues Wiener Tagblatt", 25. Sept.1924, S. 5.)

Doch es blieb nicht bei Aktionen. Kiesler zog Moreno in einem Ehrenbeleidigungsprozeß vor Gericht; nach der Verhandlung im Jänner 1925 flammte der Streit um die Idee der Raumbühne wieder auf.

„. . . bemerkte Dr. Preßburger, Kieslers Bühnenidee habe mit jener Levys
so viel gemein, wie ein Krokodil mit dem Radio." („Die Stunde", 25. 1. 1925,
S. 3.)

Dolbin verstieg sich sogar zur Behauptung:

„Die Idee Moreno Levys bedingt die Synagogenform; jene Kieslers die der
Maschinenhalle."

Moreno und Kiesler lehnten das herkömmliche Theater ab, Moreno als „Totendienst", Kiesler als „Kopie von Kopien"; Moreno wollte
auf das Wort und den Autor verzichten, Kiesler hielt Texte für „Material zur Gestaltung", nähert sich damit also dem heutigen Regietheater.
Kiesler konnte seine Bühne verwirklichen und bespielen. Die aufge-
führten Stücke erregten großes Interesse, eines davon – Iwan Goll: Me-
thusalem – stammte überdies noch von einem Daimon-Mitarbeiter.

Auf zahlreichen Theaterausstellungen machte Kiesler während der
folgenden Jahre seine „Raumbühne" und die daraus entstandenen
Weiterentwicklungen in der ganzen Welt bekannt.

In der „Rede vor dem Richter" publizierte Moreno 1925 nachträg-
lich nochmals die wichtigsten Prinzipien seiner Theateridee und -phi-
losophie und setzte sie den Verwirklichungen Kieslers entgegen.

Nüchtern gesehen setzte sich Kiesler durch, weil er einen konkreten Architekturentwurf vorzuweisen hatte, während Hönigsfelds Entwürfe für Moreno eher Illustrationen zu dessen Buch darstellten.

Auch prominente Unterstützungsunterschriften für Moreno konnten nichts mehr ändern, zumal Kiesler noch mehr Unterstützer veröf-
fentlichen konnte. Moreno scheiterte auch an seiner transzendenten
Raumidee, die zu kompliziert schien, dem Zufall eines Stegreifspiels
wirklich noch Möglichkeiten zu lassen:

„Ausgehend von einem Stegreifspieler, im Zenrum des Theaters gedacht,
überschwemmt das Stegreifspiel, auf die Zuschauer übergreifend, den gesamten Theaterraum. Es ist die von einem Mittelpunkt ausgehende Dezentralisie-
rung des Spieles. Die Spielidee wirkt desorientierend, der Spieler gravitiert zu
jedem Zufallsschwerpunkt in der Teilnehmermenge. Deren Handlungsablauf
ist unberechenbar, ungenau, der Spielwillkür ausgeliefert." (Ing. B. F. Dolbin
über „Raumbühne und Stegreiftheater" in: „Wiener Allgemeine Zeitung",
16. Sept. 1924, S.4.)

Morenos Idee ist in dieser Auslegung heute faszinierend, entsprach
aber nicht dem theatralischen Zeitgeist. Kiesler konnte dagegen die
Berechenbarkeit und dadurch Machbarkeit seiner Raumbühne ins
Treffen führen.

„. . . jeder Standort des Schauspielers ist zu jeder Spielsekunde präzise festgelegt. Das Spielgerüst, die Bühne, ein technisches Hilfsmittel . . . dem Schauspieler koordiniert." (Dolbin, ebenda.)

Karl Kraus freilich meinte, „diese Raumbühne, die in der Theatergeschichte als Versuch fortleben wird, die Bühne vom Hanswurst vertreiben zu lassen". („Fackel", Nr. 668–675, 1924, S. 91.)

Vorhandene Aufnahmen der Bühne Kieslers und von darauf inszenierten Stücken zeigen ein wirklich reizvolles, innovatives Architekturtheater. Dolbin sollte in „Der Sturm" (1925, S. 100) darüber resümieren:

> „. . . von dem aus der Protagonist, gleichsam als Ausdruck einer revolutionären Masse auf das oberste Spielplateau geschleudert, zu ihr zu sprechen hat. In seiner Aufgangsspirale, in seinem Rundbau die Schleuderkraft der Massenbewegung. . . "

Die Ereignisse rund um sein „Theater ohne Zuschauer" wurden zum Wendepunkt der Lebensumstände Morenos. Abgesehen von der Popularität, die der Raumbühnenstreit dem Theater in der Maysedergasse brachte, wirkte sich das Ganze letztlich doch ungünstig auf sein „bürgerliches" Leben als Stadt- und Fabriksarzt aus. In anderem Zusammenhang bekennt er („Königsroman", 1923, S.125):

> „. . . Man begann jeden Unglücksfall eines Kindes meinem Landstreicherleben zuzuschreiben, mich vor mir nicht zuständige Gerichte zu laden, aus dem Land und schließlich aus der ganzen Erde als lästigen Ausländer auszuweisen."

Er stand auf dem Höhepunkt seines literarischen Lebens. Er hatte seine Vorstellung eines „Königsreiches für die Kinder" in die allgemeine Vision eines „Reiches der Kinder", die in Wien nach dem I. Weltkrieg entstanden war, eingebracht. Seine im Umgang mit Kindern erarbeitete Theateridee war allgemein gültig geworden. Nun stürzte er aus seiner Position als Vater-Gott, die sich durch seine Theaterpraxis in der Maysedergasse noch gefestigt hatte, weil seine literarischen und theatralischen Ideen sich als erfolgversprechend erwiesen und andere sich der besten Teile bemächtigten, sie vereinnahmten und auch zu vermarkten verstanden.

5. Rückkehr nach Wien

Moreno emigrierte 1925 in die Vereinigten Staaten von Amerika, ließ seinen akademischen Grad mit dem Namen Moreno verifizieren. In einem medizinischem Institut in Beacon, N. Y., setzte er Gruppenforschungen fort, immer noch den Grundideen seiner Wiener Theaterarbeit verhaftet. Es gelang ihm, die literarisch zu wertenden Wiener Erfahrungen in mathematisch fundierte Theorien zu formen; interpersonelle und gruppendynamische Abläufe, die er selbst erfahren hatte – als Herausgeber des „Daimon", als Theaterleiter und schließlich in einem Theaterstreit, der das ganze intellektuelle Wien einzube-

ziehen imstande war –, wurden genau quantifiziert, theoretisch aufgearbeitet, mathematisiert und daher wiederholbar.

Morenos Ideen veränderten die Techniken der Psychotherapie
und setzten sich weltweit durch. Schließlich erreichten sie in den sieb-
ziger Jahren wieder das Theater und feierten dort Erfolge durch einzelne Theatertruppen wie das „Living Theatre".

Seine Lehre von der Soziometrie und schließlich sein Psychodrama
kamen über Schüler sehr spät wieder nach Österreich und Wien, wo sie
mehr als dreißig Jahre vorher ihre Anfänge genommen hatten.

Anschließend besuchte Moreno wieder die Stätten seiner frühen
Versuche.

1959 ehrte die Medizinische Fakultät der Universität Wien Moreno
mit dem Ehrendoktor.

Sein 1959 deutsch publiziertes Buch „Gruppentheorie und Psychodrama" widmete Moreno Otto Pötzl, bei dem er während des I. Weltkrieges „Grenzfragen der Psychiatrie" gehört hatte.

1969 konnte Moreno das Goldene Doktorat der Universität Wien
entgegennehmen.

Moreno kehrte 1993 nach Wien zurück: seine sterblichen Überre-
ste wurden unter Beteiligung der Österreichischen Gesellschaft für Literatur zwanzig Jahre nach seinem Tode in einem Ehrengrab auf dem
Wiener Zentralfriedhof, Abt. Feuerbestattung, beigesetzt.

Quellen und Literatur

Archive

Archiv der Universität Wien:
    Index der Studenten der Universität Wien
    Rigorosenprotokolle
    Nationale (Inskriptionsbestätigungen)
Österreichisches Staatsarchiv, Kriegsarchiv
Amt der Niederösterreichischen Landesregierung, Archiv
Wiener Stadt- und Landesarchiv

Literatur

Moreno J L (1915) Einladung zu einer Begegnung. 1. Flugbericht. Anzengru-
    ber-Verlag Brüder Suschitzky, Wien Leipzig
Moreno J L (1923) Der Königsroman. Verl. des Vaters Gustav Kiepenheuer,
    Potsdam
Moreno J L (1923) Das Stegreiftheater. Verl. des Vaters Gustav Kiepenheuer,
    Potsdam
Moreno J L (1925) Rede vor dem Richter. Verlag des Vaters, Potsdam
Moreno J L (1959) Gruppenpsychologie und Psychodrama; Einleitung in die
    Theorie und Praxis. Thieme, Stuttgart (Benützt wurde die 2. Aufl. 1973;
    derzeit 4. unveränderte Aufl. 1993)

Zur Biographie

Moreno J L (1955) Preludes to my autobiography. Beacon House, Beacon. N Y
Marineaux R (1990) J. L. Moreno – sa vie, son ouevre. Ed. Saint Martin, Montreal
Reindell H (1977) Jacob Levi Moreno; Leben und Werk. Reindell, 1977. Univ. Mainz, Fachbereich 05–10 Medizin, Dissertation
Schiferer H R (1994) Jacob L. Moreno. In: Frischenschlager O (Hrsg) Wien, wo sonst; die Entstehung der Psychoanalyse und ihrer Schulen. Böhlau, Wien
Neue Illustrierte Zeitung, Wien, Czernowitz, 15. Dez. 1917, Sondernummer: Flüchtlingsfürsorge

Zur Dichtung

Daimon, eine Monatsschrift. Verl. Daimon Schriften, Wien 1918. 4 Hefte
Der Neue Daimon, eine Monatsschrift. Verl. Daimonschriften, dann Genossenschaftsverlag, Wien 1919. 5 Doppelh.
Die Gefährten. Genossenschaftsverlag, Wien 1920–1922. 13 Hefte (darin auch 1920, 3. Heft.: Moreno; Testament des Vaters)
Hall M (1985) Österreichische Verlagsgeschichte, Bd 2. Böhlau, Wien
Lauenstein D (1987) Die Mysterien von Eleusis. Urachhaus, Stuttgart
Raabe P, Hannich-Bode I (1992) Die Autoren und Bücher des literarischen Expressionismus; ein bibliographisches Handbuch. 2. verb. u. um Erg. u. Nachtr. 1985–1990 erw. Aufl. Metzler, Stuttgart

Zu Psychodrama und Theater

Moreno J L (1989) Psychodrama und Soziometrie; essentielle Schriften. Hrsg v Jonathan Fox. Humanist Psychologie, Köln
Petzold H (1972) (Hrsg) Angewandtes Psychodrama in Therapie, Pädagogik, Theater und Wirtschaft. Als Festgabe für J. L. Moreno zum fünfzigjährigen Jubiläum der Gründung des Stegreiftheaters in Wien. Junfermannsche Verlagsbuchhandlung, Paderborn. Marschall B (1988) „Ich bin der Mythe"; von der Stegreifbühne zum Psychodrama Jakob Levy Morenos. Böhlau, Wien. 116 S. Ill. Beiheft zu: Maske und Kothurn (Auszug aus der Dissertation der Verfasserin; obwohl nicht illustriert, ist die Dissertation ebenfalls interessant, da sie zahlreiche Quellen angibt.)
Müller R (1925) Moreno-Levy's Das Theater ohne Zuschauer. In: Prager Presse. 15. März
Internationale Ausstellung neuer Theatertechnik. Ausstellungskatalog. Wien 1924
Die Stegreifbühne. In: Der Tag, 1924, 22. Februar, S. 8
Auf eine Aufstellung der zahlreichen Zeitungs- und Zeitschriftartikel über die Auseinandersetzung Morenos mit Kiesler wird verzichtet, da die meisten in der Dissertation von Marschall aufgezählt sind.

Bilder der Kieslerschen Raumbühne sind zu finden in: Der Sturm. 1925, S. 97–100 zu Dolbins Artikel: „Die Internationale Ausstellung neuer Theatertechnik in Wien; Nachworte" und in: Der Abend, 1924, 1. Oktober, S. 8.

Kapitel 2.1

Begegnung heilt:
die religionshistorischen Hintergründe
des Psychodramas

F. Geisler

Begegnung

Eine revolutionäre Einsicht in den ausschließlich männlichen Theologenköpfen auf dem II. Vatikanischen Konzil 1962–65 brachte den katholischen Missionen in aller Welt eine ungeheure Befreiung: Wenn der Missionar zu den „Heiden" kommt, ist Gott schon da! Die Naturreligionen mit ihren vielen ethischen Grundaussagen beweisen es. Sie enthalten Parallelen zu unserer Bibel, die es aufzufinden gilt. Die „Heiden" leben in ihren Dorfstrukturen oft das, was wir den Menschen predigen. Sie halten alles gemein; sie teilen auch in größter Not, sie unterdrücken die Schwächeren nicht. Sie vertrauen sich göttlichen Kräften an.

Der Platz hier ist freilich unangemessen, über die Befreiungsbewegungen allein in Lateinamerika zu berichten, die sich aus diesem Blick auf die Menschen in ihren Kulturen entwickelten. Aber das soll noch gesagt werden: Es entstanden in den Jahren danach Begegnungen in einem Umfang, wie sie bisher niemals möglich geworden waren. Im zwanzigsten Jahrhundert entdeckten die Römer plötzlich die „Missionsobjekte" mit einem bisher stets zu vernichtenden „Heidentum" als Menschen, die auf eine lange eigene wertvolle Tradition in Kultur und Religion zurückblicken können. Erst jetzt sahen die notorischen europäischen Besserwisser, mit welchem Reichtum aus den eigenen Quellen die zwangschristianisierten Einheimischen die aufgestülpte Religion zu ihrer gemacht hatten. Als wenige Beispiele aus Lateinamerika mögen hier die Mayas in Chiapas im Süden Mexikos oder die Armen in Brasilien stehen. (Boff, 1991, S. 11 ff.; Geisler, 1944 a, S. 25 ff.; Geisler, 1994 b, S. 15 ff.; Lenkersdorf, 1994, S. 17.) Viele Ureinwohner waren in früheren Jahrhunderten immer wieder einmal solchen Christen begegnet, die Auge in Auge einander als Gottes Geschöpfe erkannten.

So berichtet die Geschichte vom spanischen Bischof Bartolomé De Las
Casas in Chiapas, Mexiko 1474–1566, der sich den eigenen kriegeri-
schen Eroberern Mexikos entgegenstellte und am spanischen Königshof bezeugte, daß die „Indianer" richtige Menschen seien. Er wurde
dafür umgebracht. (Real-Encyclopädie, Bd. 8., 1881, S. 424–425.)
Darum nahmen die verachteten dunkelhäutigen Menschen schließlich
das Christentum in ihre religiösen Vorstellungen auf, trotz des hohen
Blutzolls, dem ganze Völker auf ihrem Kontinent zum Opfer gefallen
waren.

   Nach fast 500 Jahren entdeckten das wiederum die Europäer. Aus
dieser *Begegnung* konnten die Menschen in ihren Dorfstrukturen ihre
eigenen Anpassungswünsche an die sie umgebende Kultur entwickeln
und ihre bisherigen Assimilierungsleistungen offenbaren. In der katholischen Kirche Lateinamerikas wiederum entstand „die Kirche der
Armen" mit ihren eigenständigen theologischen Aussagen.

   Einen ähnlich revolutionären Paradigmenwechsel bedeutete mitten in Europa Anfang dieses Jahrhunderts Jacob Levi Morenos therapeutische Philosophie von der Heilung in der Begegnung. Seine Ideen
und Inszenierungen beeinflußten zunächst nur die jüdischen Intellektuellen Wiens, von den US-amerikanischen Staaten aus allerdings die
gesamte Therapieszene. Revolutionär war die Einsicht Morenos über
seine KlientInnen: Sie sollten als freie und unabhängige Menschen in
eine heilende Entwicklung eintreten können. Sie sollten sich mit ihm
auf die Forschungsreise in ihr soziales Atom begeben. Als PartnerIn-
nen, als AktionsforscherInnen und ExperimentatorInnen gingen sie
mit ihm in ihre Beziehungswelt, um dort die Störungen und krankhaf-
ten Einengungen ihrer Spontaneität und Kreativität zu entdecken und
aufzulösen. Er bestimmte die Gruppe als therapeutisches Agens und
beförderte den „Direktor", den gut ausgebildeten Kreator in den
Hintergrund des Geschehens als stillen Beobachter und unsichtbaren
Leiter. Die Hierarchie Arzt-Patient war praktisch aufgehoben (Leutz
und Engelke, 1967, S. 1008–1031).

   Morenos Ideen zur *Begegnung*, erstmals 1914 in seiner Schrift „Einladung zu einer Begegnung" dokumentiert (Wien 1914 anonym),
brachte die Wiener jüdische Szene zu neuen Aufbrüchen. Otokar Brezina, Max Brod, Martin Buber, A. P. Gütersloh, Francis Jammes, Paul
Kornfeld, E. A. Rheinhardt, Jakob Wasserman, Ernst Weiss, Franz Werfel, Alfred Wolfenstein nennt Moreno selber seine Freunde, Mither-
ausgeber oder Autoren seiner Zeitschrift für existenzielle Philosophie
(Moreno 1995, S. 76–78; Moreno Hrsg. Daimon, Der neue Daimon,
Die Gefährten, 1918–1921). Er nennt andere, die später als Autoren
dazustoßen: Franz Blei, Ernst Bloch, Otto Stössl und Georg Kaiser. Viele bekannte Namen werden an dieser Stelle nicht erwähnt, die aus zahlreichen veröffentlichten Studien über seine Wiener Zeit bekannt sind

(Buer, Bumanowski, Wenk). Das Wien der zwanziger Jahre war einer der lebendigsten und geistreichsten Orte der Welt, bis der aufkommende Antisemitismus dem ein Ende setzte (siehe I, Kapitel 1). Auch J. L. Moreno zog 1925 lieber in die Vereinigten Staaten von Amerika. Damit war er für Europa erst einmal verloren. Obwohl das Ehepaar J. L. und Zerka Moreno nach seiner Heirat 1949 wieder Kontakte zu Europa pflegte und viele Jahre zahlreiche Kongresse in europäischen Staaten bestritt, wird seine große Bedeutung hier erst zum Ende des zwanzigsten Jahrhunderts langsam anerkannt.

Zahlreiche Ideen Morenos wurden ohne Quellenangabe weiterentwickelt. In Morenos 1995 nun auch in deutsch erschienenen Auszügen aus seiner Biographie (Moreno, 1995) wiest er darauf hin. Er bestätigt auch, daß er das alte kabbalistische Thema *Begegnung* in Wien vor Buber aufgegriffen und publiziert hat (Geisler, 1994 c). Moreno erzählt: „Sein berühmtestes Buch ‚Ich und Du' wurde 1923, neun Jahre nach meiner ‚Einladung zu einer Begegnung' veröffentlicht." Inwieweit Moreno Buber beeinflußt hat, läßt sich nicht eindeutig klären. In seinem Lebensbild nimmt Moreno an, daß der hohe Bekanntheitsgrad von Bubers Buch „Ich und Du" das Erstlingswerk „Einladung zu einer Begegnung" verdrängt hat (Moreno 1995, S. 78–79). Morenos Frühschriften konnten m. E. jedoch literarisch bei weitem nicht an die Erzählkunst des großen Philosophen heranreichen. Morenos Stärken lagen woanders. Er war auch nicht einfach nur ein Ideengeber in der jüdischen Szene Wiens. Er erfand und inszenierte, was er meinte. Das war einmalig, und es war im damaligen Wien sehr wohl bekannt.

Oft wird erzählt, z. B. in Morenos Autobiographie oder von seinem Biographen Marineau, wie er sich durch die Stadt Wien bewegte, auffällig im Sinne der jüdischen Bibel als Prophet gekleidet in einen großen, vom Onkel geerbten Mantel, umgeben von einigen seiner kabbalistischen Freunde. Zwischen all den glattrasierten Wienern trug er einen roten Bart. Er sprach die Leute auf der Straße an, um sie zu einer *Begegnung* einzuladen. Er traf Kinder in den Parks und spielte mit ihnen ihre Geschichten und Träume. Er vertrat Gott in Cafés, indem er bei einem lauten „ach Gott!" aufstand und antwortete. „Sie haben mich gerufen?". Er kaufte mit Freunden ein Zufluchtshaus für jüdische Immigranten, in dem das Wohnen nichts kostete. Er schuf das Stegreiftheater. Dort stieß er auf die heilsame Wirkung des Rollenspiels und entwickelte ein Behandlungskonzept daraus (Moreno, 1995, S. 76 ff).

Alle Teile seines Lebenswerkes lebte er zunächst und verschriftete sie nach und nach. Er beeinflußte während seiner Arbeit in den Vereinigten Staaten die Therapieentwicklungen nachweislich und nachhaltig. Vielfach fehlt der ausdrückliche Hinweis auf ihn.

Das Erkennen von Gruppendynamik mit soziometrischen Mitteln, das Netzwerk oder System, in dem Menschen leben, einüben von neuem Verhalten, im Zyklus Verhaltensweisen von heute auf Ursprungsereignisse zurückführen, sie nachspielen und in einer neuen Szene das heutige Verhalten korrigieren, durch „Entrollen" Übertragungsphänomene sichtbar machen, das ist nur einiges aus seinem Handwerk, das zu jeweils eigenständigen Therapieformen weiterentwickelt wurde. Seine geniale Erfindung fand zu seinen Lebzeiten nicht den gebührenden Platz in der Wissenschaft. Die konservativen Analytiker lehnten es ab, Schizophrene agieren zu lassen und auch noch in der Gruppe zu behandeln. Moreno machte sich mit seiner Erfindung viele Feinde. Seiner Eigenwilligkeit fielen aber auch manche guten Kontakte zum Opfer, wie sein Sohn Jonathan kritisch anmerkt: Mit genialen Frauen kam er hervorragend aus (Moreno, 1995, S. 3.). Sein göttliches Rollenspiel hinderte ihn möglicherweise daran, andere männliche „Gottheiten" neben sich zu dulden, obwohl genau das zu seiner Philosophie gehört hat (Marineau, 1989, S. 108 ff.; und Nachwort in der Autobiographie, Moreno, 1995, S. 154–156).

Viele Frauen sind es in Europa, die im besonderen die emanzipatorische Kraft des Psychodramas für sich entdeckt haben. In Frauenhäusern, feministischen Therapie- und Ferienhäusern und Frauenberatungsstellen arbeiten allenthalben ausgebildete Psychodramatikerinnen. Bei durch sexuelle Gewalt geschädigten Frauen ist Psychodrama eine wichtige Therapiemethode. Sie setzt bei den vorhandenen Ressourcen an und stärkt auch im monodramatischen Setting die Emanzipation von den seelischen Zerstörungen.

Moreno schuf sein Psychodrama als eine Behandlung „kranker Gruppen und kranker Nationen" mit dem Ziel einer neuen Ordnung des Friedens und der „Freundlichkeit im Universum". Die Menschen sollen in einer „therapeutischen Weltordnung" ihre eigenen TherapeutInnen werden, denn „eine therapeutische Weltordnung ist nicht für Kranke; eine untherapeutische Weltordnung wie die gegenwärtige macht gesunde Menschen krank" (Moreno, 1991, S. 11 ff.). Nicht das Individuum, sondern die verschiedenen Gruppierungen sollen in einen Veränderungsprozeß treten. In der „neuen Weltordnung" korrigieren sich die Individuen im liebevollen Spiegel der anderen in einem immerwährenden Prozeß (Moreno, 1991, S. 11 ff.). Sein schier unerschöpflicher Geist entwickelte viele seiner Ideen aus der *Begegnung* mit den Menschen. Er fand Zugang zu Prostituierten, Kriegsgefangenen, schwererziehbaren Kindern, Gefängnisinsassen oder psychiatrisch Kranken. Seine Textvorbilder und seine Rollenideen finden sich in den Heiligen Schriften der Bibel und den Philosophien der Weltgeschichte.

Er verstand sich als Heiler und hatte mit seiner gelebten Philosophie die Vision von Welterlösung. Damit ist bereits darauf hingewiesen, daß im Psychodrama religiöse Schätze aus dem Judentum verborgen sind. Erstaunlicherweise haben sie heilende Kraft. Die dialogische Form der Wiener Frühschriften hat ihre Vorbilder aus der jüdischen Erzähltradition. Viele Stücke sind biblischen Texten nachgeformt, Psalmen, Jesu Bergpredigt (Geisler, 1994 c, S. 3–4). Die jüdische Großfamilie entwickelte viele Strategien, die ihr zum Überleben in Verfolgung verhalfen: so der Umgang mit Anonymität. Nur im Schoß der Familie waren die wirklichen Namen bekannt. Ein anderes Merkmal ist die bedingungslose Zugehörigkeit zur jüdischen Kleingruppe derer, die seltsam, krank oder mittellos sind. Man muß sie nicht mögen, aber sie gehören zu uns (Annahme und Ablehnung innerhalb von Großfamilie bzw. Kleingruppe). Einmal in der Woche, nämlich am Sabbat, sind alle Menschen gleich. Das „Vor Gott sind alle Menschen gleich" wird wöchentlich zelebriert. Wir kennen dieses Angebot an uns aus dem Sharing, wenn der Protagonist von der Bühne zurück in den Kreis kehrt und die anderen mit ihm den Schmerz und die Scham teilen. Auch die Leiterin ist für diesen Augenblick Teil der Gruppe (Geisler, 1989, S. 70–72; vgl. auch Geisler, 1991, S. 45–68, Geisler, 1994 c).

Die *Begegnung*, das Zwischenmenschliche, als das Eigentliche zu betrachten, ist jüdische Tradition (Geisler, 1994 c, S. 11). Die *Begegnung* zwischen Menschen hat ihren Sinn in der *Begegnung* zwischen Mensch und Gott. Sie ist Ereignis, göttlicher Augenblick, ein sich Loslassen und dem anderen absichtslos ausliefern. Die Unterschiede von Rasse, Stand oder Wissen sind für dieses Miteinander aufgehoben. Die Sabbattradition spiegelt das Ereignis am besten wider: „Der Grund, warum der Sabbat diese zentrale Stellung im jüdischen Gesetz einnimmt, ist darin zu suchen, daß er der Ausdruck der zentralen Idee des Judentums ist: der Idee der Freiheit, der vollkommenen Harmonie zwischen Mensch und Natur, zwischen Mensch und Mensch . . ." Die Vorwegnahme der messianischen Zeit und der Überwindung von Zeit, Traurigkeit und Tod durch den Menschen ist aufgehoben. An diesem Tag verwandeln sich der Bettler, der Ärmste und Elendste, in einen stolzen und würdevollen Menschen (Fromm, 1980/1994, S. 157 ff.).

Hier geschieht der Rollenwechsel mit einem positiven Modell ohne Krankheit und Makel, mit einem Idol oder gar mit Gott. Selbst depressiv Kranke bekommen plötzlich ein Lächeln und eine Vorstellung von Glücksgefühl, wenn sie sich für Sekunden in einen andern Menschen verwandeln können. Es ist eine *Begegnung* mit heilenden Kräften. Sie schlummern in jedem Leidenden und werden so ins Bewußtsein gehoben.

In dem Sabbatvergleich steckt noch ein weiterer wichtiger Begegnungsaspekt. Die *Begegnung* mit der Therapeutin oder dem Therapeuten. Sie ist nicht erst nach der Heilung möglich, wie Buber und Trüb meinen (Buber und Trüb, zit. nach Geisler 1984, S. 12 ff.), so denn das Augenmerk nicht zuerst auf die Krankheit des Individuums gerichtet ist, sondern auf die gesunden Anteile (Geisler, 1984. S. 12 ff.). Wachsende Gesundheit ist möglich, wo die Therapeutin oder der Therapeut demütig in der Haltung des Begleitens bleibt, die Übertragungen im Blick hat und aufzulösen vermag. In den gesunden Teilen können sich zwei Menschen begegnen, auch Therapeutin und Klient, manchmal für einen Augenblick. Die Diade der Einzelsitzung erfordert auf der einen Seite eine ständig sorgfältig gepflegte Distanz. Trotzdem soll diese „Veranstaltung" nach Moreno immer ein „Ritual der Liebe" sein. Der Lebensentwurf des Menschen zählt, nicht seine Verhinderungen, ihn zu entwickeln. Wo Tele ist, kann sich *Begegnung* immer wieder ereignen. Sie gibt dem, der aus der Definition der gesellschaftlichen Umstände heraus der Kranke ist, seine menschliche Würde. Es zeigt sich dann jeweils ein Stück Gesundheit, die es ja zu erweitern gilt. Die wahre *Begegnung* mit der Therapeutin, auch in winzigen Augenblicken, gibt Lebensmut und setzt Kreativität und Spontaneität frei zu anderen Begegnungen und Erlebnissen (Moreno 1991, S. 33). Der Klient und die Klientin übernehmen Schritt für Schritt mehr Verantwortung für ihre Lebensgestaltung. Moreno wiederholt an vielen Stellen seine Intention: „Ich lehre die Menschen, ihre Träume zu leben."

Woher kommen die unterschiedlichen jüdischen Traditionen, die sephardische, die aschkenasische, die chassidische; was hat es auf sich mit der Kabbala? Aus allen Traditionen standen Moreno Praktiken und Wissen zur Verfügung. Gehört er doch zu einer Gemeinschaft, die seit zweitausend Jahren in alle Welt zerstreut und in einer Inkulturation mit den Kulturen der jeweiligen Völker seine Identität durch viele Pogrome hindurch gewahrt hat. So hat er Zugang zu den Traditionssträngen, die sich unter dem jeweils konkret gelebten Judesein befinden (Wenk, 1985).

Aufgewachsen ist der kleine Jakob als Spharde. Er besuchte mit fünf Jahren eine sephardische Jungenschule. Dort lernte er hebräisch und die jüdischen Gesetzestexte lesen. Das weist ihn aus als zu den 1492 aus Spanien vertriebenen Juden gehörig, die vor den mordenden Militärs des spanischen Königs im Auftrage Roms ihr Leben zu retten suchten. Die Flüchtlinge zogen unter anderem über den gesamten europäischen Kontinent und siedelten sich arm und unterdrückt in Rumänien und Polen an. Dort behielten sie ihre sephardischen Schulen für Hebräisch und pflegten ihre jüdischen Lehren über die Jahrhundertwende hinweg. In den Familien wurde bis in Morenos Jugend Ladino gesprochen, ein jüdisches Spanisch.

Die Aschkenasim hingegen hatten sich von Frankreich kommend schon im zehnten und elften Jahrhundert in Deutschland angesiedelt.

Sie hatten immer wieder Zugang zu allen Berufen und bildeten einen Teil der kulturellen Elite des Abendlandes, bis sie zu 90 Prozent durch die Nazis ausgerottet wurden. Ihre eigene Sprache, auch in anderen Teilen Europas wie in Polen und den Baltischen Staaten, war jiddisch, eine dem Deutschen angeglichene Sprache (Meyers enzyclopädisches Lexikon, Bd. 2, 1980, S. 685–86).

Die jüdischen Volksgruppen in aller Welt hielten zwar treu an ihrer Bibel, der Tora, fest. Ihre zahlreichen Auslegungen sind aber ein reges Zeugnis der Auseinandersetzungen mit ihrer so oft feindlich gesinnten Umwelt und ihrem unerschütterlichen Festhalten an dem einen Gott. Die Volksgruppen paßten sich den jeweiligen Erfordernissen ihres Lebens an. So entstand eine unübersehbare Tradition, die kaum jemals vollständig erfaßt werden kann. Dies gilt es zu bedenken, wenn versucht wird, Morenos Religiosität zu beschreiben (Navé Levinson, 1993, S. 1–22).

Die Armen unter den Sephardim wendeten sich mehr einem spirituell und ekstatisch gefärbten Glauben zu. In allen Unbilden befragten sie ihren Rebbe in ihren Siedlungen, der direkt und spontan Ratschläge erteilte. Als im 18. Jahrhundert der große Rebbe in den Karpaten Baal Schem Tov seine Lehren verkündete, entwickelte sich daraus die Bewegung des Chassidismus. Gott und die Schöpfung, Gott und die Menschen sind eins. Nicht durch Askese, sondern durch Wohlergehen, Tanz, Freude am Leben bekommen wir Zugang zu den göttlichen Eigenschaften in uns. Die zahlreichen Geschichten sammelte Martin Buber und machte uns bekannt mit dem uns eigentümlich anmutenden Gottesverständnis dieser Frommen (vgl. Buber, 1955). Sie sprachen und verhandelten mit Gott, wie mit einem Bruder.

„Ich habe in einem nichtjüdischen Haus gegessen, ohne mir die Hände zu waschen ... Aber du, o Herr, hast schwere Sünde begangen: Du hast Müttern ihre kleinen Kinder und kleinen Kindern ihre Mütter weggenommen. Lass' uns quitt sein: Vergib du mir, und ich will dir vergeben" (Fromm, 1982, S. 127).

Die westeuropäischen jüdischen Gemeinden, sofern sie in Ruhe und Frieden lebten, konnten sich mehr einem philosophischen Betrachten der biblischen Texte zuwenden und die rabbinische Tradition pflegen.

Kabbala

Es gibt eine mystische Tradition der Juden, die für Moreno und das Psychodrama eine interessante Bedeutung hat: die Kabbala. Sie gehört auch zur jüdischen Erzähltradition. Sie nahm die mystischen, ekstatischen und symbolischen Entwicklungen in sich auf. Es wird behauptet,

MOSCHE CORDOVERO (1522–1570)

Die Tugenden der Krone

Zur Ethik der Kabbala

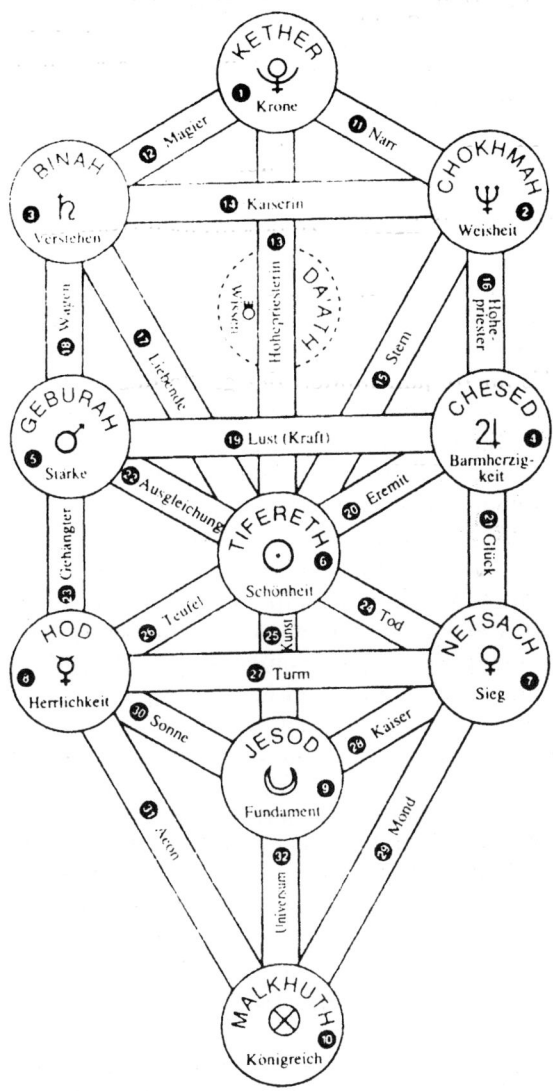

Ots Chiim – Der Baum des Lebens
Aus: Wege und Visionen. Ztschr. Nr. 6/95, S. 22

daß vor allem die Sephardim in Spanien sie pflegten. Demnach brachten sie sie mit auf ihren Wanderungen. Die Lehrer beziehen sich wie bei der Mischna (Lehrtextsammlung zur Tora) auf die Toratexte und finden die Spuren der Kabbala in allen Teilen der beiden Testamente. Somit ist auch diese geheimnisumwitterte Schrift über Jahrtausende Bestandteil des Judentums und hat ihre Anziehung bis heute nicht verloren (vgl. Wenk, 1985; Halevi, 1993).

Die Kabbala war ein Teil des religiösen Erbes, auf das Moreno zurückgreifen konnte. Erst im Vergleich mit Schriften über die Kabbala (Zév ben Shimon Halevi, 1993) wird deutlich, wie stark er aus dieser Tradition geschöpft hat. Er gestaltete dieses Erbe freilich sehr autonom und verband sich als junger Mann in Wien dabei mit dem gleichaltrigen Philosophen Chaim Kellmer, der aus der chassidischen Tradition kam. Zum sephardischen männlichen Selbstverständnis gehört ein herausragendes Sendungsbewußtsein und die innere Freiheit, Neues zu entwickeln; sich als Ratgeber im Ort, als Heiler und Heiliger zu begreifen. Daran hatten auch seine Eltern ihren nicht geringen Anteil. Der Vater wirkte als „Moreno", Schlichter in Streit- und Rechtsfällen, als er jung war und noch in der Familie lebte. Die Mutter hatte von einer Zigeunerin erfahren, daß ihr kränklicher und schwacher Sohn eines Tages etwas Großes werden würde (Marineau, 1989, S. 14 ff.).

Zum Verständnis einer kabbalistischen Vereinigung kann hier nur beschrieben werden, was heute Halevi darunter versteht. Aber auch das ist aufschlußreich, selbst wenn wir davon auszugehen haben, daß die Wiener Kabbalisten sich anders verstanden haben.

Das kabbalistische System wird von seinen Verfechtern bis auf Mose zurückgeführt. Eingeweihte treffen sich in Kleingruppen. Die Gruppen bestehen heute aus möglichst einer gleichen Anzahl von Männern und Frauen. Die Mindestzahl ist zehn. Alle sind gleichberechtigt, nach Herkunft und Hautfarbe wird nicht gefragt. In die Vorbereitung können alle gelangen. Erst in der Zusammenarbeit stellt sich heraus, wer hier der Leiter oder Zadek ist. Es ist derjenige, der über die meisten spirituellen Weihen verfügt und die anderen auf ihrem spirituellen Weg weiterbringt. Grundsätzlich wird vorausgesetzt, daß jedes Mitglied des Zirkels (jeder Mensch) einen göttlichen Funken in sich trägt, den es in der Gruppe zu entdecken gilt. Gemeinsamkeit bringt daher eine neue Dimension Göttlichkeit ans Licht. „Je mehr Tele, umso mehr Gruppenkohäsion", sagt Moreno und meint damit die gesunden göttlichen Anteile der einzelnen, die sich zu einem neuen Ganzen zusammenfügen (Moreno, 1959, S. 29).

Die Kabbala verfügt über eine komplizierte Zahlen- und Stufensymbolik. Sie hat ihren Ausgangspunkt bei Gott und erfaßt auf jeder Ebene alle Gegensätze des menschlichen Lebens. Der Beginn ist Gottes Schöpfung der Erde und des Menschen (Die Bibel, Genesis 1–2 oder 1. Buch Mose, Kap. 1 und 2). Bei der Erschaffung der Welt wandte sich Gott zu den Menschen. Er schuf sie, um ein Gegenüber zu haben, einen Spiegel seiner selbst. Moreno hat dieses Gottverständnis in seine Frühschriften eingebaut (Geisler, 1991, S. 55 f.).

Der zweite große Akt in der Menschheitsgeschichte beginnt, als die Menschen sich einander zuwenden. Der Prophet Hosea (um 740 v. Ch.) berichtet im Ersten (Alten) Testament (AT) als erster darüber. Jedenfalls taucht nach Wenk das Wort *Hesed* hier zum erstenmal auf. Zu der Zeit ist das Volk Israel heftig bedroht durch seine Nachbarn. Die israelitischen Stämme hatten sich in zwei Reiche geteilt: Israel und Juda. Auch in einer relativ ruhigen Periode erschüttern Machtkämpfe die Königreiche (vgl. AT, Hosea; Wolff, 1961).

Das Wort *Hesed* bedeutet im Hebräischen Güte, Freundschaft, Solidarität, Treue und Ehrlichkeit untereinander. Die Juden verstehen bis heute darunter den Umgang mit dem anderen im Sinne des Sabbatgesetzes (Wenk 1985, S. 14). Fälschlicherweise hat hier Luther „Barmherzigkeit" übertragen. Er meinte die Hinwendung zu einem Hilfsbedürftigen, Armen, Schwachen. Die Barmherzigkeit in der christlichen Kirche blieb denn auch bis heute in einer Hierarchie verhaftet: hier die reichen Geber – dort die armen Empfänger.

Aber auch ein anderer Aspekt ist überraschend: Die göttlichen Energien, von denen die Kabbala weiß, heißen Kreativität und Spontaneität. Es sind nach ihr und anderen jüdischen Schriften die Schöpferkräfte, mit denen Gott die Erde erschafft und erhält. Sie gilt es in sich zu entdecken und mit den anderen zu teilen, zum Heil der Gruppe, zur Gesundung und zum Heil der Menschheit.

Verzückungszustände werden durch das Wiegen des Körpers und bestimmte Texte unterstützt. Auch in anderen Religionen ist diese Praxis bekannt. Wie geriet Moreno in Verzückung, als er „Das Testament des Vaters" schrieb? Zumindest war er als Kabbalist bereit zu solchen Zuständen.

Zutiefst religiös sind die Beweggründe des Heilers Moreno. Er blieb bis an sein Ende dem einen Schöpfergott treu. Eine neue Religion hat er nicht geschaffen, wie manche meinen. Er hat sein reiches jüdisches Erbe schöpferisch ausgestaltet und weiterentwickelt. Aus seinem Erbe wissen wir: Je mehr Kreativität und Spontaneität durch die *Begegnung* mit anderen Menschen frei wird, umso mehr kann der einzelne gesunden und in Freiheit anderen begegnen.

Literatur

Boff L (1991) Gott kommt früher als der Missionar: Neuevangelisierung für eine Kultur des Lebens und der Freiheit. Patmos, Düsseldorf

Buber M (1955) Die Legende des Baalschem. Umgearb. Neuausgabe, Zürich
Frede Ursula (1992) Behandlung unheilbar Erkrankter. Psychodramatherapie
   in Theorie und Praxis. Psychologie Verlags Union, Weinheim
Fromm E (1972) Psychoanalyse und Religion. Goldmann, Gütersloh
Fromm E (1982) Psychoanalyse und Religion. München
Fromm E (1980/1994) Ihr werdet sein wie Gott. Rohwolt Taschenbuch, Rein-
   bek bei Hamburg
Geisler F (1984) Der religiöse Mensch Moreno. Graduierungsarbeit, unver-
   öffentl. Manuskript, Solingen
Geisler F (1989) Einflüsse der jüdischen Philosophie auf das Psychodrama.
   In: Kösel E (Hrsg) Pädagogische Hochschule, Persönlichkeitsentwicklung
   in beruflichen Feldern auf der Grundlage des Psychodramas. Freiburg
Geisler F (1991) Judentum und Psychodrama. In: Buer F (Hrsg) Morenos the-
   rapeutische Philosophie. Die Grundidee von Psychodrama und Sozio-
   metrie: Leske L und Budrich, Opladen, S 45–68
Geisler F (1994 a) Das Ende Einbahnstraße – Ein Volk erobert sich die Bibel.
   Transparent. Zeitschrift für die kritische Masse in der Rheinischen Kirche.
   8. Jg., Heft 33, S 15–17
Geisler F (1994 b) Wir brauchen keinen weißen Vater mehr. Die Weltmission.
   Heft 2, S 25–26
Geisler F (1994 c) Morenos Wurzeln in der jüdischen Tradition. In: Skripten
   zum Psychodrama, Bd 9. Moreno Institut für Psychotherapie und Sozial-
   pädagogik, Stuttgart
Gutermuth-Lissner D (1993) Die Entdeckung der Regiestuhl-Technik für die
   Behandlung psychosomatisch Kranker. In: Bosselmann R, Lüffe-Leonhard
   E, Gellert M (Hrsg) Variationen des Psychodramas. Ein Praxisbuch nicht
   nur für Psychodramatiker. Limmer, Meezen
Halevi Z (1993) Der Weg der Kabbalah. Droemer und Knaur, München
Lenkersdorf C (1994) Das Vorwort zur Bibel in Tojolabal. Transparent. Zeit-
   schrift für die kritische Masse in der Rheinischen Kirche. 8. Jg., Heft 33,
   S 17–19
Leutz G, Engelke E (1987) Psychodrama. In: Corsini R J (Hrsg) Handbuch der
   Psychotherapie, Bd 2. Psychologie, München, S 1008–1031
Navé Levinson P (1993) Einführung in die rabbinische Theologie, 3. erw. Auf-
   lage. Wissenschaftliche Buchgesellschaft, Darmstadt
Marineau R (1989) Jacob Levy Moreno 1889–1974. Father of psychodrama, so-
   ciometry, and group psychotherapy. Tavistock/Routledge, London
Meyers enzyclopädisches Lexikon (1980) 32 Bände, Bd 2, Lexikonverlag,
   Mannheim, korrigierter Nachdruck
Moreno J L (1959) Gruppenpsychotherapie und Psychodrama. Einleitung in
   die Theorie und Praxis. Thieme, Stuttgart
Moreno J L (1991) Globale Psychotherapie und Aussichten einer therapeuti-
   schen Weltordnung. In: Buer F (Hrsg) Jahrbuch für Psychodrama, psy-
   chosoziale Praxis und Gesellschaftspolitik 1991. Leske und Budrich, Opla-
   den, S 11–44
Moreno J L (1995) Auszüge aus der Biographie. Hrsg von Jonathan D Moreno.
   Mit einem Nachwort von René Marineau
Real-Encyklopädie für protestantische Theologie und Kirche, Bd 8 (1881)
   Hrsg von Herzog, Pitt, Hauck. Hinrichs'sche Buchhandlung, Leipzig
Seidel U (1989) Psychodrama ohne Gruppe. Basistechniken in der Einzel-
   arbeit. In: Klein U (Hrsg) Psychodrama. Zeitschrift für Theorie und

Praxis von Psychodrama, Soziometrie und Rollenspiel. In: Scenario, Köln, S 193–206

Sigal P (1986) Judentum. Kohlhammer, Stuttgart

Singer I B (19803) Der Kabbalist vom East Broadway. Geschichten. dtv, München

Stoebe H J (1978) Hesed – Güte. In: Jenni/Westermann (Hrsg) Theologisches Handwörterbuch zum Alten Testament. Bd 1. 3. Auflage. Kaiser, München, S 600–621

Trüb H (1951/1971) Heilung aus der Begegnung. Klett, Stuttgart

Wartenberg G, Kienzle X (1991) Die Katharsis im psychodramatischen Spiel. In: Buer F (Hrsg) Jahrbuch für Psychodrama, psychosoziale Praxis und Gesellschaftspolitik 1991. Leske und Budrich, Opladen, S 49–78

Wenk C (1985) Los Origenes des Psicodrama de Moreno. Dissertation, Argentinien (Manuskript)

Wolff H W (1961) Biblischer Kommentar. Altes Testament. Dodekapropheton 1 Hosea, Bd 8. Neukirchener Verlag der Buchhandlung des Erziehungsvereins, Neukirchen Kreis Moers

Zeitschriftenliteratur in Wien 1918 bis 1921 mit und unter Moreno

Moreno J L, (Hrsg) Daimon. Eine Monatsschrift. Prolog Heft Februar 1918

Moreno J L, (Hrsg) Daimon. Eine Monatsschrift. 2. Heft, April 1918

Moreno J L, (Hrsg) Daimon. Eine Monatsschrift. 3. Heft, Juni 1918

Moreno J L, (Hrsg) Daimon. Eine Monatsschrift. 4. Heft, August 1918

[Moreno J L, Hrsg] Der neue Daimon. 1919 (enthält die Hefte 1–12, 1919). Genossenschaftsverlag, Wien

[Moreno J L, Hrsg] Die Gefährten. „Aus den Reden Gotamo Buddhos". Heft 1–12, 1920–1921. Der dritte Jahrgang des „Neuen Daimon", d. h. drittes Jahr, erstes Heft. Genossenschaftsverlag, 1920, Wien

[Moreno J L, Hrsg] Die Gefährten. „Das Testament des Vaters" (anonym veröffentlicht). Drittes Jahr, zweites Heft, 1920. Genossenschaftsverlag, 1920, Wien

[Moreno J L, Hrsg] Die Gefährten. Heinrich Mann, „Der Weg zur Macht", „Die Tote". Drittes Jahr, drittes Heft, 1920. Genossenschaftsverlag, 1920, Wien

[Moreno J L, Hrsg] Die Gefährten. Alfred Döblin, „Das verwerfliche Schwein", „Lydia und Mäxchen", „Lusitania". Drittes Jahr, viertes Heft, 1920, Genossenschaftsverlag, 1920, Wien

[Moreno J L, Hrsg] Die Gefährten. Otto Stoessl, „Der Hirt als Gott". Drittes Jahr, fünftes Heft, 1920, Genossenschaftsverlag, 1920, Wien

[Moreno J L, Hrsg] Die Gefährten. Fritz Lampl, „Flucht". Drittes Jahr, sechstes Heft, 1920, Genossenschaftsverlag, 1920, Wien, Prag

[Moreno J L, Hrsg] Die Gefährten. Albert Ehrenstein, „Karl Kraus". Drittes Jahr, siebentes Heft, 1920, Genossenschaftsverlag, 1920, Wien

[Moreno J L, Hrsg] Die Gefährten. Isidor Qartner, „Gedichte". Drittes Jahr, achtes Heft, 1920, Genossenschaftsverlag, 1920, Wien

[Moreno J L, Hrsg] Die Gefährten. Ernst Weiß, „Stern der Dämonen", „Franta Zlin", „Der bunte Dämon". Drittes Jahr, neuntes Heft, 1920, Genossenschaftsverlag, 1920, Wien

[Moreno J L, Hrsg] Die Gefährten. Oskar Kokoschka, „Der weisse Tiertöter". Drittes Jahr, zehntes Heft, 1920, Genossenschaftsverlag, 1920, Wien

[Moreno J L, Hrsg] Die Gefährten. Robert Zellermayer, „Erzählungen". Viertes Jahr, elftes Heft, 1921. Genossenschaftsverlag, 1921, Wien

[Moreno J L, Hrsg] Die Gefährten. „Der Krüppel". Viertes Jahr, zwölftes Heft, 1921, Genossenschaftsverlag, 1921, Wien

Moreno J L (1914) Einladung zu einer Begegnung (anonym veröffentlicht). Wien

Moreno J L (1918) Einladung zu einer Begegnung (erschienen unter J. Moreno Levy). Die Gottheit als Autor. In: Daimon, Heft 1–2, S 3–18

Moreno J L (1919) Einladung zu einer Begegnung (erschienen unter J. Moreno Levy). Die Gottheit als Redner. In: Der Neue Daimon, Heft 1–2, S 29–41

Moreno J L (1919) An die Leser zum Aufstand gegen die Autoren (erschienen unter J. Moreno Levy). In: Der Neue Daimon, Heft 1–2, S 29–31

Moreno J L (1920) „Das Testament des Vaters" (anonym veröffentlicht). In: Die Gefährten, Heft 2, S 1–28

Kapitel 2.2

Die Wurzeln der Psychotherapie am Beispiel des Psychodramas

G. Rabel

Vor unseren waren andere Ratsfeuer hier[1]
Moses Shonog, Medizinmann der Seneca

Das Anliegen dieses Artikels ist es, auf eine der *Wurzeln der Psychotherapie,* den Schamanismus, hinzuweisen.

Wir, die wir psychotherapeutisch arbeiten, stehen auf einem uralten und traditionsreichen Boden. Die *moderne* Psychotherapie hat sich, über Jahrtausende hin, durch kreative Wachstums- und spontane Entwicklungsprozesse und Spezialisierung entwickelt. Sich dieser historischen und spirituellen Dimension zu öffnen, die der Methodenvielfalt der *modernen* Psychotherapielandschaft zugrunde liegt bedeutet auch, sich der spirituellen Grundlagen der *eigenen* Methode gewahr zu werden. Wie andere Methoden, so läßt sich auch das Psychodrama „zurückführen auf magische und schamanische Riten" (Scategni, 1994, S. 27). Aus der Sicht Morenos sind religiöse Rituale, Kultfeiern und Zeremonien im allgemeinen Vorformen und Ursprung des Psychodramas (Haan, 1992, S. 52).

Auf vier Punkte möchte ich kurz eingehen:
1. Die historischen Wurzeln der *modernen* Psychotherapie.

---

[1] „In den alten Zeiten war der Hauptzweck der nächtlichen Ratsfeuer, das Zuhören zu lernen. Die Wahrheiten, wie man in Harmonie lebt, wurden von weisen Geschichtenerzählern lebendig erhalten. Sie bezogen sich in den Medizingeschichten auf die Stammesweisheiten und auf diejenigen, die als Zuhörer um die nächtlichen Feuer saßen. Stammestradition, Geschichte, Handlungen des Mutes und Lehren über die Entdeckungen des wahren Selbst wurden durch die Ereignisse in den Legenden der Vorfahren zum Leben erweckt. Es lag in der Verantwortung der Zuhörer, sich auf diese Wahrheiten zu beziehen und sie auf ihr persönliches Leben anzuwenden, so daß sie ihrem Wachstum dienten" (Sams, 1995, S. 11).

2. Die Verzerrungen des Schamanismus in der traditionellen Wissenschaft.
3. Die Funktionen der Schaman/innen im allgemeinen.
4. Beispiel: das moderne *shamanic counseling* – ein Monodrama.

1. Die historischen Wurzeln der Psychotherapie

Historisch kann der Schamanismus als *Ursprung der Psychotherapie* gesehen werden. Die ethnopsychologische Disziplin schätzt das Alter dieser
Urszene auf ca. 80.000 Jahre. „Die Ursprünge symbolischen Heilens sind
sicher in einem rudimentären ‚Protoschamanismus' zu suchen, der
vermutlich in der Moustérien-Kultur, d. h. zu Beginn der Würm-Eis-
zeit, im Mesopaläolithikum (vor ca. 80.000 Jahren) in dem Brauch
der Totenbestattung seinen Anfang nahm. Im Jungpaläolithikum
(ca. 35.000–10.000 Jahre) mehren sich die künstlichen, symbolträchti-
gen Hinweise auf komplexe, kosmobiopsychosoziale Zusammenhänge
. . . Schamanische Praktiken und Sichtweisen tauchen zuerst in nicht-
schriftlichen Sammler- und Jägerkulturen auf" (Quekelberghe, 1994,
S. 4). In dieser Zeit begann die Entwicklung des Schamanismus in der
noch heute praktizierten Form.

Andere Grundlagen finden sich in den Heilmethoden frühge-
schichtlicher und indigener Völker. Ellenberger beschreibt die Entwicklung der *Vergleichenden Psychotherapie.* „Obwohl die systematische
Untersuchung des Unbewußten und der psychischen Dynamik noch
nicht sehr alt ist, hat die dynamische Psychotherapie eine lange Reihe
von Ahnen und Vorläufern. Die Psychiatrie hat lange den Berichten
über die bei primitiven Völkern von Medizinmännern, Schamanen
usw. durchgeführten Heilverfahren wenig Aufmerksamkeit geschenkt.
Man hielt derartige Berichte für seltsame Geschichten" (Ellenberger,
1985, S. 21).

Ein Anspruch der traditionellen Wissenschaften war und ist *die Ent-*
zauberung der Welt auf Basis des Rationalismus. Doch will die Welt in
jedem Falle entzaubert werden? New Age, der Esoterikboom und die
aktuelle wissenschaftliche Auseinandersetzung mit *alternativen Heil-*
verfahren sind aussagekräftige Antworten auf diese Frage. Und sind, so
die Frage sensibler Wissenschaftler/innen, die Glaubensannahmen
und Glaubensmodelle schamanischer und anderer spiritueller Traditionen und Konzepte wirklich irrational? „Oftmals scheinen sie sich
nur in der Auswahl der Metaphern zu unterscheiden: Wenn die
Tschuktschen hinter dem Polarstern das Loch des Himmels vermuten
oder wenn sie von drei Geisterwelten (obere, mittlere, untere Geister-
welt) sprechen, sind sie wirklich so weit entfernt von unseren ‚schwarzen Löchern' ‚seltsamen Attraktoren' oder von der ‚Dreiteilung des
psychischen Apparates' nach Freud?" (Quekelberghe, 1994, S. 11).

2. Die Verzerrungen des Schamanismus in der traditionellen Wissenschaft

Psychotherapeutische Verfahren außerhalb ihrer philosophischen Grundlagen und historischen Entwicklungsstufen zu betrachten bedeutet, sich selbst von den *eigenen* Wurzeln abzuschneiden. Durch die Etablierung der *Vergleichenden Psychotherapie* in den 70er Jahren wurde ein Schritt in Richtung einer Bewußtwerdung dieser Wurzeln getan. Bis dahin war die Geschichte der Psychologie, Psychiatrie und Psychotherapie auch eine Geschichte der Demütigung und Verachtung Menschen gegenüber, die nicht in den Kategorien traditioneller westlicher Wissenschaften gedacht und gearbeitet haben. So schreibt Roger Walsh, Professor für Psychiatrie und Philosophie an der Universität von Kalifornien in Irvine und Befürworter schamanischer Praxis: „So hat die Psychologie nicht nur zu wertvollen Einsichten, sondern auch zu folgenschweren Mißverständnissen geführt, die unser Bild des Schamanismus mitunter jahrzehntelang verzerrt haben . . . Es überrascht daher nicht, daß der Schamanismus im Urteil westlicher Psychiater, Psychologen und psychoanalytisch ausgerichteter Anthropologen oft übel weggekommen ist. Da Schamanen manchmal ein für uns befremdliches Verhalten zeigen, in veränderte Bewußtseinszustände eintreten, Visionen haben und mit Geistern zu kommunizieren behaupten, wurden sie oft als psychisch gestört diffamiert. Schizophrenie, Hysterie und Epilepsie waren – trotz gegenteiliger Indizien – die häufigsten Diagnosen. Das mißliche Resultat: eine tragische Unsensibilität für die tieferen, positiven Aspekte der schamanischen Tradition . . . Schamanische Techniken mögen zunächst wie Aberglaube und Unsinn anmuten, beruhen aber zum Teil doch auf handfesten psychologischen Prinzipien. Manche sind westlich-therapeutischen Techniken ähnlicher Art um Jahrtausende voraus gewesen“ (Walsh, 1992, S. 15 ff.).

In der aktuellen und sensibleren Forschung werden die gute Gesundheit und die psychische Stabilität von Schaman/innen dokumentiert. Die traditionellen Vergleiche zwischen Schaman/innen und Psychotiker/innen *übersahen,* daß die spirituellen Krisen und Visionen, die Schaman/innen durchleben und erfahren, konstruktiv waren und sind. Sie stärken das Selbstbewußtsein. „Zweifellos durchlebt ein angehender Schamane eine ernste psychische Zerrüttung, während der er sich oft als zerstückelt erlebt oder als von verschiedenen Göttern oder Dämonen verschlungen. Es ist seine alte Art des Ich-Bewußtseins, die stirbt, und mit Hilfe ‚innerer Helfer‘ wird er wieder hergestellt. Nach dieser grausamen Initiation findet er zu einer intergrierteren Art, Mensch zu sein. Im Unterschied zum Schizophrenen behält er sein Ich;

er wird zum ‚Meister der Geister' und nicht zu ihrem passiven Opfer"
(Moore, 1995, S. 50 f.)[2].

Heute werden unterschiedliche therapeutische Formen nach schamanischen Merkmalen untersucht: z. B. Psychodrama, Analytische Psychologie, Katathymes Bilderleben nach Leuner[3], Gestalttherapie,
Primärtherapie, Holotrope Therapie, Bioenergetik, Tanztherapie,
Maltherapie, Musiktherapie, Familientherapie usw.

Darüber hinaus untersucht die ethnopsychotherapeutische Forschung auch eine Reihe von nichtschamanischen Techniken und Methoden indigenen Ursprungs. Akstein beschreibt beispielsweise rituel-
le Trancen in afro-brasilianischen Kulten als eine spezielle Form der
Psychotherapie (Akstein in Dittrich, 1987, S. 244), Quekelberghe
(1991) arbeitet im Bereich der Klinischen Ethnopsychologie und
Schamanismusforschung, Scharfetter (1995) integriert ethnologisches
Material in die wissenschaftliche Erforschung von Schizophrenie und
Ogrizek bezeichnet konkrete afrikanische Kulte als eine Form des Psychodramas (Wendl, 1991, S. 11). Auch der afrikanische und haitiani-
sche Voodoo birgt, als spirituelles Konzept, eine Fülle von Techniken
und Methoden, die in handfesten psychologischen Grundlagen veran-
kert sind. Die, in *unserem* Verständnis formuliert, Therapieziele sind u.
a. Rollenintegration, Heilung des Menschen, Individuation. Vom spirituellen Konzept her geht es um die Aufhebung der Spaltung von
Ich/Gott, *das Innewerden Gottes* (des Göttlichen)[4].

---

[2] Gleichsam ist aus der Erforschung anderer spiritueller Kultsysteme (z. B.
Voodoo/Haiti; Afrika, Mami-Wata-Kult/Afrika) bekannt, daß sich der ge-
sundheitliche Zustand von Menschen, die anfänglich unter nicht von ihnen
kontrollierbaren „Besessenheiten" leiden, rapide verbessert, wenn sie sich
entschließen, sich in den Kult initiieren zu lassen (Deren 1992; Wendl 1991).

[3] Dr. Dagmar Eigner ist Psychotherapeutin in der Methode des katathymen
Bilderlebens nach Leuner. Sie hat eigene Feldforschungen über Schamanismus durchgeführt und hält Vorlesungen zum Thema Ethnopsychotherapie an der Universität Wien (Institut für Geschichte der Medizin).

[4] Dazu ein Zitat von Moreno: „In der psychodramatischen Welt ist die Tatsache der Verkörperung zentral, axiomatisch und universell. Jeder kann seine
Version Gottes durch seine Handlungen darstellen und seine Version auf
diese Weise anderen mitteilen . . . Es ist nicht mehr der Meister, der große
Prophet oder der Therapeut, der Gott verkörpert. Die Vorstellung von Gott
kann in jedem Menschen Gestalt annehmen und sich verkörpern – im Epi-
leptiker, im Schizophrenen, in der Prostituierten, in den Armen und Aus-
gestoßenen. Sie alle können jederzeit die Bühne betreten, wenn der Augenblick der Inspiration da ist, und ihre Version von der Bedeutung des
Universums darbieten. Gott ist immer in uns und um uns herum, wie bei
den Kindern. Statt vom Himmel herabzusteigen, tritt er durch die Büh-
nentür ein" (Moreno, 1989, S. 43).

3. Die Funktionen der Schaman/innen im allgemeinen

Schaman/innen werden zu ihrer Aufgabe berufen und herausgefordert[5]. Dies bedeutet zuerst eine intensive Beschäftigung mit sich selbst, mit den eigenen Problemen, Konflikten und Ängsten. „Der Schamane erkannte, daß die menschliche Psyche aus Energieströmen und dynamischen Strukturen besteht, die man in harmonischen Einklang miteinander bringen kann. Er nannte die Strukturen, die er antraf, Dämonen, Engel oder Geister. Heute würden wir dieselben Phänomene als Neurosen, Komplexe und Archetypen bezeichnen. Er erforschte die verborgenen Welten der Natur und der Psyche, indem er sein Bewußtsein veränderte, oftmals durch Trommeln, seltener durch die Verwendung halluzinogener Drogen. Seine nach innen gerichtete Suche zwang ihn zunächst dazu, seine eigene zersplitterte Psyche zu integrieren und sich seinen eigenen Komplexen zu stellen" (Moore, 1995, S. 40).

Für die Gemeinschaft sind Schaman/innen Träger/innen von beschützenden, heilenden und vermittelnden Funktionen. Schaman/innen vermitteln zwischen Menschen und Ahnengeistern, zwischen Menschen und Göttern/Dämonen, zwischen Menschen und Totemtieren (Krafttiere), zwischen den drei Welten (Ober-, Alltags- und Unterwelt[6]) und zwischen Leben und Tod. Ihre Aufgaben sind kurz zusammengefaßt; die Herstellung und die Erhaltung des Gleichgewichtes zwischen *Mensch und Welt/Kosmos*. Weiters die Heilung des Individuums, wobei die Gemeinschaft meist in fast alle Therapieabschnitte einbezogen wird[7]. Ein wichtiges Medium zur Bewältigung dieser Aufgaben ist die Fähigkeit, sich in nicht alltägliche Bewußtseinszustände[8] zu versetzen. Dies geschieht zumeist mit Hilfe von Trommeln, Rasseln und seltener mit Drogen. „Anders als bei den modernen Therapieverfahren zielt die ‚schamanische' Therapie darauf, nicht nur eine partielle Wiederherstellung im Sinne einer individuellen Symptombeseitigung oder Problemlösung, sondern auch eine vollständige Wandlung und Erneuerung im ‚Einklang' mit allen Stammes-, Natur- und kosmischen Kräften" (Quekelberghe, 1994, S. 10)[9]. Mit den Worten von Weiss: „Der Schamane ist ein Meister der Energie" (Weiss, 1987, S. 189).

---

[5] Lewis, 1989, S. 105–123/Krippner, 1987, S. 39–42/Weiss, 1987, S. 190.

[6] Oberwelt bedeutet *nicht* Himmel; Unterwelt bedeutet *nicht* Hölle.

[7] Einzeltherapien in unserem Sinne sind nicht grundsätzlich üblich. Wird der einzelne Mensch behandelt, sind z. B. Familienmitglieder oder andere Personen ebenfalls anwesend.

[8] Erforschung von nichtalltäglichen Bewußtseinszuständen: vgl. Scharfetter, 1987, S. 7–35.

[9] Moreno hat dieses Ziel, vereinfacht formuliert und aus einem anderen gesellschaftlichen Kontext heraus, die „therapeutische Weltordnung" ge-

Die *Arbeitsmaterialien und Quellen des Weltverstehens* von Schaman/in-
nen sind z. B. Steine, Heilpflanzen und Drogen, Symbole, Teile von
Tieren, Sand (Sandbilder), Trommeln und Rasseln. Ihr Besitz drückt
nicht nur die konstruktive Macht aus, über die die Schaman/innen verfügen, sondern sie sind auch Zeichen von Respekt und Ehrfurcht der
Natur und dem Universum gegenüber.

4. Beispiel: das moderne „shamanic counseling" – ein Monodrama

Uccusic definiert Schamanismus wie folgt: „Schamanismus ist eine psychische Technik des Kontakts mit der Nichtalltäglichen Wirklichkeit
(NAW), charakterisiert durch den bewußten Übergang des Ausführen-
den in den Schamanischen Bewußtseinszustand (SB) und die Rückkehr in den Normalen Bewußtseinszustand (NB), verbunden mit einem bestimmten Zweck im Dienst der Gemeinschaft" (Uccusic, 1993,
S. 32).

Den Schamanismus in seiner traditionellen Form in unsere westliche Kultur integrieren zu wollen, wäre wenig gewinnbringend. Es bedarf einer Anpassung. Deshalb ist es wesentlich, den traditionellen
Schamanismus vom Neoschamanismus zu unterscheiden, wobei die
Einverleibung schamanischer Traditionen in die westliche Kultur nicht
ohne kritische Reaktionen der Indigenen bleibt. Der Neoschamanismus beabsichtigt jene kulturellen Differenzen aufzuheben bzw. abzu-
schwächen, die einer Integration schamanischer Methoden und Techniken in unsere Gesellschaft abträglich wären.

Uccusic beschreibt das *shamanic counseling*, welches Michael
Harner entwickelt hat, und den Schamanismus in den gesellschaftlichen Kontext westlicher Kulturen integrierbar macht (Uccusic, 1993,
S. 254–262). Es ist eine Methode, die auf den klassischen Prinzipien des
Schamanismus basiert und als *Lebenshilfe* die spirituelle Entwicklung
der Menschen fördern will. Es werden Lebensprobleme behandelt.
Ob diese Probleme neurotischen oder nichtneurotischen Ursprungs
sind, wird nicht hinterfragt. Das Ziel ist, Antworten und Möglichkeiten
zu finden, die *eigenen* Probleme in den Griff zu bekommen und zu
lösen. Der Counselor erarbeitet mit dem Klienten oder der Klientin die

---

nannt. „Morenos Therapieverständnis ist religiös. Er fordert alle Menschen
auf, ihre Beziehungen untereinander (und zur Umwelt) durch offene und
engagierte Auseinandersetzung zu verbessern. Sind die Beziehungen aus-
gehandelt und hat jeder seinen Platz gefunden, dann ist ein ‚glückliches
Leben' (=‚Heil', =‚Gesundheit') eines jeden möglich. Das ist aber erst
dann vollständig erreicht, wenn alle Menschen in diesen Verständigungs-
prozeß einbezogen sind; insofern fordert Moreno eine Welttherapie"
(Buer, 1991, S. 232).

Frage. „Es kann sein, daß der Klient mit der Frage sofort herausplatzt und auch dabei bleibt; aber in der Regel weiß er nicht, was ihm im Augenblick das Wichtigste ist. So beginnt er nachzudenken, und als Ergebnis dieses Prozesses kommt meist sehr bald die Frage . . . Nun darf der Counselor niemals von sich aus in der Weise eingreifen, daß er den Klienten zu einer Frage drängt oder ihm eine Formulierung suggeriert" (Uccusic, 1993, S. 255 f.). Die schamanischen Reisen, die der oder die Betroffene in die nichtalltägliche Wirklichkeit unternimmt, werden mit Hilfe eines Tonbandes stimuliert. Der Klient oder die Klientin hört über Kopfhörer spezielle Trommelmusik. Der Klient oder die Klientin dokumentiert die Reise (innerer Monolog). Dies wird mit Hilfe eines zweiten Tonbandes aufgezeichnet. Es ermöglicht dem Klienten oder der Klientin, sich jedes Detail, auch von lange zurückliegenden Reisen, ins Gedächtnis zu rufen. Diese Methode zeichnet sich, im Gegensatz zu den praktizierten psychotherapeutischen Schulen, durch ein anderes Verständnis für *vergessen* und *erinnern* aus. „Während der Reise hat der Counselor sich ruhig zu verhalten; der Klient darf nicht gestört werden – niemand unterbricht einen reisenden Schamanen[10]. Für die reibungslose Funktion von Trommeltonband und Kopfhörer sowie für die des Geräts, mit dem die Reise aufgezeichnet wird, ist der Counselor verantwortlich" (Uccusic, 1993, S. 256). Den Abschluß bildet eine neuerliche und zusammenfassende Bewertung durch den Klienten oder die Klientin. „Die Reise wird zu einer klar gestellten Frage unternommen – und selbstverständlich auch zu dem Zweck, daß der Klient zu einem Ergebnis kommt. Dieser Wunsch, diese Absichtserklärung ans Universum, sichert in der Regel den Erfolg. Natürlich ist das nur eine Regel, von der es Ausnahmen gibt. Weder ist etwas zu erzwingen, wenn die Antwort ausbleibt, noch hat es einen Sinn, Klienten den Kopf vollzureden. Das Wesen der Lehre, das Schamanische der Methode, besteht darin, daß der Klient selbst *erfahren* muß!" (Uccusic, 1993, S. 257). Im psychodramatischen Verständnis kann dieses Verfahren als Monodrama bezeichnet werden. Die psychodramatische Technik, die hier Anwendung findet, ist der innere Monolog. Auf der Reise trifft der Klient oder die Klientin auf die persönlichen Krafttiere. Im Psychodrama würde ich sie als *helfende Ich-Anteile (Rollen)* qualifizieren, u. zw. im Sinne der häufig gestellten Frage: *Was würdest du brauchen, um dich diesem Problem zu stellen?*

---

[10] Hier muß differenziert werden. Der Klient oder die Klientin wird, aufgrund seiner/ihrer Fähigkeit in die nichtalltägliche Wirklichkeit zu reisen, kurzfristig selbst zum Schamanen oder zur Schamanin, aber nicht im Sinne des Berufes als solchen. Es geht um das Aktivieren des Schamanischen in sich selbst. In der Analytischen Psychologie wird hier vom inneren Schamanen oder vom Archetyp des Magiers gesprochen.

Es ist kein Wesenszug des Schamanismus zu philosophieren, zu psychologisieren und die Fragen auf z. B. ein Kindheitstrauma rückzuführen. Auch wird die *schamanische* Sitzung nicht durch einen starren zeitlichen Rahmen begrenzt. Schamanismus, sowohl in seiner traditionellen, als auch in seiner modernisierten Form, ist und verbleibt auf der symbolischen Ebene. Und die Arbeit auf der symbolischen Ebene ist weder dem Psychodrama als Gruppenmethode noch dem Monodrama als Einzelmethode unbekannt. Ob sich nun psychodramatische Momente im Schamanismus oder schamanische Elemente im Psychodrama finden, ist eine Frage der Perspektive und des wissenschaftlichen Ansatzes. Was beiden *Methoden* eindeutig gemeinsam ist, ist der klar formulierte spirituelle Anspruch.

Literatur

Buer F (Hrsg) (1991) Morenos therapeutische Philosophie. Die Grundideen von Psychodrama und Soziometrie. Verlag Leske und Budrich, Opladen (Schriftensammlung unterschiedlicher Autoren und Autorinnen)

Deren M (1992) Der Tanz des Himmels mit der Erde. Die Götter des haitianischen Vaudou. Promedia, Wien

Ellenberger F (1985) Die Entdeckung des Unbewußten. Geschichte und Entwicklung der dynamischen Psychiatrie von den Anfängen bis zu Janet, Freud, Adler und Jung. Diogenes, Zürich

Haan A (1992) Kreatives Erleben im Psychodrama. Zum Kreativitätskonzept in der Psychotherapie. Deutscher Universitäts-Verlag, Wiesbaden

Krippner S, Scott P (1987) Zwischen Himmel und Erde. Spirituelles Heilen der Schamanen, Priester und Medie. Chiron, Dusslingen

Lewis I M (1989) Schamanen, Hexer, Kannibalen. Die Realität des Religiösen. Athenäum, Frankfurt am Main

Moore R, Gillette D (1995) Der Magier im Mann. Wege zum inneren Schamanen. Walter, Solothurn

Moreno J L (1989) Psychodrama und Soziometrie. Essentielle Schriften. Hrsg. von Fox J. Edition Humanistische Psychologie, Köln (Die Schriften sind zwischen 1934 und 1973 entstanden)

van Quekelberger R (1994) Ethnopsychologische Mitteilungen, Band 3, Heft 1. Universität Koblenz, Landau

van Quekelberger R (1991) Klinische Ethnopsychologie. Einführung in die transkulturelle Psychologie, Psychopathologie und Psychotherapie. Asanger, Heidelberg

Sams J, Nitsch T (1995) Die Ratsfeuer der Sieben Welten. Eine indianische Geschichte der Erde von der Schöpfung bis zum Erwachen einer neuen Sonne. Ost-West, Illmensee

Scategni W (1994) Das Psychodrama zwischen alltäglicher und archetypischer Erfahrungswelt. Walter, Solothurn und Düsseldorf

Scharfetter C, Dittrich A (Hrsg) (1987) Forum der Psychiatrie. Ethnopsychotherapie, Neue Folge 26. Enke, Stuttgart

Scharfetter C (1995) Schizophrene Menschen. Diagnostik, Psychopathologie, Forschungsansätze. Beltz, Weinheim

Uccusic P (1993) Der Schamane in uns. Schamanismus als neue Selbsterfahrung, Hilfe und Heilung. Goldmann

Walsh R N (1992) Der Geist des Schamanismus. Walter, Olten

Weiss G (1987) Elementarreligionen. Eine Einführung in die Religionsethnologie. Springer, Wien New York

Wendl T (1991) Mami Wata oder ein Kult zwischen den Kulturen. Lit, Münster

II. Theoretischer Teil

1. Perzeptionstheorie unter besonderer
Berücksichtigung des szenischen Verstehens
2. Die Rollentheorie
3. Motivationstheoretische Ansätze

Wortschwärme, E. A. Kasper, 1989

„Ich sah Schwärme, die bald zerstreut kleine Haufen bildeten, bald als ganze Heere um den Horizont der Hölle jagten. Ich ging näher, überlegte erst und sagte zu meinem Reisegefährten:
„... Heuschrecken? ... Schwärme von Schwalben, die nach Süden ziehen? .... wilde Gänse, die ihre Jungen sammeln? ... Regenwolken? ... "

aus: Der Königsroman, J. L. Moreno, 1923

Kapitel 1

Perzeptionstheorie unter besonderer Berücksichtigung des szenischen Verstehens

Ch. Jorda

Ich rede mit denen, die mich über diesen Punct verstehen. Euer Denken ist ein Handeln, euer bestimmtes Denken ist sonach ein bestimmtes Handeln, d. h. das, was ihr denkt, ist gerade dieses, weil ihr im Denken gerade so handeltet; und würde es etwas anderes seyn (ihr würdet etwas anderes denken), wenn ihr in eurem Denken anders gehandelt hättet (wenn ihr anders gedacht hättet)
Fichte, 1797.

Einleitung

Monodrama hat sich aus der Praxis und Theorie des Psychodramas heraus entwickelt und ist angewandtes Psychodrama in der therapeutischen Sitzung mit einem Klienten, d. h. psychotherapeutische Einzelarbeit in der Interaktion Psychotherapeut – Klient. Monodrama ist also weit mehr als ein Rollenspiel, es entwickelt sich aufgrund eines Verstehens zwischen Klient und Therapeut, wobei sowohl verbale wie nonverbale Kommunikationsstile einfließen. Spielerische Aspekte und Handlungsaspekte spielen dabei eine große Rolle.

Der Umgang bzw. die Begegnungsmöglichkeiten zwischen Therapeut und Klient gehen über die sprachliche Ebene weit hinaus, weichen also von der verbal-diskursiv dominierten Alltagskommunikation weit ab und bewegen sich auf eine ganzheitlich-bildhafte Symbolebene zu, wobei Gestik, Mimik, Verhalten, Spielelemente, neben Gespräch und Reflexion, Bedeutung erlangen.

Dieser komplizierte und wechselhafte Prozeß, der auf verschiedenen Ebenen (von Handlungs- und Spielebenen bis hin zur verbalen Reflexionsmöglichkeit) ineinanderfließt, ist ein kreativer schöpferischer Akt, aber auch einer, der sehr schwierig zu entschlüsseln und zu verstehen ist.

1.1 Therapeutische Zielsetzung im Verdichtungsprozeß

Grundsätzlich ergibt sich durch die Anwendungen psychodramatischer Methoden im therapeutischen Kontakt eine Intensivierung der therapeutischen Interaktion: Jedes neue Zurückrufen früherer Erlebnisse rückt einen anderen Teil, an den sich der Patient nicht erinnert, ins Bewußtsein. Es gibt frühe Erlebnisse des Patienten, zu denen man mit der Technik der Wortassoziation nicht dringen kann, weil sie unterhalb der sprachlichen Formulierung liegen. Auch das „Verstehen" und „Nachempfinden" des Therapeuten bleiben nicht mehr auf die verbale Mitteilung des Patienten bezogen, sondern er kann sie über das Miterleben der inneren Szene des Patienten vertiefen.

Die Gelegenheit, eine ganzheitliche, szenische Ausdrucksmöglichkeit für den Klienten zu schaffen über die erweiterten Möglichkeiten des szenischen Verstehens stellen dementsprechend die wesentlichen Ziele für die Anwendung psychodramatischer Techniken in der Monodramaarbeit dar. Der Therapeut nimmt direkt an der therapeutischen Handlung als Begleiter wie auch als Vermittler und „Bedeutungsstifter" teil. Das Ziel dieser Methode ist es, die Interaktion dahingehend zu verändern, daß blockierte Spontaneität freigesetzt werden kann, um einengende Fixierungen (Moreno: „Kulturkonserven") zu lösen: Festgefahrene Muster sollen in Bewegung gebracht werden und neue Ressourcen entdeckt und nützbar gemacht werden. Psychotherapie wird in diesem Zusammenhang so verstanden, daß sie dem Menschen auf der Grundlage von Verstehensprozessen in die subjektiven Bedeutungszusammenhänge durch die Förderung seiner individuellen Fähigkeiten und Möglichkeiten zu innerer Freiheit verhilft.

Ein weiterer wichtiger Ansatz den Moreno darüber hinaus entwickelt hat, ist der Bezug des Individuums zur Realität (siehe dazu: IV, Kapitel 2, Surplus Reality).

Das Individuum schafft sich seine je eigene, eigenständige Wirklichkeit im subjektiven Raum und schafft sich somit die Möglichkeit seine Lebensbedingungen mitzugestalten. Das Individuum lebt also im Spannungsfeld der eigenen gestalteten Wirklichkeit und der Realität die von außen durch soziale, politische und gesellschaftliche Faktoren mitbestimmt wird.

Die therapeutische Aufgabe bezieht sich auf dieses Spannungsfeld und möchte so eine neue Erlebbarkeit dieses konflikthaften Geschehens ermöglichen.

Grete Leutz beschreibt dies folgendermaßen:

„Eine wichtige therapeutische Zielsetzung des Psychodramas ist die Überwindung der Spaltung zwischen Realität und Phantasie. Durch szenische Darstellungen konkretisiert das Psychodrama zum einen Phantasien, innere Figu-

ren usw., zum anderen werden reale, interpersonale Konflikte mittels Imagination auf der Psychodramabühne reproduziert und dadurch neu sowie
umfassender erfahrbar gemacht, so als ob es in der Realität geschähe" (Leutz,
1982, S. 2).

Ein weiteres monodramatisches Anliegen ist es, eine neue Begeg-
nungsmöglichkeit zu schaffen. Durch das Verstehen alter fixierter Beziehungsstrukturen werden neue Beziehungsformen ermöglicht.

*Welcher wissenschaftstheoretische Zugang liegt nun diesem
komplizierten Prozeß zugrunde?*

Ganz allgemein besteht die Aufgabe der Geisteswissenschaft darin, sich
mittels Analogieschluß in den „Ausdruck" des anderen hineinzuverset-
zen. Ein Nachbilden, ein Nachkonstruieren, ein Nacherleben wird an-
gestrebt.

Die hermeneutische Methode ist die einer Auslegung von dargestellten Inhalten (Schriften, Kunst, Biographien, Verhalten usw.), also
die Interpretation durch den Betrachter.

In der therapeutischen Arbeit geht es aber um weit mehr als um
die Auslegung symbolischer Zusammenhänge überhaupt, es geht
darüber hinaus auch um die Auslegung unbewußter Äußerung, die
beispielsweise durch Auslassungen und Verfälschungen entstellt sind.
Es geht vor allem um die Aufdeckung unbewußten Sinns von Äußerungen, die hinter den Tiefenstrukturen der Interaktion zwischen Therapeut und Klient liegen.

1.2 Psychodramatische Wurzeln im Verstehensprozeß

Die Szene selbst muß als Grundbaustein im Prozeß der Entwicklung
und Entfaltung von Persönlichkeitssystemen verstanden werden. Die
Befindlichkeit, die „Mitteilung" des Klienten, kann nur erfaßt werden,
wenn ein Verstehensmodus zur Anwendung gelangt, der szenische Ab-
folgen und ihren Kontext einbezieht.

Der Begriff „szenisches Verstehen" wurde von A. Lorenzer in seiner
Arbeit „Sprachzerstörung und Rekonstruktion" (1970) umfassend entwickelt.

Lorenzer hat als Analytiker unter Bezugnahme auf den hermeneu-
tischen Verstehensbegriff eine Sichtweise kreiert, die auch durchaus
auf das monodramatische Geschehen anwendbar ist[1].

---

[1] Diese Theorie wurde auch auf eine kritische Gesellschafts- und Kulturana-
lyse hin erweitert.

Lorenzer unterscheidet in seiner Theorie das

logische
psychologische und
szenische Verstehen.

Er bringt in diesem Ansatz eine moderne Sprachtheorie zum Ausdruck, die durchaus mit den großen Sprachtheoretikern wie Chomsky (1965) vergleichbar ist, also eine Theorie, die verschiedene Tiefenstrukturen aufdeckt und ineinander verwebt.

Die Basis dieser Theorie ist die Verstehensebene:
Wir können unsere menschliche Natur nicht erklären, wir können aber das Seelenleben verstehen.

Diese Erkenntnis geht auch auf Wilhelm Dilthey (1894) zurück. In diesem Ansatz betont er, daß eine Unterscheidung zwischen einer „erklärenden, konstruktiven Psychologie" und einer „beschreibenden und zergliedernden Psychologie" zu treffen ist (Dilthey, 1968, S. 139 ff.).

Es wird also in der Theoriebildung zwischen zwei theoretischen Zugängen unterschieden: dem Zugang, der die Außenwelt als eine gegenständliche und objektivierbare, operationalisierbare Psychologie erklärt und einem, der sich inneren Prozessen zuwendet.

Dilthey nennt diesen zweiten Zugang eine Psychologie *des Verstehens:*

„Durch Analogiebildungen zwischen unserem eigenen Erleben und unseren Handlungen und Äußerungen können wir bei anderen das innere Erleben nachvollziehen: wir können unser Seelenleben verstehen, da es offen vor uns liegt; es ist das Innere und Bekannte und liegt in unserer ganzen Vielfalt vor uns." (Dilthey, 1958, S. 144.)

Damit ist gemeint, daß das Seelenleben anderer über die Herstellung einer Analogie zum eigenen Seelenleben interpretiert und über diesen Weg auch verstanden werden kann.

Lorenzer trifft in seiner Theorie ähnliche Überlegungen. Diese fußen aber auch auf der Konzeption des Philosophen L. Wittgenstein, in der die Komplexheit des Sprachspiels dargestellt wird und zu einer Repräsentation der erfahrbaren Wirklichkeit führt[2].

---

[2] Wittgenstein analysiert im „Tractatus logico-philosophicus" die Abbildfunktion der Sprache über anschauliche Bilder und das den Bildern entsprechendes strukturell-logisches Abbilden auf Sätze.
Nach Wittgenstein ist jedes Handeln auf einer abstrakten sprachlichen Ebene vermittelbar, und er widmet sich den Bedeutungen und Regeln der Handlungen und Begriffe, die ineinander verwoben sind.
Die Parallele im Psychodrama: Die erfahrbare Wirklichkeit findet sich in der Struktur der Szene wieder.

Die Bedeutung unserer sprachlichen Verständigungsmöglichkeit, die Interpretationsschemata und mit ihnen die Handlungsentwürfe sind nur im *Kontext der sozialen Interaktion* zu verstehen, dort wo sie modifiziert und ständig korrigiert ausgestaltet werden.

Wittgensteins Konzeption macht deutlich, daß die Bedeutung von Begriffen nur aus der Verwendungsweise, also aus dem sprachlichen und lebenspraktischen Kontext heraus verstehbar ist.

Auch Lorenzer sucht Verstehensmodi auf verschiedenen Ebenen. Erstens auf der logisch-sprachlichen Ebene, weiters auf der psychologischen Verstehensebene – das bedeutet also das Suchen nach der Motivation, die sich in Wünschen und Ängsten zeigt – wie auch auf der Ebene des szenischen Verstehen selbst, nämlich in dem Teil, in dem der Beziehungsmodus besonders deutlich wird.

Lorenzer sucht vor allem die Subjektstruktur: therapeutisch bedeutet dies, die *individuellen Bedeutungen* des Klienten zu suchen, die hinter den sprachlichen und körperlichen wie auch sozialen Symbolen liegen, und zu erfassen: In der therapeutischen Interaktion soll also die Sprachdifferenz zwischen Klient und Therapeut überwunden werden, und zwar durch ein hermeneutisches Vorgehen[3].

Der Therapeut setzt aus seiner Perspektive seine eigenen Bedeutungen versuchsweise ein und überprüft sie mit den Mitteilungen des Klienten. Die eigenen Vorstellungen des Therapeuten werden Schritt für Schritt mit denen des Klienten verglichen und modifiziert. Dadurch entsteht ein hermeneutischer Zirkel. Verstehen muß dabei als längerfristiger Prozeß interpretiert werden, der erst nach einer langjährigen Durcharbeitungsphase an gemeinsamer Wirklichkeit und Realitätsnähe gewinnt.

Sprache ist zwei- und mehrdeutig, zwischen dem offenen und manifesten Sinn der Sprache verbirgt sich ein latenter Sinn, der für den Gesprächspartner wie für den Sprechenden selbst oft nicht erkennbar ist.

Gerade durch unbewußte Abwehrmechanismen entstehen im Interaktionssystem zwischen Therapeut und Klient oft Störungen, Lücken, der Fluß des Gespräches ist dadurch unterbrochen. Es geht darum, den Sinn dieser Entstellungen oder Lücken zu hinterfragen, in diesem Prozeß den Sinn der Entstellung aufzuklären.

Die Ausdrucksfähigkeit des Klienten geht demnach weit über das

---

3 Der hermeneutische Vorgang ist so gesehen auch ein psychodramatischer: Den Gestalter (Autor) des schöpferischen Aktes auf dem Hintergrund seiner Geschichtlichkeit und in Zusammenhang seines handelnden Vorgehens tiefer und besser zu verstehen, als er sich selbst (aus der Befangenheit seiner Lage und der damit zusammenhängenden Perspektive heraus) verstehen kann.

Bewußtsein hinaus. Hinter den Ausdrucksweisen, Szenen und Mitteilungen des Klienten steht eine subjektive Wirklichkeit, die nur im Ganzen des „imaginären Gesprächs" (nach Lacan) zu verstehen und erfassen ist. Ein „zum Ausdruck bringen des eigentlich Ungesagten" bleibt als tiefste therapeutische Vorgehensweise anzustreben.

Beim szenischen Verstehensprozeß geht es also um das Erfassen von szenischen Gestalten und damit auch Interaktions- und Beziehungssystemen des Klienten, wobei der Therapeut wieder die eigenen Bilder und eigenen Beziehungsmuster als Vorannahmen heranzieht, um die szenische Struktur im Fluß der Mitteilungen und Bilder auszumachen. So wird gemeinsam die Bedeutungsstruktur gesucht und herausgearbeitet.

Um diesen vielschichtigen und komplexen Verstehensprozeß beschreiben zu können, trifft Lorenzer differenzierte Unterscheidungen der Verstehensebenen. Das „logische Verstehen (ist dabei) als Verstehen des Gesprochenen, psychologisches Verstehen als Verstehen des Sprechers anzusehen" (Lorenzer, 1973, S. 138.).

Szenisches Verstehen geht darüber hinaus und bezieht sich auf die Szenenmuster, welche gewissermaßen als Organisationsstrukturen bisher unverstandener Lebensmuster herausgearbeitet werden. Zum besseren Verständnis eine eingehendere Erklärung der drei Verstehensebenen.

1.3 Das logische, psychologische und szenische Verstehen und seine Bedeutung für monodramatisches Arbeiten

Logisches Verstehen

Das logische Verstehen nach Lorenzer richtet sich auf das sinnvolle Erfassen der Aussagen des Klienten, wobei es ihm nicht um die Tatsachenwahrheit an sich geht, sondern um deren logische Konsistenz: „Der Analytiker versteht unter Umständen aber sofort einen weiteren Sinn, versteht über den unmittelbaren Satz hinaus eine für den Patienten spezifische ‚Bedeutung'" (Lorenzer, 1970, S. 83).

Lorenzer bezieht sich dabei auf Bühler, der versucht hat, Sprachgebilde herauszuisolieren. Er zielt also auf die Erfassung des „Sinnes" von verbalen Mitteilungen, sucht den „Sinnzusammenhang", nicht um das Ausgesagte, sondern um die Aussage selbst in erster Linie zu erfassen. Dies hat den Bedeutungsgehalt, sich nach der Absicht hinter der Aussage zu fragen. Diese Suche nennt Lorenzer eine nach der Schicht der Symbole.

Des weiteren ist dabei die Frage zu stellen, wie sich eine sinnvolle Sprachgestalt nun zeigt. Lorenzer bezieht sich dabei auf die Psychologie Jaspers, der das Evidenzerlebnis als einen „unmittelbaren", „nicht weiter zurückführbaren" und seine „Überzeugungskraft" in sich selbst tragenden „psychischen Vorgang" bezeichnet, der einen Zusammenhang erfaßt (Jaspers, 1948, S. 252). Dies bedeutet, daß die logische Evidenz aus dem Zusammenschluß der Mitteilungen zu einer „Sprachgestalt" in der Wahrnehmung des Therapeuten führt. Denn soweit kein Sinnzusammenhang hergestellt werden kann, bleibt die Mitteilung in sich unverständlich.

Dies bedeutet weiters, daß der Therapeut die subjektiven Bedeutungen der Szenen zu ermitteln sucht. Aus der zunehmenden Kenntnis der Gesamtstruktur der Person und ihrer inneren Lebenssituation werden die Vorannahmen des Therapeuten korrigiert und in einen Verstehenskontext gesetzt.

Im psychodramatischen und daher auch im monodramatischen Vorgehen sind – im Unterschied zum analytischen Vorgehen, das ja nur auf die freie Assoziation angewiesen ist – wesentlich weitere Momente des Zugangs möglich. Dieser Zugang entsteht durch das Erfassen der Körperlichkeit, der Gestik, ja durch die Rollen des Spieles selbst.

Über den Aufbau der Spielstruktur kommt der Monodramatiker zu einer tieferen Szenengestalt. Und schließlich und endlich – durch die Nachbesprechung der verschiedenen Ebenen der Spielgestaltung, z. B. im Feedback und Sharing – ist die Monodramatik einer weiteren Vervielfältigung und Vertiefung der Szenengestaltung zugänglich. Monodramatisch bedeutet dies, daß erstens das „Verstehen" und das „Nachempfinden" des Therapeuten nicht mehr nur auf die verbale Mitteilung des Klienten bezogen ist, sondern daß dieser über das „Miterleben" der inneren Szene des Klienten einen tieferen Zugang sucht. Zweitens, daß die Mitteilungen des Klienten über die Spielstruktur (= Rollensymbolismen und szenischer Kontext) einen wesentlich höheren Grad an emotionaler Beteiligung und – nach Jaspers gesprochen – an Evidenz gewinnen.

Schon Lorenzer bezieht eine neue Rolle für den Analytiker, indem er beschreibt, daß sich der Analytiker im „vertikalen Verstehensprozeß" als Akteur und Mitspieler auf das Interaktionsgeschehen einläßt, indem er nicht als Zuschauer – und somit aus beschaulicher Distanz – sondern wie ein Dramaturg das Drama beobachtet und kommentiert und somit selbst auf die Bühne tritt und am Spiel des Klienten teilnimmt.

Wieviel mehr beteiligt sich der Monodramatiker, der bei der Spielgestaltung selbst den Protagonisten begleitet und dabei aktiv partizipiert und schließlich und endlich dem Geschehen Bedeutung verleiht.

Die Reichweite des logischen Verstehens ist auf das Bewußte begrenzt. Sie richtet sich primär auf das Hier und Jetzt und knüpft

Verbindungen mit Vergangenem und Zukünftigen nun in formal-
logischem Sinne.

Psychologisches Verstehen

Das psychologische Verstehen versucht die psychischen Vorgänge des
Klienten hinter den Szenen zu begreifen, d. h. der Therapeut versucht
die Motivationsanteile des Protagonisten zu erkennen.

Lorenzer meint damit „Nachempfinden und Nacherleben" des
Therapeuten, also eine Einfühlung in bezug auf den Klienten. Die Mitteilung von Wutgefühlen z. B. wird für den Therapeuten erst über die
Szenenstruktur in ihrem affektiven Gehalt deutlich, da der Therapeut
diese als eine stimmige Gestalt auffassen kann. „Die logische Evidenz
mit der der Analytiker arbeitet, resultiert aus dem Zusammenschluß
der Mitteilungen zu einer Sprachgestalt in der Wahrnehmung des Ana-
lytikers" (Lorenzer, 1973, S. 85)[4].

Hier wird also ein Zusammenhang, ein Sinnzusammenhang
zwischen den Emotionen und Motivationen des Klienten und der
Möglichkeit des Nachfühlens, Einfühlens des Therapeuten über die
szenische Struktur hergestellt. Lorenzer bezieht sich dabei, ähnlich wie
Moreno, auf die Dramaturgie des Theaters. Als Zuschauer erfassen wir
die dramatischen Szenen als Szenengestalten und empfinden deren
emotionale Botschaften als offenkundig ersichtlich, d. h. sehen wir
eine Szene, die gut gespielt wird, entschlüsseln wir deren emotionale
Botschaften und empfinden diese als traurig oder aggressiv. Wir erleben diese Emotionalität als evident und fragen uns nicht, ob der Schauspieler tatsächlich traurig oder wütend ist.

Da das Psychodrama wie auch das Monodrama die Szenenstruk-
turen über das Spiel deutlich macht, können wir davon ausgehen,
daß die psychodramatische und monodramatische Therapie ein psychologisches Verstehen beidseitig, also beim Klienten wie auch beim
Therapeuten, verstärkt.

Der Monodramatiker als Therapeut geht als Begleiter auf die Bühne und fördert so das Interaktionsgeschehen, indem er über das Handeln und Begleiten am Spiel des Klienten teilnimmt. Dabei werden
nicht nur die sprachlichen Muster erschlossen, sondern die somatischen und verbalen Interaktionsformen wieder aufgefunden und einer
neuen Symbolisierungsebene zugänglich gemacht.

---

[4] Lorenzer bezieht sich, wie wir daraus sehen, auf die bestehende Psychologie
von Jaspers, die das Evidenzerleben als die Basis von Verstehen sieht. Unter
„Evidenz des Erlebens" ist der psychische Vorgang zu verstehen, der einen
Zusammenhang erfaßt, der einen „unmittelbaren, nicht weiter zurückführbaren" und seine"Überzeugungskraft in sich selbst tragenden" Sinnzusammenhang herstellt.

Dies ist ein Prozeß, der mit der Mutter-Kind-Dyade vergleichbar ist. Die Mutter versucht ja auch Ausdrucksformen des Kindes zu verstehen, die weit über die sprachlichen Botschaften hinausgehen, und diese in einen Verständnisprozeß einzubinden. Dies gelingt nur durch eine Wechselwirkung über die Handlungsebenen, also über ein Wechselspiel von Geben und Nehmen im Interaktionsprozeß.

Der Therapeut ist also mehr als Beobachter, er ist Begleiter, indem er die Bühne betritt, kommentiert und aufnimmt, annimmt, Prozesse verstärkt oder abschwächt, schützt, herausfordert, mit dem Ziel, Kommunikations- oder Interaktionsprozesse zu fördern und den Verstehensprozeß somit zu intensivieren. Durch die Möglichkeiten verschiedener Psychodramatechniken, die sich auf die Handlungsebenen des Geschehens beziehen, kann der Therapeut dem Klienten im Szenenaufbau direkt die Motive seines Handelns spiegeln: Techniken wie das Doppeln und der Rollenwechsel, wie das Spiegeln selbst werden hier zu einer neuen Dimension des Verstehens genützt (siehe dazu auch: III, Kapitel 2).

Beim Doppeln wird versucht, durch die Anregung des Therapeuten neue Motivations- und Wunschvorstellungen im Klienten zu wecken. Der Therapeut nützt die Möglichkeit des Begleitens, um Ängste und Verunsicherungen des Klienten durch eine gemeinsame Handlungsebene zu überwinden und die Bedeutungen der Emotionen hinter den Szenen in einen neuen Sinnzusammenhang zu führen.

Beim Rollenwechsel wird dem Protagonisten die Möglichkeit gegeben, die Szenen selbst aus einer anderen Rollenperspektive wahrzunehmen und somit auch neue Bedeutungen für sich selbst zu finden, ohne auf die Möglichkeit von komplizierten Deutungsverfahren, wie bei der Analyse, angewiesen zu sein.

Über die Technik des Spiegelns wird dem Protagonisten eine neue Position geschaffen, nämlich die der Beobachterposition, und somit wird ihm ein neuer Zugang zu den Szenen geschaffen.

Wir sehen daraus, daß das monodramatische Arbeiten einen besonderen Zugang zu den subjektiven Bedeutungen, zu den Szenen des Klienten schaffen kann, und aus der zunehmenden Kenntnis der Gesamtstruktur der Person heraus, ihrer inneren Lebenssituation und emotionalen Grundhaltungen, werden tiefe Verstehensprozesse zwischen Therapeut und Klient hergestellt und somit ein unmittelbarer Zugang zu der Tiefenstruktur des Klienten geschaffen.

Szenisches Verstehen

Die Szene in ihrer Schlüsselfunktion macht es also möglich, die Befindlichkeit des Klienten zu erfassen, indem ein „szenischer Verstehensmodus" zur Anwendung kommt.

„Psychoanalytisches Verstehen" ist im „Verstehen der Situation gekennzeichnet . . . Das Verstehen der sinnvollen Realität ist gleichbedeutend mit
der Fähigkeit, die Beziehungssituation der Subjekte zu ihren Objekten und die
Interaktion der Subjekte zu verstehen." Das hier beschriebene Verstehen
wendet sich der „Interaktion der Subjekte mit ihrer Mitwelt und Umwelt zu"
(Lorenzer, 1973, S. 141).

Der Therapeut konzentriert sich nicht mehr auf die realen Abläufe
im Subjekt, sondern beschäfigt sich mit Vorstellungen des Subjekts.
Dabei wird „die Vorstellung als Realisierung von Beziehungen, als Inszenierung der Interaktionsmuster gesehen" (derselbe, 1973, S. 142).

„Reihen sich die evidenten Gestalten des logischen Verstehens den
logischen Strukturgesetzlichkeiten ein und die des psychologischen Verstehens den Schablonen psychischen Verhaltens, so folgen die situativen Sinn-
zusammenhänge der *Gesetzlichkeit von Interaktionsmustern*" (derselbe, 1973,
S. 143).

Das Interaktionsmuster ist also der rote Faden, die unterschiedlichen Szenen werden aufgefädelt und in Beziehung gebracht. Dabei
ist das Augenmerk auf die Übertragungs- und Gegenübertragungs-
dynamik[5] zu richten (vgl. Trescher, 1992, S. 135).
Der Therapeut versucht, den ganzen Zusammenhang der Erlebnis-
struktur (die biographischen Muster) des Klienten zu erfassen und
diesen zusammengefügten Sinngehalt dem Klienten verfügbar zu
machen. Dies geschieht über die Beziehungspersonen des Klienten
und somit werden in diesem Prozeß Übertragungsprozesse miteinbezogen. Im größtenteils unbewußten Zusammenspiel von Übertragung
und dadurch aktualisierter Beziehungsbereitschaft des Therapeuten
konstituiert sich nun als kleinster Nenner der konflikthaften bzw. kon-
fliktträchtigen Interaktion die „*konflikttypische Szene*" (Trescher, 1992,
S. 135).
Dabei kommt dem Therapeuten der Umstand zugute, daß sich die
abgewehrten Beziehungsstrukturen im Rahmen einer „Wiederkehr des
Verdrängten" immer wieder, wenn auch in unterschiedlichen Szenengestalten neu „in Szene setzen".
Der Protagonist hat die Möglichkeit durch das Einnehmen von
Rollen im Spiel (z. B. Personenvorstellungen,) sich deren Macht und
Bedeutung aktiv anzueignen, sein Selbst findet die Gelegenheit sich

---

[5] Gegenübertragung:
 1. Komplementäre Einstellung: Der Analytiker identifiziert sich mit den
 Objekt-Imagines seines Analysanden, weil dieser ihn in der Übertragung
 wie das infantile Objekt erlebt und folglich auch so behandelt.
 2. Konkordante Einstellung: Identifikation mit Aspekten der Person des
 Analysanden.

dieser Rollentheorie zusammenfließen, und es kann weiters als Vorteil betrachtet werden, daß in diesem Rollenkonzept auf die Interaktion zwischen Individuen hingewiesen wird. Somit wird Verhalten auf eine sehr komplexe Art und Weise erklärt. Darüber hinaus werden Konstrukte entwickelt, die im alltäglichen Leben Relevanz haben und nicht nur in psychologischen Versuchsanordnungen zur Anwendung kommen.

Der Nachteil dieses Rollenkonzeptes ist es, daß die Determinanten des Verhaltens in den sozialen Bereich verlegt werden, wodurch der Grad der Verbindlichkeit nicht eindeutig bestimmbar ist.

Dies wird durch die gute Charakterisierbarkeit von Personen durch ihre persönlichen Merkmale ersichtlich (z. B.: Familienvater mit zwei Kindern, fünfzigjährig, Angestellter in einer Buchabteilung, Hobby-gärtner und Mitglied eines Gesangsvereines). Über die soziale Position werden persönliche Eigenschaften evident, jedoch die individuelle Färbung bleibt dabei variabel.

Wir verwenden diese Beschreibungsmöglichkeiten oft zum Einkleiden von Rollen. Persönlichkeit wird als System von Rollenclustern, die ein Individuum im privaten wie auch im sozialen Rahmen spielt, und leben möchte, aufgefaßt. Dabei zeigt sich in der Monodramaarbeit, daß die persönlichen Rollen oft unterdrückt wurden oder selten Gelegenheit fanden, sich zu externalisieren.

Einerseits nehmen bestimmte Rollenmuster einen prägenden und einengenden Charakter an. Das Aufzeigen von „Rollenkonserven" in der Monodramaarbeit und weiters das Besprechen und Hinterfragen dahinterliegender, internalisierter Normen befreit von den einengenden und hemmenden Mustern. Andererseits haben sich bestimmte Rollen, die uns eine besondere Befriedigung verschafft haben, tief in unsere Persönlichkeit eingeprägt und bilden somit einen dauerhaften Einfluß auf die Persönlichkeit, ohne auf die realen Situationen adäquat Bezug nehmen zu können.

So bleiben z. B. viele Menschen auf ihre Kinderrolle fixiert, und es fehlt ihnen die notwendige Elastizität, leicht von einer Rolle in die andere wechseln zu können: In der Monodramaarbeit wird das kreative Potential in den Szenen freigesetzt, indem ein neuer eigenverantwortlicher Zugang gesucht und der unerfüllte Wunsch in der Kindheitsszene aufgedeckt wird.

Ein weiteres Problem besteht in der Rollenperzeption: Diese bezieht sich auf die Fähigkeit, eigene Rollen und die Rollen der anderen zu dechiffrieren. Die Perzeption der Rolle schließt nicht automatisch die Fähigkeit mit ein, ihr gerecht zu werden. Dies bedeutet, daß wir nicht alle Rollen einnehmen wollen, obwohl wir sie kennen. So geschehen Prozesse, indem wir Menschen suchen, bei denen wir unsere

Rollen leben und Rollen zuschreiben können, die unseren persönlichen Bedürfnissen entsprechen.

Im Monodrama machen wir diesen Zusammenhang zwischen inneren Rollenanteilen (gelebt/nicht gelebt) und den sozialen Beziehungsmustern mittels soziometrischer Arbeit und Rollenanalysen klar und zeigen Projektionsmuster und somit auch Veränderungsmöglichkeiten auf.

Es ist aber auch der umgekehrte Fall möglich, indem wir manche Rollen für andere Personen spielen können, aber dafür die Wechselwirkungen mit diesen Personen nicht adäquat einschätzen. Dies geschieht dann, wenn wir z. B. gewissen Personen Sympathie entgegenbringen, ohne zu merken, daß diese nicht erwidert wird. Dies kann besonders im Rollenwechsel im Monodrama erlebt werden.

Wir können daraus eine Reihe monodramatischer Arbeitsfelder entnehmen, wie z. B. einer gehemmten Persönlichkeit zu helfen, nicht stereotyp oder konventionell zu reagieren, sondern kreativere und vor allem originellere Verhaltensmöglichkeiten zu suchen und somit ihre Attraktivität für andere zu erhöhen.

Es gibt weiters auch das Problem, daß die Rolle des anderen möglicherweise richtig wahrgenommen wird, aber diese Perzeption nicht zu einem entsprechenden Handeln führt. Hier kann die Monodramaarbeit im Modellernen ein Verhaltensdefizit ausfüllen, z. B. sich Personen suchen zu lernen, die für die eigene Zuneigung besser geeignet erscheinen.

Bei Personen mit einer egozentrischen, narzißtischen Persönlichkeitsperzeption kann das monodramatische Ziel sein, die Empathiefähigkeit für andere zu vergrößern. Das role-taking mit einem Opfer z. B., produziert vielfach dort Verwirrung, Schuld, Scham und Unterlegenheitsgefühle, wo versucht wird, diese abzuwehren (vgl. Ottomeyer, 1992, S. 72).

In der Monodramaarbeit werden in einem neuen Kontext durch das role-taking diese Eigenanteile durch die Antizipation von vermeintlich „schwächeren" Rollenanteilen integriert. Umgekehrt werden aber auch Täteranteile von Opfern im role-taking gesucht, um ihnen einen Zugang zu „machtvollem" Erleben zu gestatten. Erst durch den erlaubten Rollenwechsel in die Täterrolle ist eine Integration von aggressiven Eigenanteilen und damit ein ichsyntones Erleben möglich.

Ein weiterer möglicher Rollenkonflikt ist der sogenannte „Intra-Rollen-Konflikt": innerhalb eines Rollenclusters gibt es divergierende Rollenanforderungen, die sich gegenseitig behindern[2].

---

[2] Sozialarbeiter haben z. B. einen „Intra-Rollen-Konflikt": innerhalb ihrer Berufsrolle gibt es einander widerstrebende Rollenanforderungen, die des Helfens und die des Kontrollierens.

Im monodramatischen Arbeiten wird ein neues Zusammenwirken widerstrebender Aspekte (z. B.: helfen und kontrollieren), die situationsgebunden sind, über die Szenenarbeit möglich. Weiters kann durch Umgestaltung und Neuinterpretation von Rollen eine starre Identifikation (z. B. mit der Helferrolle) in hierarchischen Institutionen vermieden werden und eine höhere Flexibilität erzielt werden[3].

Rollenentwicklung in der Monodramatherapie

Ähnlich wie der Prozeß der Ontogenese als die verkürzte Form der Phylogenese erscheint, ist die Rollenentwicklung in der Individuation vergleichbar mit der Rollenentwicklung im Ablauf der Monodramaarbeit. Auch dieser Prozeß spiegelt sich in verkürzter Form innerhalb einer Monodramastunde wider. Dieser Prozeß der Rollenentwicklung beginnt schon vor der Geburt und durchläuft drei Entwicklungsphasen:

1. Die All-Identität am Beginn des entwicklungspsychologischen ersten psychischen Universums[4]

Die erste Phase der Rollenentwicklung beginnt in der Embryonalzeit, und zwar mit den psychosomatischen Rollen. Das Kind erlebt seine Umwelt als eine Einheit, jedoch ohne Bewußtheit und Unterscheidung zwischen sich, den Personen und Objekten. Mutter – Welt – Kind, alles ist identisch. Dabei spielen warming-up Prozesse, die durch psychosomatische Starter ausgelöst werden, eine bedeutende Rolle.

In der ersten Phase seines Lebens lebt das Kind nur im Moment, da aus seiner Perspektive weder Vergangenheit noch Zukunft existieren. Deshalb ist die Erwärmung eine sofortige und totale, weil sie als Prozeß des Augenblicks betrachtet werden kann. Physische, geistige (mentale), soziale und psychochemische Starter sind die Auslöser des Erwärmungsprozesses. Dabei funktionieren physische Starter zumeist autonom und bleiben normalerweise das ganze Leben hindurch wirksam (vgl. Mathias, 1982, S. 197 f.)[5]. Sie verbinden somatische Rollen mit

---

[3] So kann beispielsweise in Sozialberufen das „burned out-Syndrom" durch „Rollendistanz" (Goffmann, 1970) vermieden und in einen anderen sinngebenderen Kontext gesetzt werden.

[4] Vgl. dazu Petzold, H.: Die Tabelle der verschiedenen Entwicklungsaspekte, Entwicklungsstadien des Kindes, in: Rollenentwicklung und Identität, 1982, S. 245.

[5] Ein ähnlicher Ansatz wird in der Emotionstheorie entwickelt: Nach Schachter (1962) besteht eine 2-Faktoren-Theorie: Die emotionale Färbung besteht sowohl aus der physiologischen Deutung der Erregung, als auch aus der kognitiven Erfahrung und Bewertung.

psychischen Szenen, färben ihren emotionalen Hintergrund und bestimmen die daraus resultierenden Aktionsketten, (steigende Atemfrequenz, erhöhter oder flacherer Puls). Beim neugeborenen Kind sind aber anfänglich nur physische Starter ausgebildet.

Ein Beispiel dafür ist der Geburtsvorgang, eingeleitet durch die Aktivitäten der physischen Starter des Kindes, die den Erwärmungsprozeß des Kindes und der Mutter auslösen (mechanische Reizung der Uteruswände durch den Körper des Kindes), die wiederum, physischen Starter der Mutter ansprechen und damit Kontraktionen bewirken. So werden beide durch Anregung der physischen Starter auf den Akt der Geburt vorbereitet.

In weiterer Folge werden bei der Mutter geistige Starter in Bewegung gesetzt, um sie für ihre Rollen nach der Geburt zu „erwärmen"[6] (vgl. Mathias, 1982, S. 198).

Der somatische Ausdruck von Warming-up-Prozessen fokussiert sich um spezielle Körperzonen, etwa die des Mundes oder die des Anus, die als der jeweilige *locus nascendi* von Moreno bezeichnet werden. Weiterhin hat jeder menschliche Akt oder Handlungsablauf ein primäres Handlungsmuster – einen *status-nascendi*.

Ein Beispiel bildet der Handlungsablauf des Essens, aus dem sich die Rolle des Essers bei jedem Kind kurz nach der Geburt entwickelt. So wird eine Rolle wie die des „Essers" durch das Zusammenwirken von Antrieb (= Spontaneität, Bedürfnisse), Wahrnehmung und Verhaltenselementen (Verhaltenssequenzen) aufgebaut[7].

Die Einheit Mutter-Kind setzt sich in der Mutter-Kind-Dyade fort. Das adäquate Verhalten der Mutter dem Kind gegenüber ist für dessen Überleben notwendig und stellt zugleich einen untrennbaren Teil im Leben und Erleben des Kindes dar. Dieses kann in dieser Phase noch nicht zwischen sich und der Umwelt unterscheiden. Es schließt in seine Identität die Mutter mit ein, die als Helfer des Kindes sein sog. „Hilfs-Ich" ist.

Ähnlich dieser Mutter-Kind-Dyade in der Allidentität ist der Beginn einer monodramatischen Psychotherapie zu verstehen, in der die Basis des Urvertrauens liegt (der Therapeut ist nur für mich und meine Probleme da), der Therapeut wird als „Hilfs-Ich", als Begleiter,

---

6 Wir nehmen heute einen beidseitigen Wechselprozeß zwischen den handelnden Personen innerhalb des Interaktionssystems an, der durch hemmende und fördernde Prozesse gesteuert wird.

7 In der James-Lange Theorie der Emotion findet der Verhaltensaspekt seine besondere Berücksichtigung (1884). *Wir weinen nicht, weil wir traurig sind, wir sind traurig, weil wir weinen.* Dies bedeutet, daß wir über unser Handeln zu Emotionen finden.

tigen, aber nicht zu situationsangemessenem Handeln kommt. Wir sehen in diesem Konzept sowohl ein Bezugnehmen auf die motivationa-
len Aspekte des menschlichen Handelns („Aktionshunger"), als auch
ein Bezugnehmen auf die steuernden Momente, die auf die Realität
bezogen sind (meist auf eine soziale Beziehungsebene).

Das Konzept der Kreativität ist eng mit dem der Spontaneität
verbunden (vgl. Moreno, 1934). Während die Spontaneität einen kreativen Akt vorbereitet bzw. fördert, ist Kreativität in diesem Akt, in
dieser Situation selbst Ausdruck. „Ein Individuum kann als kreativ
bezeichnet werden, wenn es eine . . . neue und adäquate Idee hat
und diese in eine Leistung umsetzt" (Zeintlinger, 1981, S. 242).

Hier kommt in dem Kreativitätskonzept ein Realitätsbezug über
die Anforderungen – soziale wie auch situative – zum Tragen. Moreno
sieht daher die Weiterentwicklung, Förderung und Bereicherung an
Spontaneität und Kreativität als oberstes therapeutisches Ziel. Dieses
Motivationsmodell der Spontaneität und Kreativität ist eng mit dem
Aktionskonzept von Moreno verbunden: „Gesunde Aktion ist nach
Moreno spontan und kreativ im Hier und Jetzt sowie zielgerichtet und
demgemäß also durch Erfahrung, Einsicht und Motivation gesteuert"
(Zeintlinger, 1981, S. 218).

Demgegenüber ist pathologische Aktion durch zu geringe Aus-
prägung und Fehlen von Einsicht, Kreativität, Erfahrung und Motivation geprägt. Moreno selbst unterscheidet die Libidotheorie Freuds
sehr von der seinen. Während Freud bei seiner Libidotheorie die
ungenützte Energie auf ein anderes Triebziel hin verschiebt, also
sublimiert, indem er die Vorstellung weiterentwickelt, daß die Affekt-
steuerung von einem physikalischen Energiehaushalt gesteuert wird,
welcher der Energieerhaltung dient. Es resultiert daraus, daß sich der
ungenützte Affekt von alleine nicht auflösen kann.

Moreno geht hingegen von der Theorie aus, daß Spontaneität trai-
nierbar ist, daß der Mensch keine andere Wahl hat, „als das Maß von
Emotionen, Gedanken und Handlungen selbst zu erzeugen, das eine
neuartige Situation von ihm erfordert" (Moreno, 1989, S. 79). Er beginnt sich auf keinerlei Reservoir an Spontaneität zu verlassen.

Nach Morenos Theorie muß der Mensch je nach Situation und
Aufgabe entscheiden, wieviel Spontaneität er erzeugen kann. Spontaneität und Handlungsbezug stehen in einem unmittelbaren Bezug,
den Moreno aufgrund der Rollenentwicklung erklärt: Wie schon in der
Rollentheorie gezeigt, wird der Prozeß der kindlichen Rollenentwicklung zu somatischen Prozessen in Bezug gesetzt: autonome, somatische
Prozesse (z. B. ausgelöst durch Hungergefühl) „starten" einen spezifischen Erwärmungsprozeß für das Trinken und Stillen (Moreno und
Moreno, 1944).

Diese komplexen Interaktionsmuster, die durch Bedürfnis-, Wahr-

nehmungs- und Verhaltensmuster gesteuert werden, bewirken eine
Entwicklung der somatischen Rolle (z. B. die Rolle des Essenden). Die
macht den psychologischen (emotionalen) Aspekt der Rolle deutlich,
wie auch den interpersonalen Aspekt. Dies bedeutet, daß jede Aktion
einen mehr oder weniger adäquaten Erwärmungsprozeß (somatisch,
psychisch oder sozial) voraussetzt und immer auf Aktion zielt.

Diese Theorie zeigt also Konstituenten einer Persönlichkeitstheorie wie auch der Zusammenhang zur Spontaneitätstheorie deutlich
wird (antriebspsychologische Sichtweisen werden dadurch unnötig
und überflüssig).

Moreno bringt einen modernen systemischen Ansatz durch die
Entwicklung dieser Spontaneitätstheorie, indem er einerseits der
menschlichen Kreativität unbegrenzte Kapazität zuschreibt, sie aber
andererseits in eine Wechselwirkung zu den „Rollenkonserven" setzt.

„Die kulturellen Rollenkonserven dienen zwei Zwecken: sie waren hilfreich in bedrohlichen Situationen und sie sicherten Kontinuität eines kulturellen Erbes. Aber je entwickelter die kulturellen Reserven wurden und je
mehr Aufmerksamkeit ihrer Vervollständigung und Perfektion gewidmet wurde, desto seltener fühlten die Menschen die Notwendigkeit momentaner Inspiration" (Moreno, 1989, S. 77).

Moreno meinte damit, daß bekannte Strukturen zwar Sicherheit
bieten, aber die menschliche Individuation blockieren. Wenn wir diesen doch veralteten Begriff der „Rollenkonserve" mit einem modernen
systemischen Ausdruck vertauschen, nämlich dem der „Prozeßstruk-
tur", so kommen wir zu einer sehr dynamisch-systemischen Sicht:
Systeme aller Art stehen in einem ständigen Austauschprozeß mit
ihrer Umgebung, also in Wechselwirkung. Üblicherweise sind Systeme
nur geringen Schwankungen ausgesetzt, sie orientieren sich nach
einem Autonomieprozeß. Kommt es jedoch zu Schwankungen bzw. zu
Instabilität, so entsteht ein Ungleichgewicht. Moreno würde es eine
Spontaneitätslage nennen, die Bereitschaft schafft, die bisherige
Struktur des Systems zu verlassen, d. h. kurzfristig den Weg freisetzt
für Weichenstellungen und neue Zukunftsgestaltungsmöglichkeiten.
In dieser Situation ist das System sehr empfänglich für kleinste äußere
Einflüsse, die eine Weichenstellung für die zukünftige Entwicklung
darstellen.

Dies ist in jeder therapeutischen Sitzung notwendig: Eine Inten-
sitätslage und eine Neuheit der Situation zu schaffen, die das innere
persönliche System in Frage stellt und so Weichenstellungen für neue
Entwicklungen ermöglicht.

3.2 Bedürfnisorientierter Ansatz

Wie anfangs erwähnt, war Moreno der Wegbereiter für die humanistische Psychologie. In diesem Zusammenhang möchte ich das Motivationsmodell von Maslow hervorheben.

Das Konzept der menschlichen Motivation beinhaltet, nach Maslow, sowohl biologische Bedürfnisse (wie Hunger, Schlaf und Durst) als auch psychische Bedürfnisse (wie Selbstachtung, Zuneigung und Zugehörigkeitsgefühl).

Maslow kritisiert vor allem die Behavioristen, die aus der hauptsächlichen Beschäftigung mit körperlichen Bedürfnissen Konzepte der Motivation entwickelt haben, die besagen, daß der Mensch nur auf Mangel reagiert und somit Spannungsreduktion anstrebt. Maslow erkennt zwar die Existenz solcher Bedürfnisse an, fordert aber entschieden, auch Motivation anzuerkennen, die nicht auf einen Mangelzustand zurückführbar ist, sondern sich auf eine Zunahme von Spannung bezieht.

Dies ist dann der Fall, wenn Motivation zum Ausdruck kommt, die auf Kreativität beruht. Darüber hinaus nimmt Maslow noch eine Wachstumsmotivation an, die die Menschen veranlaßt, das zu überschreiten, was sie in der Vergangenheit getan haben und gewesen sind. Wachstumsmotivation steigert insofern die Spannung, als sie Wege zur umfassenden Aktualisierung ihres Potentials sucht und Motivation als Mittel sieht, ihre Ziele zu erreichen. Maslow geht davon aus, daß der Mensch nicht nur Spannung ertragen kann, sondern sogar Spannung sucht, um nach Möglichkeit dem Ziel nach Selbstverwirklichung nachzugehen und es erreichen zu können.

Maslows Theorie arbeitet mit einer Art Bedürfnishierarchie: ganz unten liegen biologische Bedürfnisse, deren Befriedigung dringend ist. Sind diese abgedeckt, sind wir befähigt, uns weiter zu kultivieren auf einer Ebene der Sicherheits- und Freiheitsbedürfnisse. Weiters sind es Bedürfnisse nach Bindung, die uns motivieren, nach Zusammengehörigkeit mit anderen zu suchen. Sind wir physisch und psychisch befriedigt und spüren ein Gefühl der sozialen Zugehörigkeit, so können wir zu dem Bedürfnis nach Selbstkompetenz aufsteigen (vgl. Zimbardo, 1992, S. 352).

Maslow entwickelte seine Persönlichkeitstheorie an Hand von Studien berühmter Zeitgenossen. Dabei kristallisierten sich folgende gemeinsame Eigenschaften heraus: Obwohl die Personen sehr auf ihr eigenes Wohl bedacht waren, verspürten sie das Bedürfnis, andere in ihrer Freiheit und in ihren individuellen Wünschen anzuerkennen. Sie waren darüber hinaus fähig, positiv auf die Einzigartigkeit von Situationen und Menschen zu reagieren; so gesehen zeigten sie Kreativität, indem sie in der Lage waren, sehr enge Beziehungen einzugehen und dem Zwang der Konformität zu widerstehen. Ein weiteres gemeinsames Merkmal war die auffällige soziale Durchsetzungskraft.

Wie wir sehen können, bestätigt diese Theorie die Grundannahmen Morenos. Moreno bewegt sich innerhalb seiner Persönlichkeitstheorie von einer behavioristischen Sicht, also vom habit, vom Rollenkonglomeraten ausgehend, die das menschliche Verhalten determinieren, hin zu einer rollentheoretischen Persönlichkeitskonzeption: Im Sozialisationsprozeß wächst ein Individuum in verschiedenste Positionen hinein und übernimmt damit entsprechende Rollen. Es lernt damit bestimmte Handlungen von anderen zu erwarten, als auch die Erwartungen anderer an sich selbst zu antizipieren.

Persönlichkeit wird somit zur Summe und zum Schnittpunkt aller Positionen, die das Individuum in der Gesellschaft einnimmt, auf dem Hintergrund eines Systems internalisierter Rollen. Demgegenüber wird Rollenverhalten aber auch als ein Ergebnis von Wertstrukturen und persönlichen Zielsetzungen gesehen.

Moreno läßt auch das Selbstkonzept in seiner Persönlichkeitstheorie wirken. Das Modell des Selbstkonzepts beinhaltet eine Entwicklung, die auf der Wechselwirkung von Rollen und Merkmalen des Individuums beruht. Das Selbst wird dabei als das gesehen, was das Individuum über sich selbst in der Lage ist wahrzunehmen und zu denken.

Begriffe der Selbstwahrnehmung, Vorstellung und Einschätzung bekommen dabei Bedeutung hinsichtlich ihrer subjektiven Besetzung: Mit dem Begriff des Selbst werden Phänomene faßbar, die anderen Konstrukten empirischer Persönlichkeitsforschung nicht zugänglich sind, die aber dennoch als Bedingung in unser Leben und Verhalten eingehen. Die Bedingungen, die das Erleben und Verhalten des Menschen steuern, sind von subjektiver Gewißheit gefärbt und innerhalb seiner persönlichen Identität integriert, sie tragen auch einen prozeßhaften Persönlichkeitszug und werden dem Charakteristikum der Persönlichkeit, das sich als eine Einheit zwischen dem Individuum als Subjekt des Erlebens und Verhaltens sieht, gerecht.

In folgenden Entwicklungen wird dieses individuelle Selbstkonzept kombiniert mit einem System von Rollen, oder einem System von Vorstellungen, Einstellungen zu sozialen Partnern und Umwelt und zu einem übergreifenden System verbunden (vgl. Sarbin, 1954).

Zusammenfassend kann festgehalten werden, daß das humanistische Persönlichkeitsmodell von Moreno weitgehend durchaus den psychologischen Persönlichkeitsmodellen entspricht.

3.3 Bedeutungen für die Monodramatherapie

Wie wir aus der Bedürfnispyramide von Maslow ersehen können, sind Mängel und Störungen auf allen Ebenen der Hierarchie möglich, wie auch Entwicklungsmöglichkeiten und Vernetzungen zu anderen Ebenen förderbar sind.

Diese Mängel oder Störungen äußern sich in den aktualisierten Szenen im Monodrama – dies zeigt sich auf einer somatischen Ebene, auf einer emotionalen-kognitiven Ebene und vor allem auf einer Verhaltensebene. Im monodramatischen Arbeiten wird der noch nicht zugängliche Sinn der Szenen und Beziehungskonstellationen gesucht. Wir suchen die Identität der Persönlichkeit in der Kontinuität der Szenenstruktur, in der Wechselwirkung zum Kontext (gesellschaftlicher, sozialer Bezugsrahmen). Durch die Analyse der Szenen und Beziehungsstrukturen geben wir unserer Vergangenheit Sinn, weil wir dadurch verstehen lernen, wer wir sind und wie wir so geworden sind.

Dies zeigt sich im hic et nunc und umfaßt private und soziale Geschichtlichkeit genauso wie Zukunftsentwürfe: Wünsche, Ängste, Wertorientierungen, Hoffnungen, Befürchtungen zeigen sich in einem historischen Rückblick wie auch in einem Zukunftsentwurf, der für das Identitätserlebnis bedeutsam ist.

Moreno nennt die therapeutische Zukunftstechnik:

„Eine Situation, die mit einem neuen Freund oder einem künftigen Arbeitgeber bevorsteht, in Handlung umsetzen, kann das Morgen so konkret wie möglich simulieren, sodaß wir es einschätzen oder vielleicht besser darauf vorbereitet sein können" (Moreno, 1989, S. 33).

Wir unterscheiden Mängel (= frühe Defizite) wie auch Störungen, die sich in traumatischen Szenen widerspiegeln.

Bei Mängel und Defiziten vermissen wir in der Entwicklung der Persönlichkeit Faktoren, die für die Entwicklung eines gesunden Selbst notwendig gewesen wären, wie wärmender Körperkontakt, psychische und physische Zuwendung und Ansprache. Bei diesen Defiziten zielt die therapeutische Strategie auf Nachsozialisation ab, durch „Nachfüttern", also positives Stärken und Zuwenden, frühere Mängel auffüllen.

Unter frühen Störungen verstehen wir eine Beeinträchtigung des Kommunikationsprozesses in der Mutter-Kind Interaktion, d. h. die Bedürfnisse des Kindes werden durch mangelnde Einfühlung nicht befriedigt, z. B. double-bind-Probleme. Dabei geht es in der therapeutischen Arbeit darum, durch eindeutige und klare Kommunikationsmuster einen stabilen Aufbau der Innenwelt zu ermöglichen und Stützen mit dem therapeutischen Hilfs-Ich aufzubauen.

Selbst bei traumatischen Erlebnissen gehen wir davon aus, daß die traumatische Erfahrung über die Lebensspanne verändert wurde, sodaß wir mit verinnerlichten Repräsentanzen arbeiten. Durch die aktive Neugestaltung von alten Szenenmustern oder Segmenten werden neue Integrationsprozesse angeregt.

In der Verinnerlichung von Szenen können wir mit Überlagerungen und Wiederholungen rechnen. Vertrautheit mit den Szenenmustern kann nur dort entstehen, wo es zu einer Umgestaltung und Neuaufnahme von Szenen im Rollenrepertoire kommt. Hierbei bilden sich neue Anordnungen im szenischen Verstehen – die latente Szenenstruktur wird sichtbar. So kann die Struktur Macht/Ohnmacht in verschiedenen Entwicklungsszenen deutlich werden: z. B. beim Kleinkind, wo die Pflege den eigenen Bedürfnissen zuwiderläuft, beim Jugendlichen, wo seine Entfaltungswünsche unterdrückt werden, und beim Erwachsenen, der unter einem repressiven Vorgesetzten zu leiden hat. Den eigenen Anteil für diese Kontinuität im Erleben gilt es im therapeutischen Prozeß herauszuarbeiten.

Die Lebensbiographie des Klienten enthält sowohl positive als auch negative Verarbeitungen, Kompensationen wie auch weitere Belastungen, die schließlich zum gegenwärtigen Verhalten im Heute führen. Die Herausarbeitung dieser Qualitäten hinter den Szenen und deren Verarbeitungen ist therapeutisches Ziel.

Weiters gilt es auch die Beziehungsmuster hinter den Szenen im therapeutischen Prozeß deutlich werden zu lassen. Hinter der Vorstellung Morenos, „daß jedes wahre zweite Mal vom ersten Mal befreit", steht eine Persönlichkeitsentwicklung, die erst möglich wird, wenn sich die Person als eigenständig wahrnehmen kann.

Ziel ist es, eine realitätsgerechte und verantwortliche Wahrnehmung zu finden, dies bedeutet, auch Einfühlung in die private, emotionale Welt des „anderen" zu ermöglichen. In der Begegnung mit dem Therapeuten sollten durch die gegenseitige realitätsgerechte Einfühlung Teleprozesse zum Tragen kommen und „falsche" Erwartungen, die aus alten Beziehungsmustern resultieren, aufgehoben und von ihren Ängsten befreit werden.

Literatur zu den Kapiteln 1–3

Bollnow O F (1982) Was heißt einen Schriftsteller besser verstehen, als er sich selbst verstanden hat? Und: Grenzen des Verstehens. Beides in: Bollnow O F: Studien zur Hermeneutik I. Alber, Freiburg

Chomsky N (1965) Aspects of the theory of syntax. The Press, Cambridge. Deutsche Übersetzung (1970). Aspekte der Syntax-Theorie. Suhrkamp, Frankfurt

Dilthey W (1958) Gesammelte Schriften. Teubner, Stuttgart

Fichte J G (1797/1991) Versuch einer neuen Darstellung der Wissenschaftslehre. In: Frank M (Hrsg) Selbstbewußtseinstheorien von Fichte bis Sartre. suhrkamp taschenbuch wissenschaft (964), Frankfurt am Main

Gofmann E (1970) Stigma. Suhrkamp, Frankfurt

James W (1884) What is an emotion? Mind 9: 188–205

Jaspers K (1948) Allgemeine Psychopathologie. Springer, Berlin Göttingen Heidelberg New York

Lacan J (1980) Das Seminar von J. Lacan. Die vier Grundbegriffe der Psychoanalyse. Walter, Olten

Leutz G (1982) Editorial. In: Petzold H (Hrsg) Integrative Therapie. Zeitschrift
für Verfahren Humanistischer Psychologie und Pädagogik, 8. Jahrgang,
Heft 1–2. Junfermann, Paderborn

Lorenzer A (1973) Sprachzerstörung und Rekonstruktion. Suhrkamp, Frankfurt

Lorenzer A (1974) Wittgensteins Sprachspiel-Konzept in der Psychoanalyse.
Psyche 28: 833–852

Maslow A (1970) Motivation and personality, revised Ed. Harper and Row,
New York

Mathias U (1982) Die Entwicklungstheorie J. L. Morenos. In: Petzold H,
Mathias U (Hrsg) Rollenentwicklung und Identität. Von den Anfängen
der Rollentheorie zum spezialpsychiatrischen Rollenkonzept Morenos.
Bibliotheca Psychodrama, Bd 7. Junfermann

Mead G H (1934) Geist, Identität und Gesellschaft. Suhrkamp, Frankfurt am
Main. Englische Originalausgabe (1973): Mind, self and society. From the
standpoint of social behaviorist. University of Chicago Press

Moreno J L (1987/1989) Psychodrama und Soziometrie. Essentielle Schriften.
Edition Humanistische Psychologie, Köln. Englische Originalausgabe: The
essential moreno-writings on psychodrame, group method and spontaneity.
Springer, Wien New York

Moreno J L (1967) Die Grundlagen der Soziometrie. Wege zur Neuordnung
der Gesellschaft, 2. Auflage. Westdeutscher Verlag, Köln

Moreno J L (1934/1953) Who shall survive? A new approach to the problem of
human inter-relations. Nervous and Mental Disease Publishing Company,
Washington, erw. Ausgabe Beacon House, Beacon, dtsch (1967) Die Grundlagen der Soziometrie. Wege zur Neuordnung der Gesellschaft, 2. Auflage.
Westdeutscher Verlag, Köln

Moreno J L (1970) Das Stegreiftheater, 2. Auflage. Beacon House, Beacon, N Y

Moreno J L, Moreno F (1944) Spontaneity theory of child development. Sozio-
metry 7: 89–128

Ottomeyer K (1992) Prinzip Neugier. Einführung in eine andere Sozial-
psychologie. Verlag Heidelberg

Petzold H, Mathias U (Hrsg) (1982) Rollenentwicklung und Identität. Von den
Anfängen der Rollentheorie zum spezialpsychiatrischen Rollenkonzept
Morenos. Bibliotheca Psychodrama, Bd 7. Junfermann

Sarbin Th R (1954) Role theory. In: Lindzey G (Hrsg) Handbook of Social Psychology. Addison Wesley, London

Schachter S, Singer I (1962) Cognitive, social and physiological determinats of
emotional state. In: Psychological Review 69: 379–399

Scharmann Th (1963) Psychologische Beiträge zu einer Theorie der sozialin-
dividuellen Integration. In: Wurzbacher G (Hrsg) Der Mensch als soziales
und personales Wesen. Stuttgart

Trescher H G (1992) Theorie und Praxis der Psychoanalytischen Pädagogik.
Matthias-Grünewald-Verlag, Mainz

Völker U (1980) Humanistische Psychologie. Beltz, Weinheim

Wittgenstein L (1963) Schriften 1 und Schriften 2. Suhrkamp

Kapitel 1

Beschreibung der praktischen Monodramaarbeit

B. Erlacher-Farkas

Allgemeine Überlegungen

. . . eine Theorie zwischenmenschlicher Beziehungen kann[1] nicht entwickelt werden, ohne die menschlichen Gruppen zur Handlung zu bewegen.
Jakob L. Moreno

J. L. Moreno versteht den Menschen als Handelnden innerhalb der Gesellschaft; „Handeln ist heilender als reden" sagt Moreno. Probleme, die sich dem Menschen stellen, bewältigt er schöpferisch handelnd. Diese kreative Spontanität wird durch schädigende Einflüsse der Gesellschaft von außen, Anpassungswünsche von innen eingeschränkt oder verzerrt. Durch das psychodramatische, spontane Spiel kann das kreative Potential wieder freigesetzt und rückerworben werden. Sowohl im geschützten Rahmen der Gruppe wie auch in der Einzelsitzung beim Monodrama (s. Anmerkung 1.) Auch im Monodrama werden Personen wie auch Lebenskonflikte, Gefühle, Wünsche, Hoffnungen und Ängste im Spiel dargestellt. Die Stellung des Klienten zu den verschiedenen Seiten seines Problems können mittels der im Raum vorhandenen Gegenstände sichtbar gemacht werden. Wobei die Wahl der Gegenstände zu „Hilfsobjekten" nicht zufällig erfolgt, sondern je nach ihrer Objekteigenschaft, ihrer Form, ihrer Farbe, ihrer Größe usw. Sie werden spontan als Deutlich-Machen innerer Bilder gesehen, erlebt und verstanden. Diese Rollenzuschreibung ist Objektbesetzung im buchstäblichen Sinn. Eine Gegenstandssprache, die sich auch durch die „neue" Lage der Hilfsobjekte im Spiel, ihrer Nähe oder Distanz zueinander wie auch zum Klienten, rechts oder links, vor oder hinter ihm, ausdrückt. In der Nachbesprechung des Monodramas erfolgt die Aussprache, die Rückübersetzung der Symbolbe-

---

[1] Einfügung der Herausgeber. Aus: Moreno Jakob L. (Hrsg. Petzold, 1981, S. 183).

ziehung, die damit zur (Teil-)Be-wußtmachung durch den Klienten
selbst führt. Im Gegensatz zur Deutungsarbeit in der Psychoanalyse
durch den Psychoanalytiker.

Angewärmt durch die Frage des Monodramatherapeuten[2], z. B.:
„*Warum haben Sie gerade diesen Gegenstand für Ihr Gefühl des Zornes ausgewählt?*" kann bewußt erlebt werden, was *mittels der selbstgewählten Hilfsobjekte jetzt gegenständlich vor dem Klienten liegt.* Was bei der Rollenbeset-
zung der Gegenstände im Raum zu Hilfsobjekten zwar vorbewußt
vorhanden, aber noch nicht verfügbar war, wird oft erst durch diesen
und bei Begründung zur Rollenwahl in einem Aha-Erlebnis sinnma-
chend. Erst durch Erlebnis dieses Sinnes wird das Chaos des neurotischen Konfliktes zur persönlichen Ordnung. Wir wissen, zumindest seit
der Chaosforschung, daß auch in der vermeintlichen Unordnung des
Chaos differenzierte Ordnung herrscht, die es zu entdecken gilt.

„Ordnung und Chaos existieren in einem" (Gleick, 1990, S. 18).

Die Gegenstandssprache der Hilfsobjekte ist der Bildersprache im
Traum verwandt. Auch hier haben die erinnerten Inhalte ihre persönliche Bedeutung für den Träumenden und kann die Übersetzung dieser Inhalte wie deren Dynamik zueinander nur von diesem selbst, z. B.
in der psychodramatischen Traumarbeit, erfolgen. Wird die Rollenwahl gelegentlich auch gleichzeitig erlebt, so erfolgt die Rollenzuschreibung in einer zeitlichen Abfolge, d. h. in einem Nacheinander.
Dies wird auch in der Nachbesprechung berücksichtigt. Die Rollen-
begründung, das Aussprechen der Rollenbedeutung, die ein gewählter
Gegenstand erhielt, hat genau in der Reihenfolge der Rollenwahl zu
geschehen. Die dem Monodramaspiel zugrunde liegende Konflikt-
Ordnung wird gemäß der zeitlichen Abfolge zur Rangordnung bei der
Wahl der Hilfsobjekte sichtbar und damit begreifbar gemacht. Im
Raum vorhandene Gegenstände werden vom Klienten gewählt und ergriffen, mit Rollen besetzt und in neue Beziehungen gesetzt, die für
den Klienten Sinn machen. Damit wird für den Betroffenen seine Kon-
flikt-Ordnung sichtbar; durch das Monodramaspiel zum „Sprechen"
und durch das Ergreifen der Gegenstände „begreifbar" gemacht.
Durch die Sprache im Spiel, d. h. durch Verlauten gegenüber sich
selbst und dem Therapeuten, kommt es zu einer Veröffentlichung der
bis dahin nur aus dem Konflikt verständlichen individuellen geheimen
Sprache. Diese innere Beziehung ist der Verdrängung ebenso wenig
unterworfen wie entschlüsselte Traumbilder nicht mehr verdrängt,

---

[2] Aus Gründen der besseren Lesbarkeit werden im Text immer die männlichen Formen von der/die KlientIn, der/die TherapeutIn verwendet, wenn
beide Geschlechter gemeint sind. Monodrama-Therapeut, Monodrama-Lei-
ter werden synonym verwendet.

wohl aber vergessen werden können, wenn der ihnen zugrunde liegende Konflikt für den Betroffenen verständlich und vollständig in einer psychoanalytischen Therapie durchgearbeitet werden konnte.

Das Danach ist noch wichtiger als das Davor: Die Nachbesprechung erst gibt dem Spiel die persönliche Bedeutung für den Klienten. Das Spiel liefert nur das Material für den eigentlichen Prozeß der Konfliktaufarbeitung. Dies drückt sich auch durch die Berücksichtigung der Zeit aus, die für die Nachbesprechung einen wesentlich breiteren Raum einnehmen wird als die Zeit für das monodramatische Spiel. Entsprechend der großen Bedeutung, die die Gegenstände im Raum durch ihre Hilfs-Ich-Funktion erhalten, wird auch die Entrollung, die Rollenrücknahme, zu einem wichtigen Teil des Monodramas. Im Unterschied zur Funktion der Gruppenmitglieder beim Psychodrama, können die Objekte als „stumme Partner" nichts zu ihrer Entrollung, ihrer Rückstellung in die Realität beitragen; somit hat ihre Rückstellung in der zeitlichen Ordnung ihrer Rolleneinkleidung in die Realität des „Hier und Jetzt" im Raum aus dem „Dort und Damals" *ausschließlich vom Klienten allein* zu erfolgen. Der Monodramaleiter achtet darauf, daß kein Hilfsobjekt übersehen wird. Das „Vergessene Objekt" muß in der Nachbesprechung daraufhin eigens durchbesprochen werden.

Der Transfer des soeben Erlebten ist von der korrekten Rollenrücknahme und Rückstellung der Objekte in den Raum abhängig. Das bestimmt Varianten der Technik, die in den einzelnen Kapiteln beschrieben und mit Beispielen verdeutlicht werden.

Eine weitere theoretische Überlegung betrifft das Phänomen „Tele". Tele ist die realistische, situationsgerechte gegenseitige Wahrnehmung zweier Menschen, die zu einer Beziehung führt (Leutz 1986, S. 20). Im Setting der Einzelsitzung tritt das Tele von seiten des Patienten zurück zugunsten von Rollenerwartungen an die Rolle des Therapeuten. Ein wesentlicher Teil dieser therapeutischen Arbeit ist es, die Rollenerwartungen der Patienten an sich selbst wie im sozialen Kontext zugunsten einer günstigeren Lebensbewältigung zu verändern. In der Abschlußphase der Therapie kann das Zunehmen des Erlebens von Tele von seiten des Patienten ein Maß für z. B. befriedigendere Realitätsbewältigung werden. Telestörungen von seiten des Therapeuten sind Themen der Supervisionskontrolle.

Die Hilfsobjekttechnik „Der Leere Stuhl" wird differenziert, je nach Gruppen- oder Einzelsetting, angeboten. In der Psychodramagruppe ist sie eine geschätzte warming-up Technik, hilfreich beim Ambivalenzdoppeln, beliebtes Hilfsobjekt bei stark negativ besetzten antagonistischen Rollenträgern. Im Monodrama wird die Technik „Der Leere Stuhl" in eher kurzen, spontan aufkommenden Dialogsequenzen eingesetzt, wenn die Aufforderung zur differenzierten Wahl eines Hilfsobjektes in diesem Augenblick eine Rolleneinengung für den Patienten bedeuten würde (vgl. III, Kapitel 2, S. 124). Bei längeren Dialogen ist es günstiger, ein Hilfsobjekt wählen zu lassen, welches auf dem „Leeren Stuhl" oder auch sonst wo im Raum plaziert werden kann, entsprechend dem Nähe-Distanz-Verhältnis zur augenblicklichen Lage des Patienten.

1. Einladung zum Monodramaspiel

1.1. Vorbemerkung

Grundsätzlich sollte in der ersten Stunde noch kein volles Spiel angeboten werden. Sich Kennenlernen, die Schaffung einer Vertrauensbasis, das Arbeitsbündnis sind Thema dieser ersten Stunde und haben Vorrang. Inhalte des Arbeitsbündnisses sind u. a.:
– Therapieziele
– voraussichtliche Therapiedauer
– Dauer der Sitzung
– Schweigepflicht
– Stundenausfall und deren Folgen (Bezahlung, Zeitersatz usw.)
– Honorar, Modi der Bezahlung[3]
– Vorauszusehende Therapieunterbrechungen durch Urlaube usw.
  Mit einer kleinen Vignette kann die Methode erlebbar gemacht werden; doch Vorsicht, daß der Klient nicht überfordert wird.

1.2. Voraussetzungen für den Start eines Monodramaspieles, warming-up

Solange der Klient von sich, vor allem von den eigenen Gefühlen berichtet, sollte der Monodramatherapeut nicht mit einem Vorschlag für ein Spiel unterbrechen, sondern mit Aufmerksamkeit zuhören. Daher ist es wichtig, sich für den Klienten charakteristische, markante Sätze oder Satzinhalte zu merken, um später beim Monodrama darauf zurückkommen zu können.

Voraussetzungen

1.2.1. Konkret-Sein
1.2.2. Aktiv-Sein

1.2.1. Konkret-Sein

Wird der Klient zum ersten Mal zu einem Monodramaspiel eingeladen, so erfolgt dies bei einer möglichst konkreten Schilderung einer äußeren und inneren Situation.

---

[3] Anmerkung der Autorin: Ich persönlich bevorzuge bar, 1x in der letzten Stunde des Monats, zum Stundenanfang (s. w. u. Punkt 7, S. 115).

Wenn dem Monodramatherapeuten eine Situation als geeignet erscheint hinsichtlich
– *Inhalt,* d. h. die Mitteilung ist charakteristisch für die gerade geschilderte Problematik

Beispiel: „…solche Situationen erlebe ich immer wieder…"

– *Form,* d. h. die Mitteilung ist durch ihre Konkretheit, Prägnanz zum Einstieg in eine Monodramaspielsituation geeignet.

Beispiel: „…mir fällt nichts mehr ein. Es ist wie ein Brett vor dem Kopf."
(hier: Konkretisierung).

Dann kann die Einladung zu einem Monodrama erfolgen.

Beispiel: Monodramatherapeut: „Ich kann Ihnen jetzt gerne weiter zuhören, während Sie mir diese Situation schildern, aber es gibt auch noch eine andere Möglichkeit, Ihr Problem zu bearbeiten. Darf ich Ihnen diese kurz erklären – oder möchten Sie doch lieber weiter erzählen?"
Klient, eventuell zögernd: „Ja. Aber wie?"
Therapeut: „Wir können zum Beispiel Ihre Situation in einem Spiel aufzeigen."

Nur wenn eine Vertrauensbasis zwischen Klient und Therapeut vorhanden ist und der Klient über ausreichend Selbstbewußtsein für eine Entscheidung verfügt, ist es sinnvoll, die Frage: spielen oder weiter erzählen, zu stellen.
Wenn sich der Klient hingegen
– in der Schilderung erst gar nicht unterbrechen läßt,
– einfach weiter berichten möchte,
– meint, seinem Therapeuten zuliebe, ihn nicht ablehnen zu dürfen,
sollte für diese Therapiestunde das Angebot nicht wiederholt werden. Es besteht sonst die Gefahr, daß der Klient aus Anpassung zustimmt, statt dem eigenen Bedürfnis zu folgen.

1.2.2. Aktiv-Sein

Wenn der Klient zustimmt und sagt z. B.: „Ja, wie soll das gehen?"
muß der Monodramatherapeut als Erster selbst in Bewegung kommen, d. h. vom Stuhl aufstehen:

„Sie haben gerade Ihre Situation geschildert. Wie könnte denn das hier in diesem Raum aussehen? Wo wäre da der Sessel, in dem Ihr Gegenüber saß? Wo saßen Sie? Wo wären die Fenster des Raumes. Wo die Tür?" Das Einrichten der Szene erfolgt wie beim Einrichten einer Psychodramaszene. „Welche Tageszeit war es etwa? Was ist noch für Sie wichtig?"

Ängste, das Spiel nicht zu schaffen, oder Zweifel hinsichtlich der eigenen Geschicklichkeit diesbezüglich von seiten des Klienten, darf der Monodramatherapeut erst gar nicht aufkommen lassen.

Monodramatherapeut: „Wir könnten es ja mal ausprobieren. Das geht schon. Ich helfe Ihnen dabei. Sie können die Szene jederzeit beenden und weiter erzählen. Ich höre Ihnen gerne zu. Wenn Sie möchten, probieren wir es einmal. Vielleicht fangen wir jetzt an. Wir können es ja jeden Moment wieder lassen. Ist es Ihnen so recht?"

Die *Einladung* zu einem Monodrama wird beendet, wenn der Klient ebenfalls
– aufsteht und mit der szenischen Einrichtung, d. h. mit dem Monodramaspiel, beginnt oder
– ablehnt: *verbal:* „Ich möchte das noch weiter erzählen"
– *nonverbal:* z. B. stumm bleibt, Blickkontakt zum Therapeut abbricht, sitzen bleibt u. a. m.

2. Monodramaspielphase

2.1. Einrichten der Szene

Auch hier ist es grundsätzlich wichtig, daß die Aufforderungen des Monodramatherapeuten kurz und konkret, d. h. klar verständlich sind. Wenn der Klient schon früher Erfahrung mit einem Monodrama gemacht hat, genügt zur Einladung die Frage: „Möchten Sie das Erzählte vielleicht in einem Rollenspiel ausprobieren?"

Wenn ja, erfolgt w. o. die Einladung zur szenischen Darstellung:

Monodramatherapeut: „Wo ist der Raum, in dem Sie sich aufgehalten haben, hier in diesem Zimmer? Wie könnte das hier aussehen, hier in dieser Praxis? Wie könnte sich Ihre Situation hier abgespielt haben? Wo sitzt wer und wo sitzen Sie?"

Wichtig ist, daß sich der *Klient zuletzt* in die Rolle begibt, also erst, wenn die Einrichtung der Szene und die Rolleneinkleidung der hauptsächlich beteiligten Personen oder anderer Inhalte erfolgt sind.

An der Situation mitbeteiligte Personen werden mit Hilfsobjekten symbolisch verdeutlicht. Oft wird die Rollenwahlbegründung für die Hilfsobjekte schon während der Rollenzuschreibung ausgesprochen,

z. B.: „Ich nehm' den Stempeldrucker für Herrn X, weil er auch will, daß alles nach seinem Willen geschieht. Herr X will allem seinen Stempel aufdrücken."

Bei der Rollenwahlbegründung, bei der Rolleneinkleidung der Hilfsobjekte kann eine ganz andere Monodramaszene ins Spiel gelangen, als ursprünglich vom Klienten geplant war.

Klient: „Da fällt mir ein, das war genauso damals …"

Therapeut hilft zur Entscheidung, welche Szene jetzt gespielt werden soll.

Therapeut: „Was ist Ihnen jetzt wichtiger?"

Entscheidet sich der Klient für den letzten Einfall, also die neue Szene, so wird die alte Szene „eingefroren" und die neue Situation räumlich getrennt, *kurz* neu eingekleidet.

Therapeut: „Gut, dann frieren wir sozusagen die soeben eingerichtete Szene ein, lassen sie hier stehen, und schauen uns an, was Ihnen gerade spontan eingefallen ist. Wo war das? Wo befindet sich Herr X? Wo Sie?"

Auf genauere räumliche Einrichtung ist zu verzichten, um der Übersichtlichkeit willen und vor allem, damit die Spontanität des Klienten nicht verloren geht. Bei der Entrollung ist auf die zeitliche Abfolge Szene für Szene wieder genau zu achten, um der inneren Dynamik des Klienten nachzufolgen.

Die Gefühle, die das Verhalten von Herrn X bei dem Klienten auslösen bzw. die Konfliktsituation, die dadurch entsteht, ist Inhalt der Nachbesprechung. Wichtig ist, daß der Klient sich zuletzt in die Rolle von Dort und Damals begibt, also erst, wenn die anderen Personen, Gegenstände usw. eingekleidet wurden.

2.2. Arbeit mit Hilfsobjekten

Monodrama ist psychodramatisches Spiel mit einem Klienten. Das bedeutet nicht, daß wir auf die Mitwirkung mehrer Personen in der Phantasie, in der Vorstellung des Klienten verzichten müssen. Die meisten Problemstellungen spielen sich im sozialen Kontext ab. Zur Markierung der beteiligten Mitmenschen werden Gegenstände, die im Raum vorhanden sind, ausgewählt.

Monodramatherapeut: „Welcher Gegenstand hier in diesem Raum könnte Ihren Vorgesetzten darstellen, welcher Gegenstand Ihre Kollegin? Und der gerade dazukommende Mitarbeiter, wie Sie vorhin erzählt haben, welcher Gegenstand in diesem Raum könnte diesen darstellen, diesen symbolisieren?"

Es ist wichtig, sich für die Auswahl der Gegenstände Zeit zu lassen und den Klienten aufzufordern, diese Gegenstände bei der Rollenzuschreibung ganz konkret in die Hand zu nehmen und gemäß der erinnerten Szene auf den jeweiligen Platz in ihrem Verhältnis zueinander und zum Klienten zu stellen.

Zum Schluß wählt der Klient einen Gegenstand für sich selbst.

Therapeut: „Was könnte Sie darstellen?"

Damit ist die Situation für einen Rollenwechsel in der Spielphase vorbereitet. D. h. der Klient wird im Antagonisten diesen doppelnd oder dessen Rolle einnehmend nicht „aufgehen", denn sein Hilfsobjekt bleibt für ihn platzhaltend stehen, auch wenn er die Rolle wechselt.

Es macht im allgemeinen überraschend wenig Schwierigkeiten, auch bei Klienten mit kurzer Schulausbildung, auf diese Phantasieebene einzusteigen. Klienten mit eher zwanghafter Struktur können es als Erfolg erleben, sich auf ein Spiel und die damit empfundenen Entscheidungsangebote einlassen zu können. Nicht selten merkt der Klient selbst den Zusammenhang zwischen Gegenstand und Charakter der gewählten Person schon bei der Rollenzuschreibung; die an das Spiel folgende Rollenwahlnachbesprechung ist somit schon vorbereitet.

Wählt der Klient Gegenstände zu Hilfsobjekten, die im Raum fix montiert sind und nicht bewegt werden können, so wird der Klient aufgefordert, diese zu berühren, um die Einkleidung damit subjektiv erlebbar zu machen. Beim Einkleiden durch Doppeln erfolgt wie beim Psychodrama ebenfalls die Berührung der Hilfsobjekte mit der Hand während des Doppelns.

2.3. Doppeln

Wenn die Einrichtung der Szene abgeschlossen ist, wird der Klient eingeladen, hinter bzw. bei Platzmangel in einem kleinen Praxisraum neben die Hilfsobjekte zu treten und diese zu doppeln, d. h. auszusprechen, was gerade in den Personen vorgehen könnte oder in den Rollenanteilen des Klienten selbst, wenn es sich um einen inneren Konflikt handelt, was diese jetzt denken oder fühlen und zwar:
– in bezug auf die für den Klienten wichtige Situation und
– in bezug auf den Klienten selbst.

Am Schluß doppelt der Klient sich selbst. Er sagt also auch seine eigenen Gefühle oder Gedanken in dieser für ihn bedeutsamen Situation, hinter oder neben dem Hilfsobjekt, das er für sich selbst gewählt hat, stehend und dies mit der Hand berührend oder auch direkt in die Hand nehmend. Sein Anliegen wird von verschiedenen Seiten aus „angepackt".

Diese Einrichtungsphase hinsichtlich der beteiligten Personen oder Rollenanteile sollte nicht zu lange dauern, damit noch genügend Raum für die Spielphase bleibt. Der Klient wird dann eingeladen, die eigene Rolle einzunehmen, und jetzt wartet der Therapeut, auf wen sich der Klient zuerst bezieht.

Ambivalenzdoppeln geschieht nur beim Protagonisten selbst, also nicht hinter dem leergewordenen Stuhl oder dem Hilfsobjekt des Klienten.

2.4. Innerer Monolog

Beim Doppeln kann schon so viel Material bewußt werden, daß es dem Klienten nicht mehr möglich wird, auf eine Szene einzugehen. Der Klient sitzt oder steht, abwartend, in Gedanken versunken. Hier hilft die Einladung zum Inneren Monolog; die Einladung, das auszusprechen, was gerade an Gedanken oder Gefühlen im Klienten vorgeht.

Der Monodramatherapeut hat dem inneren Prozeß des Klienten zu folgen, d. h. weder Tempo noch Inhalt vorzugeben. Der Klient bestimmt das Thema der Stunde und das Thema des Spieles. Multiple Rolleneinkleidungen können zum Beispiel auch auf die Sätze des Inneren Monologs abzielen.

Der Monodramatherapeut kann dafür Hilfe anbieten: *„Wenn es recht ist, spreche ich jetzt ein paar Sätze für Sie"* und doppelt neben dem Klienten stehend – z. B. links, wenn es sich um Gefühle handelt, rechts, wenn es um rationale Überlegungen geht. Im Gegensatz zum Psychodrama in der Gruppe sollte das Doppeln nicht hinter dem Klienten stattfinden, damit dem Klienten immer der Überblick über die gesamte Spielsituation einschließlich des Therapeuten möglich bleibt. Bezieht sich der Klient jedoch auf eine mittels eines Hilfsobjektes anwesende Person, dann ist darauf zu achten, daß dies in direkter Rede geschieht.

Klient: „Ich mag nicht, daß sie so mit mir spricht."

Therapeut: „Ja, gut so, sagen Sie es ihr aber direkt! Sie ist jetzt hier (weist auf das entsprechende Hilfsobjekt) und muß Sie anhören."

Meist genügen ein bis zwei Aufforderungen, und der Klient beschreibt nicht mehr, sondern behält die direkte Rede bei.

Klient: „Ich will nicht, daß du so mit mir redest."

Damit kann im Monodrama unmittelbar ein Lerneffekt im Sinne eines Verhaltenstrainings erzielt werden.

Auch der Innere Monolog dient in diesem Sinne als eine Überbrückungshilfe. Zuerst werden die Gedanken gesammelt und geordnet, um dann den Inhalt in direkter Rede dort zu deponieren, wo er hingehört. Der nächste Schritt ist der in die Lebensrealität außerhalb der Therapiestunde.

Die *Spielphase* kann konkret beginnen, wenn der Klient im Erzählen

– „inneren Rollentausch" verwendet, d. h.

die direkte Rede anderer wiederholt, sich mit Gefühlen anderer identifiziert: *„Das hat er/sie gesagt", „Da hat er/sie so geschrieen, geweint";*

– Konkretisierung verwendet:

„Als würde ich vor einer Mauer stehen", „bei der Prüfung wie ein Brett vor dem Kopf", „ich bin wie gelähmt", „ein Krampf im Hals (aus einer Stottertherapie);

– Probehandlung ausführen möchte:

Im Alltag bisher Undenkbares, Unsprechbares, Untubares wird im Schutz der Monodramatherapiesituation ausprobiert;

– eine Situation konkret schildert:

„Also das war so ..."

Wenn das Monodrama in Gang gekommen ist, also die eigentliche Spielphase eingesetzt hat, kann der Therapeut, die durch Hilfsobjekte markierten Personen oder bei Entscheidungskonflikten die verschiedenen Möglichkeiten, doppeln oder in Rollentausch mit dem Klienten treten.

Wichtig ist, daß jeder Schritt vorher vom Klienten selbst entschieden wird. Ob Doppeln oder Rollentausch oder Innerer Monolog, immer muß vorher nachgefragt werden, ob es recht ist, das so zu tun, und dann erst wird diese Technik angewendet.

Es bedarf dazu keiner langen Reden. Entscheidend ist die innere Haltung des Therapeuten, die Zustimmung vom Klienten abzuwarten, bevor ein nächster Schritt gesetzt wird. Nur so ist gesichert, daß es in jeder Phase das Spiel des Klienten bleibt und nicht das des Therapeuten wird.

2.5. Die Rolle des Therapeuten beim Rollentausch mit dem Klienten im Monodrama

Das einzige, was ich im Leben bedaure, ist, daß ich nicht jemand anderes bin.
Woody Allen

Wenn der Therapeut die Rolle mit dem Klienten mit dessen Zustimmung tauscht, wird sich der Therapeut etwas neben dem Platz des Klienten stellen, also keinen direkten Tausch durchführen. Er wird sich z. B. *neben* den Sessel stellen.

Der Raum des Klienten bliebt frei; der Klient muß sich selbst in diesem Raum, z. B. auf seinem Stuhl sitzend, vorstellen können, dies zu sagen oder zu fühlen oder sich so zu bewegen. Daher darf der Platz des Klienten durch den Therapeuten nicht besetzt werden. Der Platz des Klienten gehört dem Klienten allein und sonst niemandem.

Therapeut: „Ich stelle mich jetzt neben Ihren Stuhl und wiederhole Ihre Worte, spreche aus, was möglicherweise in Ihnen vorgeht. Ich übernehme Ihre Rolle nicht, ich übernehme nur Ihre Stimme, während Sie die Rolle Ihrer Mutter spielen."

Diese Handhabung beim Rollentausch im Monodrama hilft dem Klienten, wie auch die Verwendung der Technik des „Doppelns", den Überblick zu behalten und gibt Sicherheit, daß in jeder Phase des Monodramas der Therapeut für den Klienten nicht in einer Rolle „verlorengeht".

Für den Therapeuten wiederum ist es wichtig, durch diese Körperhaltung die Verwantwortung für die Therapiestunde nicht abzugeben, indem wir die Rolle zwar beim Rollentausch markieren, aber damit doch deutlich in der eigenen Rolle bleiben.

Eine weitere Gefahr bestünde, daß sich der Klient in der konkreten Lebenssituation nach unserem Bilde und nicht nach dem eigenen verhalten könnte, also in die Gefahr kommt, nachzuahmen statt Eigenständigkeit zu entwickeln. Diese Gefahr ist geringer, wenn in einem Rollentausch der Therapeut buchstäblich dem Klienten „zur Seite" steht, sich nicht an die Stelle des Klienten setzt oder stellt.

2.5.1. Primärerlebnis beim Monodrama und Psychodrama

Die besondere Stellung des Monodramatherapeuten würde beim erstmaligen Rollentausch, wenn er vollständig ist, einen derart besonderen Aspekt geben, daß die Übertragungssituation auch bei sorgfältiger Durcharbeitung im Rollenfeedback, im Identifikationsfeedback und im Sharing nicht mehr aufgelöst werden könnte.[4] Weiters wissen wir, daß Primärsituationen besonders nachhaltig im Gedächtnis haften bleiben. Daher würde überdies die erstmalige Rollenübernahme des Monodramaleiters eine besondere Stellung in den Erinnerungsinhalten des Klienten erhalten. Dies würde weiters bedeuten, daß die nachfolgenden Interventionen des Monodramatherapeuten aus den nicht aufgelösten Übertragungsanteilen, besonders des ersten Rollentausches, bewußt oder unbewußt miterlebt werden.

Psychodramatisch gesehen geschieht folgendes: Die Rolle des Monodramatherapeuten wird durch den Rollentausch durchmischt mit Anteilen dieser Rolle. Da Primärsituationen besonders nachhaltig im Gedächtnis bleiben, wird eine weitere Rollenübernahme durchmischt von der Rolle des Monodramatherapeuten und der ersten bzw. möglicherweise auch nachfolgenden Rolle, sodaß ein tatsächlicher Rollentausch im eigentlichen Sinne nicht mehr stattfindet. Auch einer aufarbeitenden Nachbesprechung sind damit Grenzen gesetzt.

---

[4] Anmerkung der Autorin: Ich erinnere mich deutlich an das Gruppenmitglied, das vor Jahrzehnten zum ersten Mal die Rolle einer wichtigen Bezugsperson übernahm, die späteren Rollenträger sind in der Erinnerung dagegen verblaßt. So ist mein eigenes Erleben in diese Monodramatechnikanweisung eingegangen. Damit aber auch in Frage stellbar.

Psychoanalytisch gesehen geschieht folgendes: Zum Vergleich ein Beispiel aus der psychodramatischen Gruppe: Leiter übernimmt Rolle. Die reale Autorität des Psychodramaleiters als Leiter der Gruppe wird in der Rollenwahl benützt, um Autoritätspositionen aufrecht zu halten, die andererseits aber zur Bearbeitung drängen, sonst würde sich das betreffende Thema nicht erst stellen. Es gibt also eine unbewußte Ambivalenzkonfliktsituation, die, statt mit Rollenwahl, Doppeln und Rollentausch bearbeitet zu werden, in der Gruppe wiederholt wird und dies während der gesamten Gruppendauer, in der der Psychodramatherapeut seine reale Leitungsfunktion inne hat. Besteht ein Gruppenmitglied auf der Rollenübernahme durch den Psychodramatherapeuten statt durch ein anderes Gruppenmitglied, ist immer auch an die Diagnose einer Charakterabwehr zu denken. D. h. der Widerstand, der auch eine Schutzfunktion hat, kann vor Bearbeitung dieser nicht aufgelöst werden. Die Autoritätsproblematik wird nicht bearbeitet, sondern über die Rollenwahl der realen Autorität der Gruppe – und das ist der Psychodramaleiter – im Sinne des Widerstandes eingebaut, d. h. eine Wiederholung aus dem Lebensalltag statt einer therapeutischen Aufarbeitung. So wissen wir, daß ja auch abstrakte Inhalte, wie z. B. Lernmaterial, Strukturen usw., Autoritätspositionen bekommen können.

Gruppendynamisch gesehen wird in weiterer Konsequenz möglicherweise sich auch die Gruppe gegen die „Entmachtung" ihres Leiters gegenüber diesem Gruppenmitglied zu wehren wissen oder eifersüchtig gegenüber den bevorzugten Geschwistermitgliedern werden; der Klient gerät somit mit der gesamten Gruppe und mit seiner Situation in Konflikt – ebenfalls eine Wiederholung, aber keine Bearbeitung. Ganz ähnlich ist die Situation im Monodrama. Der Monodramapsychotherapeut übernimmt nicht eine Rolle, sondern er gibt nur seine Stimme beim Rollentausch. Er stellt sich neben das Hilfsobjekt des Klienten oder neben dessen Stuhl und wiederholt den letzten Satz bzw. Satzteil oder für den Klienten wichtige Inhalte aus dem vorher Gesagten. Abermaliger Rollentausch ist immer dann angezeigt, wenn der Klient Fragen stellt. Niemand stellt eine Frage, von der nicht schon im Kern eine Ahnung von der zutreffenden Antwort vorhanden ist. Oder anders ausgedrückt: Ohne den Ansatz einer Antwort, stellt sich uns auch die Frage nicht, Frage und Antwort gehören zusammen, eines bedingt das andere. Welche Antwort jetzt für den Klienten die gute und damit die richtige ist, weiß nur der Klient selbst. Durch die Sicht und Distanz aus einer anderen Rolle können Lösungsansätze selbst erarbeitet werden. Hüten wir uns vor Monodramatherapeuten mit vorschnellen Antworten. Der Klient kommt nicht zu uns, um von uns „Antworten zu kaufen", sondern um zu lernen, sich diese selbst erarbeiten zu können (s. Anmerkung 2).

2.5.2. Rollenrücknahme, Rollenentkleidung im Monodrama

Zuerst entrollt der Monodramatherapeut den Klienten dann sich selbst. Danach erst wird der Klient aufgefordert, die Hilfsobjekte selbst zu entrollen. Besonders wenn
– es die erste Monodramasitzung ist,
– der Klient emotionell vom Spiel stark ergriffen wurde,
muß zuerst die Realität des „Hier und Jetzt" der Sitzungsstunde wiederhergestellt werden, bevor die nächsten Schritte in der Aufarbeitung und Nachbesprechung gesetzt werden können. Dazu kann es hilfreich sein, den Klienten direkt mit dem Namen anzusprechen.

Z. B.: „Herr Magister X, Sie sind jetzt wieder hier in der Praxis in Wien-Hietzing. Es ist Montag abend und ich bin wieder Frau Farkas-Erlacher in meiner Praxis in der Steckhovengasse."

Es ist wichtig, daß sich der Monodramatherapeut von der erfolgten Rollenentkleidung des Klienten überzeugt:

„Sind Sie wieder zurück und hier?" „Vielleicht schauen Sie sich etwas um, damit Sie wieder ganz da sein können."

Der Klient muß selbst die gewählten Hilfsobjekte entrollen, indem er diese in die Hand nimmt, an den ursprünglichen Platz zurückstellt, z. B. mit den Worten:

„Das ist jetzt wieder der Stempel auf dem Schreibtisch." oder „Das ist jetzt wieder der Stuhl aus der Praxis."

Die Rollenentkleidung erfolgt genau in der Reihenfolge der Rolleneinkleidung bei der Rollenwahl. Das erste Hilfsobjekt wird als erstes entrollt. Übersehene Hilfsobjekte werden in der Nachbesprechung auf mögliche Impulse des Widerstandes hin besonders berücksichtigt.

Jeder Neubeginn setzt einen entsprechenden Abschied voraus.
Jede Rollenentkleidung ist ein Abschied aus der Spielphase, eine Rückkehr in die Realität des Alltages, zu der auch die Sitzung gehört. Zunächst Rückkehr in die face-to-face-Situation der Monodramasitzung, ist sie im weiteren eine Vorbereitung für den Abschied aus dieser konkreten Monodramatherapiestunde und damit Voraussetzung für den Transfer in den Alltag des Klienten:

Nicht oder nicht ausreichend entkleidete Hilfsobjekte sind Signale eines gemeinsamen blinden Fleckes aufgrund möglicherweise Tele zwischen dem Klienten und dem Therapeuten. Hier ist Supervision dringend angebracht. Entsprechend dem Gesetz des Gestaltpsychologen Narziss Ach „Unerledigtes drängt zur Erledigung!" muß der Monodramaleiter auf die auch von ihm vergessene Rollenentkleidung spätestens in der darauffolgenden Stunde unter dem Thema Reste hinweisen:

3.2. Rollenfeedback

Im Rollenfeedback werden die Gefühle des Protagonisten wieder entsprechend der Reihenfolge der Rollenwahl der Hilfsobjekte ausgedrückt, und zwar
– aus der Rolle des Hilfsobjekts selbst,
– aus der Rolle des Hilfsobjekts zu den anderen Hilfsobjekten, sofern mehrere gewählt wurden, und
– aus der Rolle des Hilfsobjekts zur eigenen Person, für die ebenfalls ein Hilfsobjekt gewählt wurde.

Das Rollenfeedback für die eigene Person bildet jeweils den Abschluß.

Die zeitliche Reihenfolge der Rollenwahl beim Rollenfeedback in der Nachbesprechung beizubehalten hilft auch, das Processing in einem Monodrama mit vielen Hilfsobjekten oder häufigem Szenenwechsel beizubehalten. Auch in der Nachbesprechung wird dadurch die Logik des Themas – ausgedrückt in der Szenenfolge – beibehalten.

Rollenfeedback zum Rollentausch findet nur dann statt, wenn der Monodramatherapeut und der Klient die Rollen getauscht haben.

3.3. Identifikationsfeedback

Beim Psychodrama trifft der Protagonist die Rollenwahl für den Antagonisten – nur in bestimmten Ausnahmefällen erfolgt die Frage des Protagonisten: *„Wer will die Rolle übernehmen?"* Die Identifikation des Antagonisten kann daher durchaus bei einer anderen Rollen beim Protagonisten selbst oder überhaupt nicht bei diesem Spielthema liegen, d. h. der Antagonist übernimmt möglicherweise ohne Identifikation „nur" Hilfs-Ich-Funktion für den Protagonisten. Beim Monodramaspiel hingegen zeigen sämtliche Hilfsobjekte Ich-Anteile. Daraus ergibt sich, daß die Fragestellung so zu variieren ist:

„Mit welchem Objekt war die Identifikation am ehesten möglich und welchem am wenigsten?"

Die Identifikation des Protagonisten kann sich während des Spieles in unterschiedlichen Rollen ausdrücken. Multiple Identifikationen können z. B. Anzeichen für eine Absetzung von Zwanghaftigkeit, Ausdruck von zunehmender Selbstsicherheit, zunehmender Spontanität oder sozialer Kompetenz sein.

Das Identifikationsfeedback beim Monodrama über die unterschiedlichen Hilfsobjekte verhilft zu einem differenzierten Verständnis der dargestellten Situation. Der Standort der Hilfsobjekte zueinander sowie der Standort zum Protoganisten selbst entspricht direkt den verschiedenen Rollenanteilen in denen sich der Konflikt ausdrückt.

Beispiel:

In einer Supervisionsstunde mit Monodramatechnik stellt die Psychodramaleiterin das Hilfsobjekt für ein männliches Gruppenmitglied vor sich hin, und das andere, ebenfalls ein männliches Mitglied, hinter sich. Beim Doppeln für ihr eigenes Hilfsobjekt wird ihr plötzlich klar „zwischen zwei Männern gestanden zu sein", weiters, wem ihre Zuneigung galt; nämlich dem Mann, der „ihren Rücken stärkte". Jetzt hatte die Supervisandin auch eine Erklärung, weshalb der andere Mann in der Schlußrunde des Psychodrama-Workshops sie empfindlich kränkte.

Wenn der Monodramatherapeut beim Rollentausch Aussagen im Sinne einer Rollenerweiterung für den Klienten angeboten hat, muß beim Identifikationsfeedback nachgefragt werden, ob in dieser Phase die Identifikation des Protagonisten mit den Aussagen des Monodramatherapeuten in der Rolle des Protagonisten stattfinden konnte oder nicht. Dies dient für den Therapeuten selbst als Kontrolle bezüglich seines Tele mit dem Klienten; weiters hilft es bei der Abklärung der Beziehungssituation zwischen Therapeut und Klient sowie – falls die Aussagen stimmig waren – dem Klienten die Möglichkeit zur Identifikation mit diesem Rollenteil im Sinne der Rollenerweiterung zu geben.

3.4. Rollenwahlfeedback

Beim Monodrama ist das Rollenwahlfeedback die Begründung der Rollenwahl von Gegenständen zu Hilfsobjekten.

In Zusammenhang mit der Nachbesprechung bezüglich Rollenfeedback und Identifikationsfeedback fallen immer wieder auch Begründungen, weshalb gerade dieser Gegenstand als Hilfsobjekt gewählt wurde. Auch beim Psychodrama in der Gruppe sollte die Rollenwahlbegründung in jede Nachbesprechung miteinbezogen werden. Dabei können Telebeziehungen der Gruppenmitglieder untereinander angesprochen werden.

Beispiel aus einem Monodrama zu einem Ehekonflikt:
Für den Ehemann wurde der im Raum abgestellte, geschlossene Schirm gewählt. Protagonistin: *„Mein Mann ist genauso, er könnte mich beschützen, aber er ist so zugebunden".* In der Nachbesprechung wurden der Protagonistin eigene Rollenanteile bewußt, die ihrem Ehemann ein beschirmendes, beschützendes Verhalten erschweren. In einem zukunftsorientierten Monodrama konnten günstigere Verhaltensweisen erprobt werden, d. h. Rollendefizite geschlossen werden.

Die Rollenwahlbegründung nimmt beim Monodrama einen Hauptteil in der Nachbesprechung ein. Oft wird schon bei der Rollenwahl selbst, wenn der Klient den ausgewählten Gegenstand zur Hand nimmt, spontan die Begründung dazu ausgesprochen – sei es zustimmend oder auch kritisierend, wenn der passende Gegenstand im Raum nicht gefunden wird. Noch mehr als im Psychodrama in der Gruppe wird im Monodrama deutlich, daß das Spiel nur das Material für den therapeutischen Gewinn der Nachbesprechung liefert.

Beispiel:

In einer Supervisionsstunde mit Monodrama wählt die Supervisandin für sich als Hilfsobjekt eine kleine schwarze Uhr und für ihre Klientin *„Die ist nicht zu packen!"* eine große, an der Wand fix montierte barocke Uhr. In der Nachbesprechung, bei der Begründung der Wahl der Gegenstände zu Hilfsobjekten, fällt es der Supervisandin wie Schuppen von den Augen, wer in ihrer Therapiestunde bestimmt und weshalb sie sich von ihrer Patientien blockieren ließ.

Bis in Details (die wichtige barocke Mutterfigur) können Bezüge hier mit befreiendem Lachen erarbeitet werden.

Beispiel:

Eine beruflich erfolgreiche Klientin wählt für ihren Wunsch nach Zärtlichkeit eine Wolldecke in warmen, braunen Tönen, läßt eine Decke in Rot liegen. Über das Thema „braun" – ihre Lieblingsfarbe – konnten ihre depressiven Anteile angesprochen werden, mehr als es vor dem Monodrama möglich war; ebenso die Bedeutung der spontanen Abwehr gegenüber der Farbe Rot: *„Da muß ich was tun, fühle mich aber so kraftlos."*

Ebenso bedeutsam wie die Begründungen ist es auch, wenn keine Begründung gegeben werden kann. Das Unerledigte, die offene Gestalt, wirkt weiter, fördert die fortgesetzte Verarbeitung auch ohne Anwesenheit des Therapeuten, sei es vorbewußt, in Gedanken oder auch in Träumen. Das wird dann in der dem Monodrama nächstfolgenden Stunde unter dem Thema Reste anzusprechen sein (s. u. S. 113).

3.5. Sharing

Die beiden Haupttheorien der modernen Physik enthalten also wichtige Grundzüge der östlichen Weltanschauung. Die Quantentheorie zerstört die Vorstellung getrennt existierender Objekte, ersetzte den unbeteiligten Beobachter durch den Teilnehmer und interpretierte das Universum als lückenloses Beziehungsnetz, dessen Teile ausschließlich durch ihre Beziehung zum Ganzen definiert sind. Die Relativitätstheorie hat dieses kosmische Netz sozusagen lebendig gemacht, indem sie seinen wesentlichen dynamischen Charakter aufdeckte (Capra Fritjof, 1985, S. 74).

Sharing bedeutet teilen. In der Psychodramagruppe „teilt" der Psychodramatherapeut sein Sharing keineswegs regelmäßig, sondern nur in bestimmten Situationen mit den Gruppenmitgliedern, z. B. wenn es nach dem Spiel wichtig ist, daß die gemeinsame Ebene für alle in der Gruppe wiederhergestellt wird. Im Monodrama hingegen ist außer dem Monodramatherapeuten niemand anderer da, der mit dem Protagonisten sein Erleben teilen könnte. Deshalb muß der Monodramatherapeut diesen Teil selbst übernehmen.

Im Sharing sind beide wieder Menschen auf gleicher Ebene. Kein Subjekt-Objekt-Gefälle in der heilenden Begegnung.

4. Abschluß der Monodramastunde: „Go back"

Das im monodramatischen Spiel Erlebte wirkt auch nach der Stunde weiter, wenn das Spiel abgeschlossen ist: Das Erleben ist durch das „Schließen der Türe" und Rückkehr in den Alltag keineswegs beendet. Wie ein ins Wasser geworfener Stein, der an der Oberfläche weite Kreise zieht, gehen Gedanken und Gefühle weiter, folgen Assoziationen, Erinnerungen, Bilder, Tagträume. Im Bewußtsein auftauchende Bilder können die Aufmerksamkeit des Klienten derart in Anspruch nehmen, daß seine Aufmerksamkeit, aber auch seine Reaktionsfähigkeit vermindert werden. Auf diese möglichen Einschränkungen ist der Klient beim Abschluß der Stunde hinzuweisen: Eine Ruhepause nach der Sitzung, und seien es nur wenige Minuten, hilft zur unwillkürlichen Verarbeitung und schützt den Klienten. Vorsicht im Straßenverkehr. Aus der Lernpsychologie wissen wir, daß Sekunden ausreichen, um Inhalte vom Kurzzeitgedächtnis in das Langzeitgedächtnis zu befördern, aber in dieser Zeit sind auch die Aufmerksamkeit und die Wahrnehmungsfähigkeit eingeschränkt. Hilfreich kann es auch sein, um wieder voll in den Alltag zurückzukehren, den nächsten Termin bestätigend zu wiederholen. Wenn der mindeste Zweifel besteht, soll der Klient eingeladen werden, im Wartezimmer noch ein paar Minuten zu warten o. ä. Der Monodramatherapeut ist aufgefordert, sein methodisches Vorgehen ständig kritisch zu überprüfen. Überforderung des Klienten ist ein klassisches Supervisionsthema! (S. Anmerkung 2.)

5. Die nächste Stunde

Hat in der vorangegangenen Stunde kein Monodrama stattgefunden, ist der Bericht frei. Der Klient bestimmt das Thema der Stunde, sofern nicht Terminvereinbarungen oder Organisatorisches zu besprechen sind oder, wenn es die letzte Stunde im Monat ist, die Honorarabrechnung erfolgen wird (s. u. S. 115).

Hat ein Monodrama in der vorangegangenen Stunde stattgefunden, sind vom Monodramatherapeuten gezielte Fragen bezüglich eventueller Reste des Monodramas zu stellen, so, wie wir auch im Psychodrama in der Gruppe die Stunde mit Fragen nach Resten beginnen:

„Ist Ihnen zur letzten Stunde noch etwas eingefallen?"

Ergänzungen zum Rollenfeedback, Identifikationsfeedback, Träume, Gefühle, vor allem aber *Störungen* haben Vorrang! Ärger, Enttäuschungen, Zorn, Wut, Überforderung, Ratlosigkeit, auch hinsichtlich des Monodramatherapeuten, seines Verhaltens, Auftretens oder des Ablaufes der Stunde. Alle Äußerungen sind als
– reale Äußerungen korrekt zu beantworten und
– auf mögliche Zusammenhänge mit der Lebensgeschichte des Klienten zu befragen und zu bearbeiten.

Erst dann ist die Nachbesprechung der letzten Stunde von seiten des Monodrama-Therapeuten beendet und der Klient bestimmt wieder die Stunde. Freilich wird in der Regel eine Monodramasitzung den Inhalt vieler weiterer Stunden mitbestimmen. Der Gedanke, jedesmal müsse ein Spiel stattfinden, ist falsch. Das Spiel gibt nur das Material, das sorgfältig, einfühlsam durchgearbeitet werden muß. Jede Rollenübernahme, ob tatsächlich oder in der Phantasie erfolgt, ist auf dem lebensgeschichtlichen Hintergrund zu besprechen. So erst wird der Klient sich selber besser verstehen, mit sich selber versöhnt Rollendefizite abbauen, mehr Spontanität zulassen und seine Kreativität entfalten und sie genießen lernen.

6. Zeitstruktur

Die Berücksichtigung der Zeit als psychische Dimension ist für das Monodramasetting wichtig.

Gute Erfahrungen habe ich mit folgender Einteilung hinsichtlich zeitlichem Ablauf bei der 50-Minuten-Stunde machen können:
– Start zum Monodrama spätestens 15 Minuten nach Beginn der Therapiestunde.
– Maximal 10 Minuten Spielzeit mit Rollenwahl, Rolleneinkleidung und Spielverlauf mit eventuell Innerem Monolog, Doppeln etc.
– 20 Minuten Zeit für Nachbesprechung bei z. B. 5 Hilfsobjekten hinsichtlich Rollenwahlbegründung, Rollenfeedback aus dem Rollenwechsel, ev. aus Rollentausch mit Therapeuten, weiters Identifikationsfeedback und Sharing.
– 5 Minuten für Abschluß dieser Stunde.

Gut bewährt sich die *goldene Regel:* **Nachbesprechungsphase länger als Spielphase.**

7. Organisatorische Inhalte

Wann ist der beste Zeitpunkt, Organisatorisches wie Bezahlung, Terminänderungen, Wiederholungen aus dem Arbeitsbündnis oder Reste aus diesem, zu besprechen? Zu Beginn oder am Ende der Stunde? Beides hat Vor- und Nachteile.

Vorteile für den Anfang der Stunde

Sobald Organisatorisches erledigt ist, steht die gesamte Zeit uneingeschränkt für Inhalte des Klienten zur Verfügung. Zeitvereinbarungen, Honorarfragen werden vom Klienten als Anliegen des Therapeuten erlebt, nicht als die seinen. Überdies bestimmt das Thema am Ende der Sitzung der Klient nur dann, wenn Organisatorisches schon vorher erledigt wurde. Nur so ist dem Klienten variabel das Schlußwort zu überlassen und kann dieser von der Nachwirkung des in der Stunde Erlebten uneingeschränkt profitieren; vorausgesetzt, daß er erlebnismäßig nicht überfordert wurde.

Nachteile für den Anfang der Stunde

Wenn der Monodramatherapeut das Thema des Anfangs bestimmt und nicht der Klient, können darunter Spontanität und freie Themenwahl leiden.

Wie immer auch die Entscheidung fällt, es sollte nicht jede Stunde mit Organisatorischem – ob zu Anfang oder zu Ende – belegt werden. Die Wiederholung einer Terminvereinbarung am Ende einer Sitzung ist nur dann angebracht, wenn eine zusätzliche Rückführung in die Realität erforderlich erscheint.

Hilfreich kann es sein, die Bedeutung des „richtigen Platzes" auch für die Abhandlung von organisatorischen Inhalten zu verwenden, d. h. Vereinbarungen auf einem anderen Sitz abzuhandeln als die eigentliche Monodramasitzung, um beide Themen auch räumlich zu trennen.[5]

---

[5] Anmerkung der Autorin: Organisatorisches wird bei mir beim Tisch besprochen, während bei der eigentlichen therapeutischen Arbeit kein Gegenstand zwischen dem Klienten und mir steht. Wir sitzen uns etwas schräg gegenüber. Beim Start zum Monodrama stehe ich als erste auf.

Anmerkungen

Anmerkung 1

Schon nach Hildegard von Bingen (1098 – 1179) ist die Heilung ein ganzheitlicher Prozeß, der in vier Bereichen gleichzeitig ablaufen muß, nämlich in den Bereichen, aus denen die Krankheiten entstehen:
– der göttliche Bereich,
– der kosmische Bereich,
– der seelische Bereich und
– der körperliche Bereich.

göttlich	kosmisch
seelisch	körperlich

Die Hildegard-Heilkunde berücksichtigt das Eingreifen Gottes in den Heilungsprozeß. Alle Krankheiten müssen auch in besonders engem Zusammenhang mit der Beziehung zu Gott gesehen werden. Wer könnte jedoch genau sagen, welcher Sinn hinter den Krankheiten steckt und welche Botschaften die Menschen durch die Krankheiten empfangen? Eines kann man aber mit aller Sicherheit sagen: Durch die Rückkehr zu Gott tun sich ungeahnte Chancen auf und fließen Energien, die eine Wende im Heilungsgeschehen auslösen können (Strehlow 1993, S. 21).

Anmerkung 2

In der Supervision ist möglicherweise der Ort zu kontrollieren und aufzuarbeiten, warum gerade „für diesen Punkt des Geschehens" der Therapeut den Platz mit dem Klienten „verwechselt" hat, wenn er den Platz des Protagonisten voll eingenommen hatte. Welche Bedürfnisse und warum hat er sich diese zu eigen gemacht, statt den Bedürfnissen des Klienten Stimme zu geben.

Literatur

Capra F (1985) Moderne Physik und östliche Mystik. In: Walsh R N, Vaughan F (Hrsg) Psychologie an der Wende, 2. Auflage. Scherz, S 74
Davies P (1990) Die Urkraft. Deutscher Taschenbuchverlag, S 318
Davies P (1989) Gott und die moderne Physik, 1. Auflage. Goldmann
Erlacher-Farkas B (1992) Frühe Schädigung – späte Störung aus der Sicht des Psychodramas. In: Hochgerner M, Wildberger E (Hrsg) Frühe Schädigung – späte Störung. Facultas
Erlacher-Farkas B, Kasper E (1988) Monodrama: Die psychodramatische Tech-

nik für Einzelberatung. In: Kösel E (Hrsg) Persönlichkeitsentwicklung in beruflichen Feldern. (1989) Freiburger Psychodrama Tage 1988, Schriften der Arbeitsstelle Gruppenpädagogik und Psychodrama Forschung. Freiburg, S 100–105

Erlacher-Farkas B (1984) Psychodrama und Rollenspiel als Therapieform bei Prüfungsängsten und Leistungsstörungen. In: Krainz E (Hrsg) Student sein. Literas, S 119–128

Erlacher-Farkas B, Haselbacher H, Groh N (1982) Psychodrama-Spieltherapie bei stotternden Kindern in der Vorpubertät. Unveröffentlichter Bericht über ein Forschungsprojekt an der Heilpädagogischen Station der Universitäts-Kinderklinik, Wien

Gleick J (1980) Chaos, die Ordnung des Universums. Knaur Taschenbuch, S 18

Jonas H (1984) Das Prinzip Verantwortung, 1. Auflage. Suhrkamp Taschenbuch 1085, S 100

Kasper E A (1989) Begegnung im Wachtraum. Eine psychodramatische Intervention im Katathymen Bild. In: Psychodrama Zeitschrift, S 206–207 (mit Anm. von Erlacher-Farkas B)

Leutz G A (1974) Das klassische Psychodrama nach J. L. Moreno. Berlin

Loch W (1977) Krankheitslehre der Psychoanalyse, 3. Auflage. Hirzel

Moreno J L (1989) Psychodrama und Soziometrie. In: Fox J (Hrsg) Psychodrama und Soziometrie. Edition Humanistische Psychologie, S 33

Moreno J L (1974) Die Grundlagen der Soziometrie, 3. Auflage. Westdeutscher Verlag

Moreno J L (1981) Weitere Anmerkungen. In: Petzold H (Hrsg) Soziometrie als experimentelle Methode. Junfermann, Paderborn, S 183

Moreno J D (1995) Hrsg Jakob L. Moreno. Auszüge aus der Autobiographie. Incenario, Köln

Ottomeyer K, Wieser M et al. (1992) Unveröffentl. Informationspapier über die methodenspezifische Ausrichtung des Psychodramas, Rollenspiels u. d. Soziometrie. Zur Einreichung d. Anerkennung der Methode b. Bundesministerium f. Gesundheit, Sport u. Konsumentenschutz, Wien

Petzold H, Mathias U (1982) Rollenentwicklung und Identität. Junfermann, Paderborn

Schöbel U (1983) Die Frühschriften J. L. Morenos. Soziologische Magisterarbeit. Bonn

Strehlow W (1993) Heilen mit der Kraft der Seele. Die Psychotherapie der heiligen Hildegard, 2. Auflage. Bauer, Freiburg im Breisgau

Kapitel 2

Die wichtigsten im Monodrama verwendeten psychodramatischen Techniken

G. Rabel und **B. Erlacher-Farkas**

Bewegung ist Leben
Leonardo da Vinci

In Bewegung kommen, kann als übergeordnetes Therapieziel gesehen werden. Die Anwendung der psychodramatischen Techniken dienen der Förderung von Spontaneität und Kreativität, wobei die Wahl des Zeitpunkts „für die Anwendung der jeweiligen Technik von größter Bedeutung" (Yablonski, 1992, S. 108) ist. Die für die Gruppenarbeit konzipierten Techniken finden, wenn auch manchmal in veränderter Form, im Monodrama Anwendung.
Folgende Techniken sind hier erfaßt:
1. der Innere Monolog;
2. das Doppeln;
3. der Rollenwechsel;
4. der Rollentausch;
5. der Leere Stuhl;
6. das Spiegeln;
7. die Konkretisierung.

1. Der Innere Monolog oder das Selbstgespräch
(Warm-up; Handlungstechnik)

Innerer Monolog: Der Klient spricht seine Gedanken und Gefühle aus, meist seitwärts gewendet, um von der direkten Rede zu unterscheiden.
Der *Innere Monolog* ist eng mit der Technik des Doppelgängers verknüpft (Petzold, 1978, S. 145/Yablonski, 1992, S. 114), und ist für den Protagonisten oder die Protagonistin eine Möglichkeit, auftauchende Bilder und sich konkretisierende Erkenntnisse auszudrücken. Er entspricht meist dem sichtbaren Handeln des Protagonisten oder der Protagonistin (Yablonski, 1992, S. 113).

„Der unausgesprochene Monolog begleitet alle menschlichen In-
teraktionen im täglichen Leben. Oft stimmt das, was einer sagt, mit
dem überein, was er denkt, doch nur allzuoft, besonders in Krisen und
in problematischen Beziehungen, besteht eine Kluft zwischen dem
Ausgesprochenen und dem insgeheim Gedachten. Der Monolog im
Psychodrama ist ein nützliches Hilfsmittel, um diese geheimen Gedanken lautwerden zu lassen. Im Monolog ausgesprochene Gedanken sind
ein Schlüssel zum Verständnis von Konflikten und zur Lösung menschlicher Probleme" (Yablonski, 1992, S. 114).

Der Innere Monolog leitet sich aus dem ersten psychischen Stadium, aus der All-Realität ab.

Der Klient schaut nachdenklich auf den Boden.

Therapeut: „Sie sehen nachdenklich aus, möchten Sie vielleicht etwas auf
die Seite aussprechen, was Ihnen gerade durch den Kopf geht, z. B. wie in einem Selbstgespräch?"

Klient: „Ich kann es ja ausprobieren." *Seitwärts schauend:* „Ich weiß nicht, ob
ich hier richtig bin. Vielleicht sollte ich mich einfach nur weniger gehen lassen.
Schließlich kommen andere auch ohne Therapie zurecht." *Therapeut direkt her-
ausfordernd anblickend:* „So etwa sind meine Gedanken."

Therapeut: „Können Sie es mir bitte direkt sagen."

Klient: „Ja." (Wiederholt das Gesagte.)

Therapeut: „Sie haben recht, viele kommen zurecht, aber gar nicht
so wenige nehmen die Möglichkeit einer psychotherapeutischen Hilfe in
Anspruch."

Im weiteren werden Für und Wider einer Psychotherapie in mehreren Sitzungen besprochen. Eine Reflexionszeit vereinbart mit
Termin, bei dem die Entscheidung vom Klienten getroffen werden
wird.

Sprache gehört zum *Bewußtsein.* Rollen können mit dieser Technik
aus dem Unbewußten hervorgeholt und aktualisiert werden. Yablonski
sieht im *Inneren Monolog* ein effektiveres Verfahren als die *freie Assoziation* in der Psychoanalyse, da im Psychodrama der *Innere Monolog* „in
den Kontext einer aktuellen Situation verwoben" (Yablonski, 1992,
S. 113) ist. Der dient nicht für analytische Zwecke, sondern „der Förderung des dramatischen Geschehens in der Sitzung" (Yablonski,
1992, S. 113).

2. Das Doppeln
(Handlungstechnik)

Doppeln: Der Psychodramaleiter hilft dem Klienten seine Gedanken
und Gefühle zu verbalisieren, indem er sich neben dem Klienten be-
findend und in der Ich-Form für ihn spricht. Der Klient stimmt zu oder
verbessert, und übernimmt damit selbst die Aktivität.

Die Technik des *Doppelns* wird, wie die Technik des Rollentausches, in der psychodramatischen Literatur am intensivsten beschrieben und diskutiert. Die *Doppelgänger*methode hat unterschiedliche Anwendungsweisen (Petzold, 1978, S. 146; Petzold, 1985, S. 139–197; Frede, 1992, S. 77–100; Leveton, 1992, S. 57–86). „Moreno selbst leitet das Doppeln aus der Mutter-Kind-Interaktion während der frühesten Lebensphasen des Kindes ab" (Leutz, 1986, S. 45 f.), das ist das erste psychische Universum, das Stadium der All-Identität, (vgl. II, Kapitel 2, S. 79 u. S. 211).

Beschreibung

Der *Doppelgänger* stellt sich hinter den Klienten oder die Klientin, übernimmt deren Haltung, Gebärde, Mimik und spricht in *Ich-Form*, was dieser empfindet und nicht sagt.

Selbst bei guter Einfühlung wird nicht immer *richtig gedoppelt*. Dies ist kein Nachteil. Im Gegenteil. Es regt „den Protagonisten an, neues Material zu bringen, nämlich den Vorgang so darzustellen, wie er sich in Wirklichkeit abgespielt hat, seine Gedanken und Gefühle so auszudrücken, wie sie wirklich sind. Die spontane Korrektur von Fehlinterpretationen des Doppelgängers kann nun als technischer Kunstgriff benutzt werden, um über gewisse Bereiche Aufschluß zu erhalten, indem bewußt und gezielt ‚falsch' gedoppelt wird" (Petzold, 1978, S. 147).

Yablonski faßt die unterschiedlichen Reaktionen des Protagonisten oder der Protagonistin auf die gedoppelten Inhalte zusammen. Der Klient oder die Klientin kann

– verneinen,
– bejahen,
– das Gesagte ignorieren oder
– seinen oder ihren Widerspruch auf eine Weise äußern, „die ein echtes Gefühl verrät. Die Reaktionen des Protagonisten auf die gedoppelten Inhalte sind aufschlußreich und im allgemeinen nützlich für den Verlauf der Sitzung. Das Doppeln verstärkt das Spiel des Protagonisten und fügt der Szene oft eine weitere Dimension hinzu". (Yablonski, 1992, S. 111 f.) In der monodramatischen Sitzung übernimmt konsequenterweise der Therapeut oder die Therapeutin das Doppeln.

Die Prinzipien, die für das gruppentherapeutische Verfahren beschrieben sind, gelten auch für das einzeltherapeutische Setting. Der Therapeut oder die Therapeutin stellt sich aber neben den Klienten oder die Klientin und *Doppelt*. In welcher Art und Weise entscheidet die aktuelle Situation. Petzold (1985, S. 13–198) und Frede (1992, S. 77–98) beschreiben die unterschiedlichen Arten der *Doppeltechnik*.

Leveton (1992, S. 65–87) hält eine kleine Typologie der *Doppelgänger* fest.

Das Doppeln hat folgende Funktionen (F):
– diagnostische F;
– therapeutische F, dadurch Rollenerweiterung, Auseinandersetzung mit verschiedenen Ich-Anteilen;
– soziale F, Verhalten in anderen Rollen üben, ausprobieren;
– Ich-stützende F;
– Erweiterung des Erlebnisraumes.

3. Der Rollenwechsel
(Handlungstechnik)

Rollentausch ist gegenseitiger Rollenwechsel zweier Individuen.

Rollenwechsel ist dagegen ein halber Rollentausch, z. B. wechselt der Protagonist im Monodrama mit einem Hilfsobjekt seine Rolle; denn Objekte können ihrerseits keinen Rollenwechsel eingehen, daher kann hier nicht von Rollentausch gesprochen werden. Um dies zu markieren, bleibt das Hilfsobjekt für den Protagonisten selbst immer auf dem Platz des Protagonisten stehen.

Beim Rollenwechsel mit anderen Hilfsobjekten wechselt der Protagonist also mit bestimmten Ich-Anteilen seiner Person.

Der Rollenwechsel hat folgende wichtigste Funktionen (F):
– diagnostische F, erkennen von Rollendefiziten;
– therapeutische F, durch Rollenerweiterung, Fähigkeit sich in andere Lagen zu versetzen;
– soziale F, Aneignung bisher fremder Rollen(-anteile);
– kreative F, spielerischer Abschied von und Start für verschiedene neue Rollen;

Der Rollentausch hat obige Funktionen und zusätzlich Ich-Du-differenzierende Erkenntnis Funktion.

In der Literatur wird zwischen *Rollenwechsel* und *Rollentausch* nicht explizit differenziert. *Rollenwechsel* ist, im Unterschied zum *Rollentausch*, der Wechsel mit einem Ich-Anteil (Freude, Angst, Wut, Schmerz). Der *Rollenwechsel* hat, in bezug auf *Widerstand und Abwehr*, explorierenden Charakter. Mittels Wechsel mit einer somatischen Rolle (z. B. plötzlich auftretender Kopfschmerz) oder mit einer psychischen Rolle (z. B. Verwirrung, Lustlosigkeit) kann die Transzendenz der Rolle erforscht werden, die eine Konfrontation mit dem eigentlichen *Problem* oder *Konflikt* verhindert.

Beim *Rollentausch* wird mit einer sozialen Rolle (Vater, Geliebter, Chef) getauscht. Damit erhält der *Rollentausch,* neben dem therapeutischen und diagnostischen Wert, einen zusätzlichen, den sozialen

Aspekt. Auch über den *Rollentausch* können Ich-Anteile erfahren werden (z. B. Mitleid).

Im Gruppenverfahren werden generell für die *antagonistischen Rollen* Gruppenmitglieder gewählt. Im Einzelverfahren können Stühle, Objekte oder begrenzte Flächen im Raum in die jeweiligen *fremden* Rollen eingekleidet werden. Sowohl der *Rollenwechsel* als auch der Rollentausch können den Protagonisten oder die Protagonistin wirksam entlasten.

Fallbeispiel eines Rollenwechsels
(Ausschnitt aus einer Doppelstunde in stark gekürzter Form)

In diesem Falle ging es um eine *Entscheidung pro* oder die *Entscheidung contra* im Zusammenhang mit einem konkreten Anliegen. Zuerst ließ ich die Klientin drei Stühle in den Raum stellen. Einen grauen Stuhl für sie selbst, einen weißen Stuhl für die Entscheidung pro und einen schwarzen Stuhl für die Entscheidung contra. Im nächsten Schritt ersuchte ich die Klientin jeweils hinter einen der Stühle zu treten, die ihre Rollen verkörpern, und sie zu benennen. Dann bat ich die Klientin, sich zunächst aus der Distanz das Ganze zu betrachten.

Therapeut: „Es wäre interessant zu erfahren, in welchem Abstand sich diese beiden Rollen zu Ihnen befinden? Ich bitte Sie daher, einen Rollenwechsel vorzunehmen und nachzufühlen, ob es sich so verhält. Wenn Sie sich in diese Rollen einfühlen, sprechen Sie Ihre Gedanken laut aus. Es wäre mir wichtig, mehr über das Wesen dieser Rollen zu erfahren."

Die Klientin wechselte die Rollen und reflektierte laut.

Klientin: „Die Entscheidung contra sitzt mir im Nacken; die Entscheidung pro ist rechts von mir und ganz nahe."

Die Klientin rückte die Stühle zurecht.

Der Rollenwechsel war begleitet von einem Inneren Monolog, in dem sich die Klientin bewußt wurde, daß einige ihrer Wünsche, die die *Entscheidung pro* verhinderten bzw. erschwerten, in diesem sozialen Kontext nicht erfüllbar sind. Die Rolle der *Entscheidung pro* war klar auf diesen sozialen Kontext abgestimmt. Der Rolle der *Entscheidung contra* lagen Bedürfnisse zugrunde, die in familiären Gegebenheiten wurzeln.

4. Der Rollentausch
(Handlungstechnik)

Im *Rollentausch* übernimmt der Protagonist oder die Protagonistin eine soziale Rolle einer anderen Person, „mit der er Schwierigkeiten hat, und spricht für diesen" (Schützenberger, 1979, S. 51). In der Rolle der anderen Person kann das Erleben von dieser Person aus einer anderen Perspektive betrachtet und relativiert werden. „Einfühlung in die Rolle des Anderen oder Übernehmen seiner Rolle bildet den Kern aller menschlichen Interaktion. Dieser Prozeß, der sich physisch und emotional im Psychodrama abspielt, verbessert die Selbst- und Fremdwahrnehmung und erleichtert eine sinnvolle Kommunikation" (Yablonski 1992, S. 111). Dies hat diagnostischen und therapeutischen Wert, besonders bei Zwangsneurosen. Es kann Einblick in das Erleben von und Verhalten in soziale und familiäre Situationen geben. Die Technik des *Rollentausches* kann mit der Technik des Doppelgängers kombiniert werden. Entwicklungsgeschichtlich entspricht der *Rollentausch* dem „Stadium der Du-Erkenntnis" (Leutz, 1986, S. 47).

Hinsichtlich der sozialen Kooperation charakterisiert sie den fünften Schritt beim sozialen Lernen. Rollentausch ist Spiegeln plus emotionelle Beteiligung. Sie setzt die Fähigkeit zum Rollenwechsel voraus.

Fallbeispiel für einen Rollentausch
(Ausschnitt in stark gekürzter Form)

In dieser Sitzung ging es um eine sich immer wiederholende Auseinandersetzung mit der Mutter. Der Klient erlebte die Mutter kontrollierend und seiner Arbeit gegenüber negativ eingestellt. Ich ersuchte den Klienten ,die Szene des letzten Streites zu beschreiben und einzurichten. Der Klient kleidete einen leeren Stuhl in die Rolle der Mutter ein und begann den Dialog. Nach jedem Rollentausch übernahm ich kurz die Stimme der jeweils getauschten Rolle und sprach die letzten, zuvor von der Klientin gesagten, Wörter oder Sätze nach (vgl. III, Kapitel 1, S. 104).

Klient: „Ich möchte wissen, was an dieser Arbeit auszusetzen ist?"
Klient in der Rolle der Mutter: „Das ist keine richtige Arbeit."
Der Klient in der Rolle der Mutter schwieg.
Therapeut: „Sie schweigen?"
Klient in der Rolle der Mutter: „Ich fühle mich hilflos. Ich möchte nicht, daß er selbständig wird."
Therapeut: „Wieso wollen Sie nicht, daß Ihr Sohn ein selbständiger Mensch wird?"
Klient in der Rolle der Mutter: „Er wird mich verlassen, dann bin ich ganz alleine."
Der Klient wurde sehr nachdenklich. Ich ließ den Klienten wieder in seine eigene Rolle zurücktauschen, die Stühle entkleiden und ihn über das Erlebte reflektieren. Der Klient begann, Mitgefühl für seine Mutter zu empfinden. Das Bild der kontrollierenden Mutter hat sich durch Verständnis für sie verändert.

Yablonski faßt den therapeutischen und diagnostischen Wert des *Rollentausches* zusammen:

„Den Rollentausch nimmt man aus mehreren Gründen vor:
1. Wenn der Protagonist die Rolle eines für ihn wichtigen anderen spielt..., so kann er allmählich Gefühl und Verständnis für die Position des anderen und für seine Reaktionen in der Situation gewinnen... 2. Der Rollentausch kann dem Protagonisten helfen, sich selbst wie in einem Spiegel zu sehen... Dieses Mittel bewirkt beim Protagonisten Einsichten über sich selbst und ein besseres Verständnis für den anderen... 3. Rollentausch hilft dem Protagonisten oft spontaner zu werden, weil er ihn aus seinen gewohnten Abwehrhaltungen herausholt... Ein Teil dieser Einsichten erwächst daraus, daß der Protagonist den anderen in der Situation besser verstehen kann, wenn er ihn darstellt... 4. Oft dient der Rollentausch einfach dazu, dem Hilfs-Ich besser verständlich zu machen, wie der Protagonist die Rolle auffaßt..." (Yablonski, 1992, S. 108 f.).

5. Der Leere Stuhl
(Initialtechnik; Warm-up; Handlungstechnik)

Der *Leere Stuhl* ist ein weiteres Instrument im Monodrama. Er ersetzt die Personen, die in einer Gruppensitzung die antagonistischen Rollen des Protagonisten oder der Protagonistin übernehmen würden. Die Art des gewählten Stuhles erlaubt Rückschlüsse auf den Inhalt, für den er gewählt wurde.

Fallbeispiel für die Verwendung des Leeren Stuhles –
hier für abstrakten Inhalt
(Ausschnitt aus einem Erstgespräch in stark gekürzter Form)

Therapeut: „Was ist Ihre Frage?"
Klient: „Genau kann ich das nicht sagen."
Ich stand auf und stellte einen leeren Stuhl dem Klienten gegenüber.
Therapeut: „Dieser leere Stuhl steht für Ihre unbekannte Frage. Aber vielleicht ist Ihnen die Frage nicht wirklich unbekannt. Ich lade Sie dazu ein, daß wir dies gemeinsam erforschen."
Ich setze mich neben den Klienten.
Therapeut: „Wofür könnte dieser Stuhl stehen? Was fällt Ihnen spontan ein?"
Der Klient begann zu reflektieren.

Es tauchten einige, mehr oder weniger vage formulierte Fragen auf. Um zu konkretisieren, welche Frage dem Klienten die wichtigste sei, ließ ich ihn in weiterer Folge für jede Frage einen Stuhl in den Raum stellen. Über einen Rollenwechsel war es dem Klienten möglich, zu jener Frage zu kommen, die für ihn in dieser aktuellen Situation am bedeutungsvollsten erschien.

„Die Technik des Leeren Stuhles hat gewisse Ähnlichkeit mit der katathymen Szene. Beide sind imaginative und projektive Verfahren; beide bilden ein vorzügliches warm-up für die Gruppe als Ganzes und für die einzelnen Teilnehmer . . . Der Therapeut fordert den Patienten auf, einen ‚Rollenwechsel' . . . mit der vorgestellten Person vorzunehmen, d. h., sie in ihrem augenblicklichen Tun und ihrer Umgebung darzustellen" (Petzold, 1978, S. 144; Schützenberger, 1979, S. 53).

Die Technik leitet sich aus dem zweiten psychischen Universum ab, und entspricht dem vierten Schritt der Rollenentwicklung, d. h. dem aktiven Rollenspiel.

6. Das Spiegeln
(Konfrontationstechnik)

Entwicklungsgeschichtlich entspricht die Technik des *Spiegelns* dem zweiten psychischen Universum, dem fünften Schritt der Rollenentwicklung, der Rollenumkehr, d. h. Aufspaltung der Konzentration bzw. der sozialen Kooperation durch Rollentausch.

Es ist eine schwierig zu handhabende Technik, und eine entsprechende Erfahrung ist notwendig sie anzuwenden. Diese Methode konfrontiert den Patienten mit Wirklichkeiten, die für ihn kaum zu ertragen sind (Petzold 1978, S. 150). Hier wird nicht mit einem gegenständlichen Spiegel gearbeitet, sondern eine andere Person übernimmt „diese Rolle", entweder als einfaches Spiegeln der Körperhaltungen und des Ausdrucksgebarens, oder differenzierter, wenn psychisches Verhalten gespiegelt wird.

„Der Patient sieht als Zuschauer im Spiel . . . das Ausdrucksgebaren seiner Psyche . . . Solche spiegelbildlichen Konfrontationen mit eigenen Verhaltensweisen können den zuschauenden Protagonisten so sehr in der Tiefe treffen, daß er oft aus eigenen Stücken sein Verhalten modifiziert" (Leutz, 1986, S. 47).

In der monodramatischen Sitzung übernimmt der Therapeut oder die Therapeutin die *Rolle des Spiegels.*

Spiegelung

Der Therapeut spricht – in der Rolle des Klienten – z. B. den Inneren Monolog und/oder spiegelt sein Verhalten. Der Unterschied zum Doppeln liegt formal darin, daß beim Spiegeln der Therapeut die Rolle des Klienten übernimmt, der ihn aber beobachtet, während beim Doppeln der Klient in seiner Rolle bleibt und der Therapeut ihn bei der Selbstverbalisierung hilft. Inhaltlich wirkt das Doppeln Ich-stützend, während die harte Konfrontation des Spiegelns entsprechende

Belastbarkeit voraussetzt.[1] Bei hysteroiden Abwehrformen aber kann dies rasch zu kognitiver Umstrukturierung führen.

Spiegeln birgt die Gefahr „strafend nachgeahmt", erlebt zu werden. Die Verwendung dieser Technik muß besonders reflektiert werden.

Fallbeispiel der Spiegeltechnik
(gekürzter Ausschnitt nach einer längeren Gesprächspause während einer Sitzung)

Therapeut: „Sie sind sehr schweigsam. Es würde mich interessieren, wie es Ihnen gerade geht?"

Klient: „Ach, ich weiß nicht recht."

Die Klientin sitzt mit verschränkten Armen und Beinen vor mir. Der Gesichtsausdruck ist mürrisch. Ich setze mich in gleicher Weise hin.

Therapeut: „Sehen Sie mich bitte genau an. Was würden Sie über einen Menschen denken, der in dieser Art und Weise vor Ihnen sitzt."

Klient: „Nun ja. Ich würde denken, daß mein Gegenüber seine Ruhe haben will."

Therapeut löst sich aus dieser Körperhaltung.

Therapeut: „Ist es in Ihrem Falle auch so?"

Klient: „Ja! Ich habe die Nase voll von den ewigen Nörgeleien meines Partners. Am liebsten würde ich aufstehen und davonrennen . . ."

Die Klientin steht auf und geht nervös im Raum auf und ab und berichtet von dem letzten Streit mit ihrem Partner.

Ich verwende die *Spiegeltechnik* äußerst selten und in sehr dosierter Form. Ich benütze diese Technik dazu, den Klienten oder die Klientin zu bewegen, von sich aus das Gespräch wieder aufzunehmen und weiterzuarbeiten.

Wie dosiert diese Technik eingesetzt wird, hängt von der aktuellen Situation des Klienten oder der Klientin ab, denn diese Technik kann starke Emotionen auslösen.

„Hier liegt die Gefahr der Konfrontationstechniken . . . Bei richtigem Einsatz vermittelt der Spiegel eine äußerst konstruktive Erfahrung. Er kann dem Patienten zeigen, was an seinem Verhalten krank und änderungsbedürftig ist und ihm, da er sich gleichsam ‚von außen' sieht, Perspektiven vor Augen führen, die er an sich selbst nicht wahrnehmen konnte" (Petzold, 1978, S. 150).

Dadurch können Orientierung und Einsicht über sein Verhalten in einer speziellen Situation gewonnen werden.

---

[1] Anmerkung der Herausgeberin: Ich selbst verwende diese Technik selten.

7. Die Konkretisierung

Der Therapeut lädt den Klienten ein, der inneren Leere, dem Brett vor dem Kopf oder dem Gefühl der lähmenden Angst „Stimme" zu geben.

Fallbeispiel

Therapeut: „Wenn dieses Gefühl der Blockierung, nehmen wir an, eine Stimme hätte, was könnte die Blockierung ausdrücken?"

Klient: „Das hab' ich nie überlegt, mir fällt da überhaupt nichts ein, vielleicht, sag' ja nur nichts Falsches, sei lieber still oder so."

Therapeut: (zur kritischen Reflexion einladend) „Und was sagen nun Sie selbst dazu? Finden Sie auch, daß es vorteilhafter ist zu schweigen?"

Klient: „Ich weiß es nicht, ich hab' wirklich Angst. Aber vielleicht ist es besser, etwas zu sagen, als gar nichts?"

Therapeut: „Vielleicht können wir gemeinsam überlegen."

Alternativen werden nun gemeinsam diskutiert.

8. Das soziale Atom

Das „soziale Atom" ist ein wichtiger Begriffsinhalt im Zusammenhang mit Psychodrama und Rollentheorie. Im Monodrama wird das soziale Atom mit Hilfe von Objekten (Münzen, Knöpfe, Stühle usw.) dargestellt.

„Der Mensch lebt in seinem sozialen Atom, seinem Interaktions- und Beziehungsnetz, das durch Verlust und Hinzukommen von Interaktionspartnern das Selbst reduziert und erweitert. Aktionshunger ist der Antrieb für das Individuum, sich mit den Möglichkeiten und Hindernissen der Welt auseinanderzusetzen. Störungen in der Rollenentwicklung, im Rollengefüge und im sozialen Atom machen nach Moreno pathologisches Verhalten aus" (Schneider-Düker, 1985, S. 37).

Das soziale Atom ist die kleinste, nachweisbare soziale Einheit, die nicht weiter teilbar ist. Das „unverbundene Individuum", so Leutz, ist im Sinne Morenos „eine soziale Fiktion" (Leutz, 1986, 11). Moreno selbst definiert das soziale Atom als die kleinste Einheit des sozialen Beziehungsgefüges aus allen Beziehungen zwischen einem Menschen und jenen Mitmenschen, die zu einer gegebenen Zeit in irgendeinem sozialen Verhältnis zu ihm stehen" (Moreno/Leutz, 1986, S. 11).

Über die Idee des sozialen Atoms schreibt Petzold.

„Morenos Idee des sozialen Atoms bietet hier einen faszinierenden Ansatz: Der Mensch hat kein soziales Atom, sondern er ist sein soziales Atom, d. h. die Gesamtheit der Beziehungen eines Menschen machen ihn aus, und der Verlust eines Mitgliedes aus dem sozialen Atom, das nicht ersetzt werden kann, bedeutet Abnahme, soziales Sterben... Das Individuum ist seinem Wesen nach also kollektiv verfaßt, in die Kollektivität eingebunden. Es hat eine Kollektiv-Identität" (Petzold, 1982, S. 125).

Über den sozialen Tod sagt Moreno, „er ist eine Funktion des Lebens; er hat auch eine soziale Realität." (Moreno/Leutz, 1986, S. 12). In diesem Zusammenhang betont Moreno die Erkenntnis, daß „wir nicht nur innerhalb, sondern auch außerhalb unserer selbst leben und sterben" (Leutz, 1986, S. 12).

Literatur

Frede U (1992) Behandlung unheilbar Erkrankter. Psychodramatherapie in Theorie und Praxis. Psychologie, Weinheim

Leutz G (1986) Psychodrama. Theorie und Praxis. Springer, Berlin Heidelberg New York Tokyo

Leveton E (1992) Mut zum Psychodrama. Iskopress, Hamburg

Petzold H (1978) Angewandtes Psychodrama in Therapie, Pädagogik und Theater. Junfermann, Paderborn

Petzold H (1985) Psychodrama-Therapie. Bibliotheca Psychodramatica, Band 9. Junfermann, Paderborn

Petzold H, Mathias U (1982) Rollenentwicklung und Identität. Junfermann, Paderborn

Schneider-Düker M (1985) Gruppenpsychotherapie. ETB Econ, Düsseldorf

Schützenberger A (1976) Einführung in das Rollenspiel. Konzepte der Humanwissenschaften. Klett, Stuttgart

Yablonski L (1992) Psychodrama. Die Lösung emotionaler Probleme durch Rollenspiel. Fischer, Stuttgart

IV. Expressionistisch-kreativer Teil

1. Collage
2. Surplus Reality in der Einzeltherapie
3. Die Verwendung der Symbolsprache im Psychodrama und Monodrama
4. Monodrama zum Nikolausthema

Kapitel 1

Collage

Vorbemerkung

B. Erlacher-Farkas

Die monodramatische Arbeit mit Hilfsobjekten ist der Collagetechnik ähnlich. Die Technik der Collage ist für den Expressionismus typisch. Ein „Kind" des Expressionismus, das Selbständigkeit erlangt hat. Objekte werden, aus ihrer gewohnten Umgebung gelöst, in einen neuen Rahmen und ungewohnten Zusammenhang gestellt. Damit entsteht ein verändertes Beziehungsmuster, in dem das Objekt eine neue Bedeutung erhält.

Diese Bedeutung ist abhängig vom Beobachter. Das objektiv sichtbare Soziogramm der Objekte in einer Collage enthält durch die Betrachter individuelle und unterschiedliche Bedeutungen. Die Kulturkonserve „Collage" wird zur Bühne subjektiver Inszenierung. Hier ist der Zusammenhang zur monodramatischen Arbeit mit Hilfsobjekten:

Vertraute Gegenstände werden aus ihrem gewohnten Rahmen ausgewählt, entnommen und in ein neues Distanz-Nähe-Verhältnis mit individueller Bedeutung gestellt, die der „Lage" des Klienten in diesem Augenblick entsprechen.

Das therapeutische Aha-Erlebnis kann aber auch umgekehrt entstehen. Das scheinbar zweckentfremdende Handeln mit den Objekten (z. B. Kissen auf dem Tisch, umgedrehte Vase, schief auf den Boden gestelltes Bild, ein liegender Kerzenständer usw.) entspricht der inneren Realität des Patienten, für den die Gegenstände im Praxisraum Rollenträger aus seiner Lebensgeschichte geworden sind.

Fallbeispiel: Ein Kerzenständer ist der Vater, eine kleine Nuß die Patientin. Die Patientin sieht keine Möglichkeit „Aug in Aug" dem Vater zu begegnen: Die Nuß kann nicht ohne fremde Hilfsmittel „oben" bei der Kerze bleiben. (Zitat: „Mit meinem Vater kann man keine Beziehung aufnehmen.") Auf mehrmalige Einladung des Therapeuten nicht aufzugeben, sondern andere Lagen mit den Objekten auszuprobieren, legt die Patientin den Kerzenhalter flach auf den Tisch und die Nuß neben die Kerze. Im Erleben der Patientin ist die ersehnte, Geborgenheit-gebende-Lage neben dem Vater plötzlich da.

Patientin: „So einfach ist das, ich muß Vater nur zu mir herunterholen."
Therapeut: „Wie machen Sie das?"
Patientin: „Einfach umarmen."

Die Einsicht in die heilende Verhaltensänderung ist durch die Veränderung der Lage der Objekte ausgelöst worden.

Die künstlerische und die monodramatische Collage haben beide dieselbe Geschichte: sie verfremden die äußere Welt der Objekte entsprechend einer Inneren.

Die Kulturkonserve der künstlerischen Collage, ihre Entstehung in Wien zur Zeit Morenos sei im folgenden kurz beschrieben.

Künstlerische Collage – Begriffsdefinition

H. Egger

Grundsätzlich ist die Collage oder das Klebebild ein ganz oder teilweise primär aus zerschnittenen Papieren oder zerschnittenen Bildern zusammengeklebtes Bild. Aber auch andere alltägliche Materialien können dazu verwendet werden, wie Furniere, Textilien, Schriften oder Pappmaché, mitunter mit Zeichnung oder Malerei verbunden.

Als „Stückungsarbeit" wurde die Collage zu Beginn des 20. Jahrhunderts nicht nur zu einer Herausforderung der Malerei, sondern auch zu einem wesentlichen neuen Gestaltungsprinzip.

Ein vertrautes Material oder ein Gegenstand wird mittels der Destruktion und in der Folge einer ihm wesensfremden Kombination verfremdet, um eine neue Realität zu vermitteln. „Der Materialreiz der Fraktur, die reliefhafte Struktur heterogener Bildelemente und der Signalwert handgreiflicher Realien charakterisieren das Medium. Die gestalterische Offenheit dieser mobilen Technik fördert die künstlerische Phantasie und die freie und angewandte Dimension der bildnerischen Visualität" (Lexikon der Kunst, Bd. 2, S. 17).

Die für illusionistische Effekte besonders geeignete Technik wurde von Georges Braque und Pablo Picasso in der Zeit um 1910/11 in die moderne Kunst eingeführt, entsprach sie doch besonders der flächigen Bildordnung des synthetischen Kubismus.

Die Bedeutung der Collage für Kubismus, Dadaismus und Futurismus bedarf wohl keiner weiteren Erläuterung.

Die konstruktive Materialcollage wurde am Bauhaus und im sowjetischen Konstruktivismus von Johannes Itten, Laszlo Moholy-Nagy, El Lissitzky und Alexander M. Rodtschenko in Lehre und Praxis angewandt.

Collagen im weitesten Sinne sind aber auch aktionistische Zer-

Paravent von Koloman Moser

störungsprozesse von geklebten Plakatwänden mit einem ruinösen Ergebnis als neue ästhetische Wirkung im Sinne der Ästhetik von unten.

Wie aber kam es dazu, daß Fraktur und Verfremdung neuer Mate-
rialreiz und künstlerische Herausforderung zugesprochen wurde?
Die Anfänge liegen in der altjapanischen Kalligraphie einerseits, den
Materialmontagen fürstlicher Kunstkammern andererseits.

Später kam es in ganz Europa, es war während der Zeit von
1880–1910, zur Rezeption japanischer Kunst. Für Wien soll ein Beispiel
gezeigt werden, das bislang der Öffentlichkeit so gut wie unbekannt
war.

In der Ausstellung „Bucheinbände und Vorsatzpapier", die 1903
im Museum für Kunst und Industrie stattfand, wurden Arbeiten der
Secessionisten Josef Hoffmann, Koloman Moser, Alfred Roller usw.
gezeigt. Vor allem aber experimentelle Tunk- und Kleisterpapiere von
Leopold Stolba. Stolba und Koloman Moser schufen verschiedene
Arbeiten in Tunkpapiertechnik, die von japanischen Papieren und
japanischen Mustern beeinflußt waren. Japanische Vorsatzpapiere
bildeten auch einen Teil der umfangreichen Sammlung von Papieren,
die Koloman Moser besaß.

Mit diesen Papieren begann Moser bereits um 1904 Collagen herzustellen. Ein 1906 für den Modesalon der Wiener Werkstätte gearbei-
teter Wandschirm oder Paravent bildete schließlich den Höhepunkt
von Mosers Auseinandersetzung mit der Collage (siehe Abbildung
S. 133).

Aus zahlreichen Papieren japanischer und europäischer Herkunft,
auch eigenkünstlerische Schöpfungen, wurden die Frauenfiguren
komponiert, die illusionistisch vor einem aus Goldpapieren mosaikar-
tig zusammengesetztem Hintergrund schweben.

Aus Papierteilchen gewonnen, durch Zerschneiden eines ganzen
Papieres mit eigenkünstlerischem Anspruch, wurde ein neues Ganzes
geformt, das nunmehr nicht nur „Papier" ist, sondern menschliche
Gestalt hat.

Kapitel 2

Surplus Reality in der Einzeltherapie

E. M. Shearon

Einleitung

Dieser Artikel handelt von dem Konzept der Surplus Reality in der Anwendung bei Einzeltherapie. Er ist in zwei Teile unterteilt. Teil A beschreibt dem Leser die theoretischen Grundlagen der Surplus Reality mit Definitionen von Moreno, wie er Surplus Reality im klassischen Sinn konzipiert und gelehrt hat. Aspekte der Surplus Reality als erweiterte Erfahrung der Realität, um das Selbst weiter zu entdecken und die unbekannte Rolle in sich zu integrieren, z. B. durch Bilder, Geschichten, Märchen und literarische Identifikationen, werden weiter diskutiert bzw. dargestellt.

Zerka Morenos Konzept der Surplus Reality als Verlust- und Wiederverbindungskonzept wird präsentiert. Die Autorin hat zusammen mit Zerka Moreno durch gemeinsame Gespräche das Verlust- und Wiederverbindungskonzept als Surplus Reality-Konzept erarbeitet. Weiterhin bringt Zerka Moreno im Interview ein bestimmtes Heilungskonzept mit dem Satz: „Surplus Reality ist eine Realität, welche eigentlich nicht real stattgefunden hat, welche aber hätte stattfinden sollen.“ In der Surplus Reality stellt sich nicht die Frage danach, wie die innere psychische Realität ausgesehen hat, sondern auch, wie sie hätte aussehen sollen. Beispiele werden in den Fallstudien zitiert.

In Teil B handelt es sich um die spezifische Handlungsmethode der Surplus Reality sowie um Surplus-Techniken und Erwärmungen.

Die vier Anhänge bringen die Differenzierung zwischen den klassischen Definitionen der Begriffe.

Teil A: Theorie und Konzepte

1. Historische Wurzeln

Die Heilung durch die Externalisierung der psychischen Inhalte in der Surplus Reality.

Das Spiel des Kindes

Psychodrama, Soziometrie und Gruppentherapie, wie sie von J. L. Moreno entwickelt wurden, hatten ihren historischen Ursprung in Wien in den Jahren 1908–1925. Seine ersten Psychodramaerfahrungen machte Moreno mit Kindern.

Der junge Moreno, Medizinstudent der Wiener Universität, spazierte häufig durch Wiener Parks, wo er spontan mit Kindern spielte und diese bei ihrem Spiel beobachtete.

Aus seinen Beobachtungen schloß er folgende theoretische Konzepte:

1. Das Spontaneitäts-Kreativitäts-Prinzip existiert in jedem Kind und kann im kreativen Ausdruck des Spiels beobachtet werden.
2. Kindliche Aggressionen, die auf einer unbewußten Ebene bestehen, werden im Spiel ausagiert.

Gefühle, Freude und Schmerzen werden ausgedrückt, die Probleme, die Gedanken, die die Kinder beschäftigen, werden ausgespielt in selbstgeschaffenen Geschichten und in Dramen. Bekannte Geschichten werden neu erzählt, spontan übernehmen die Kinder die Rollen, die ihnen zusagen. Das Märchen könnte ein neues Ende bekommen. Die böse Hexe würde zu einer guten Hexe. Die Rache könnte gelingen. Die Aussprache wäre möglich, es wäre sogar möglich, in der Phantasie neue Eltern zu haben.

Auf diese Weise formierte sich der Grundstein für sein später entwickeltes therapeutisches System. So entstand das ursprüngliche Surplus Reality-Konzept.

2. Morenos Surplus-Begriff

Surplus Reality war die ursprünglichste Quelle der Inspiration für Moreno. Er benutzte das Wort Surplus, um eine Extrarealität zu beschreiben, welche die nicht berührbaren, die unsichtbaren Dimensionen, die intra- und extrapsychischen Aspekte beinhaltet.

„Als ich diesen Begriff prägte, war ich von Marx' Konzept des Mehrwerts beeinflußt. Der Mehrwert ist der Teil des Verdienstes eines Arbeiters, welcher ihm von dem kapitalistischen Arbeitgeber gestohlen wird. Surplus Reality ist jedoch im Gegenteil nicht der Verlust, sondern die Bereicherung von Realität durch die Investition und die ausgedehnte Verwendung von Imagination" (J. L. Moreno, 1965).

Dadurch ist nach Morenos Konzept Surplus Reality ein Modus der Erfahrung, welcher über die Realität hinausreicht. Er sagte:

„Es ist ein häufiges Mißverständnis, Psychodrama bestehe nur aus dem Ausspielen von Episoden aus der Vergangenheit, Gegenwart und Zukunft, welche erfahren und verstanden werden innerhalb des Gesamtrahmens der Realität. Es gibt im Psychodrama einen Modus der Erfahrung, welcher über die Realität hinausreicht, welche dem Protagonisten eine neue und erweiterte Erfahrung der Realität ermöglicht" (J. L. Moreno, 1965).

Es gibt eine andere, innere Realität, die beinhaltet, was von der äußeren Realität übrig bleibt. Sie entsteht dadurch, daß die äußere Welt und die äußere Realität uns beeinflußt haben, aber wir alle haben unsere *persönliche Welt*, durch die wir unsere eigene psychische Realität erhalten. Während eine Szene, eine Situation im Leben der äußeren Realität vielleicht Tage andauert, bleibt im Inneren nur ein Lächeln, der Eindruck einer Rose oder eine flüchtige Empfindung. Diese innere Realität ist das, was von der äußeren Realität übrig geblieben ist, das, was jemand in seinem Herzen bewahrt. Moreno beschreibt persönliche Wahrheiten mit einem Beispiel: Eine Person geht in eine Kirche und erlebt bewußt die ganze Atmosphäre und das Pathos in der äußeren Realität, doch die innere Realität ist das, was er auf einer sehr persönlichen Ebene in dieser Kirche erlebt, auf welche Symbole er reagiert, welche Inschriften er liest usw. Die persönliche innere Wahrheit, die jemand von außen übernimmt und sich selbst einverleibt – sie ist der Kern der Authentizität, der die innere Wahrheit bildet.

Die Wahrheit der Psychodrama Surplus Reality ist eine sehr persönliche, subjektive Darlegung (vgl. Kellermann 1992). Für die Therapie bedeutet dies, zu entdecken und aufzudecken, was für den Protagonisten in seiner eigenen, subjektiven Welt im Hier und Jetzt wahr ist, das Finden der eigenen persönlichen Wahrheit und die Bestätigung des eigenen Ichs.

3. Die Zusammenführung von Realität und Phantasie

Eine wichtige therapeutische Zielsetzung des Psychodramas ist die Zusammenführung von Realität und Phantasie. Durch szenische Darstellung konkretisiert das Psychodrama zum einen Phantasien, innere Figuren usw., zum anderen werden reale interpersonale Konflikte mittels Imagination auf der Psychodramabühne reproduziert und dadurch neu sowie umfassender erfahrbar gemacht, so als ob es in der Realität geschähe (vgl. Leutz, 1974).

Nach Grete Leutz sind emotionale Erfahrungen und dramatische Technik ineinander verwoben, um den Protagonisten in eine psychodramtische Surplus-Welt hineinzuführen. Leutz gibt der Surplus-Welt eine logische Ordnung, sie unterscheidet die Ich-Erfahrung einer objektiven (äußeren) und subjektiven (inneren) Realität sowie die Du-Erfahrung in der Welt der zwischenmenschlichen Beziehungen.

Sie beschreibt die Surplus Reality-Erfahrung als eine Bewußtseinserweiterung der Realität mit den Mitteln der Bühne. Surplus Reality kann erlebt werden:
1. als Selbsterfahrung der äußeren Realität, welche auf der Bühne als vergangene oder zukünftige Geschehnisse einer psychodramatischen Realitätsprobe unterzogen werden.

2. als Selbsterfahrung der inneren Realität, als Dramatisierung der
    Phantasien, der Träume, aber auch der Imaginationen, Halluzina-
    tionen und Wahngebilde der Schizophrenen.
3. als Du-Erfahrung, womit sie die Entwicklung des Teleprozesses, z. B.
    durch den Rollentausch meint.

In der Surplus Reality lösen sich die Grenzen zwischen Vergangenheit, Gegenwart und Zukunft, zwischen Tag und Nacht auf. Surplus
Reality verbindet die Welt der Phantasie und der Realität. Moreno
sprach in seinem Schöpferkonzept darüber, daß der Mensch sich frei
bewegen kann, wenn er Grenzen überschreitet und nicht nur eine adäquate Lösung sucht, sondern der unbekannten Welt begegnen könne.

Dann ist der Protagonist im schöpferischen Sinne in der Lage, des
Schöpfers eigenes Skript, des Autors eigenes Skript und des Darstellers
eigenes Skript zu sein.

4. Surplus Reality als Heilungskonzept – Die Brücke zwischen Phantasie und Realität im Psychodrama
Goethes Lila: Eine frühe Surplus Reality Geschichte

Viele Gedanken und Inspirationen von Moreno haben ihre Wurzel bei
Goethe. 1971 hat Moreno in Amsterdam in seinem Vortrag beim Internationalen Psychodramakongreß Goethe als *Vorläufer des Psychodramas* bezeichnet. Er war fasziniert von dem psychologischen Stück
Goethes „Lila", Heilung eines Wahnsinns durch psychische Kur. „Lila"
war vom Heilungskonzept her eigentlich ein Psychodrama.

Am 1. Okt. 1818 schrieb Goethe einen Brief an den Direktor des
Königlichen Theaters in Weimar: „Das Spiel ‚Lila' ist wirklich eine psychologische Heilung, in welcher der Verrücktheit erlaubt wird, sich
ganz und gar auszudrücken, um diese zu heilen" (vgl. Moreno, 1971).
Lilas innere Welt, ihre Phantasiefiguren, werden psychodramatisch
ausgespielt und damit verifiziert. In diesem Theaterstück läßt Goethe
Lila wieder zur Gesundheit zurückkehren mit einer Sequenz von psychodramatischen Schritten, die eine Parallele zu Morenos Monogra-
phie über die Behandlung von Psychosen sind (Moreno, 1959).

Die Geschichte ist wie folgt: Lila ist eine junge Frau, mit einem Baron verheiratet. Dieser muß in den Krieg ziehen, und bald darauf erhält Lila die *fälschliche* Nachricht, daß der Baron gefallen sei. Lila kann
dies nicht verarbeiten und wird psychotisch. So kann sie ihren Gatten
bei seiner Rückkehr nicht mehr erkennen. Verzweifelt unternimmt
ihre Familie alles Mögliche, um ihr zu helfen, aber nichts gelingt,
bis schließlich ein modern denkender Psychiater namens Dr. Verazio
gerufen wird. Dieser erprobt eine neue Methode, die Goethe (immer-
hin Anfang des 19. Jahrhunderts) so schildert: Lila war in den Garten
gegangen und sprach mit ihren Phantasiegestalten. Sie spricht mit

einem Baum, sie spricht mit Feen und Dämonen. Der Arzt fordert die Mitglieder von Lilas Familie auf, sich auf Lilas Phantasie einzulassen. So verkleiden sich alle in diese Rollen und spielen in Lilas Innenwelt mit, werden also zu ihren Hilfs-Ichs. *Goethe läßt seinen Dr. Verazio sagen: Sie kommt nicht in unsere Welt, wir müssen in ihre Welt gehen.*

Die Familienmitglieder stellen Lilas Innenwelt dar und halten ihr so einen Spiegel vor. Bereits dadurch, das dargestellt ist, was sie fühlt, erhält sie das Gefühl, daß es in Ordnung ist, zu fühlen, was sie fühlt. Andere nehmen viel Mühe auf sich, nur für sie, fühlen sich ein in ihre Geschichte. Sie bestätigen Lilas innere Welt. Das ist der erste Schritt aus der Innenwelt der Psychose heraus.

So kann Lila, zweifellos zunächst überrascht, dann aber auf diese neue Realität eingehend, ihre inneren Gedanken und Phantasien ausdrücken und mitteilen. Langsam nimmt sie wieder Kontakt auf mit der Welt und bekommt dann Hoffnung, als sie eine Botschaft von einem ihr sehr nahestehenden Hilfs-Ich (Doppel) bekommt, daß ihr Mann eigentlich lebt, von einem Dämon gefangen gehalten und angekettet ist und ihre Hilfe braucht.

Dadurch ist sie aktiviert, ihn zu retten und ihn somit von dem Dämon zu befreien. Durch diese Weise, als Retterin, rettet sie sich selbst. Damit holt sie sich selbst aus ihrem eigenen Gefängnis, so ist sie wieder unterwegs zur Heilung. Indem sie selbst die Rolle des Retters ausspielt, heilt sie sich in dem Sinn der Surplus Reality-Heilung.

Auch Morenos therapeutisches Konzept der Psychotherapie beruht auf der Externalisierung der Innenwelt des Patienten auf der Psychodramabühne.

Zu Morenos Zeit, 1971, hat Gottfried Diener über Goethes „Lila" ein Buch geschrieben, welches wiederum von Moreno in seinem Buch *„Spontaneity Theater"* wie folgt kommentiert wurde: Dieselben symbolischen Ereignisse, Motive und Figuren, die in den Träumen normaler und neurotischer Personen erscheinen, entstehen auch in den Wachträumen und den halb- oder unbewußten Halluzinationen von Psychotikern. Um zu verhindern, daß der realitäts-desorientierte Protagonist bzw. Patient tiefer ins Dunkle seiner Phantasiewelt abgleitet, versucht die psychodramatische Methode Morenos die Figuren der Phantasie als reale Personen auf die Bühne zu bringen und dadurch die innerpsychischen Ereignisse als äußere dramatische Handlungen zu etablieren. In den folgenden Gedanken und unterschiedlichen Behandlungsformen entspricht Verazio/Goethe exakt den Regeln von Morenos Psychodrama:

1. Die psychotische Erkrankung bedeutet einen Verlust von Realität; geheilt wird sie nur dadurch, daß die Rückkehr der Psyche in die aktuelle Realität der Welt erreicht wird.

2. Die Phantasie und die halluzinatorischen Bilder des Protagonisten

sollten weder als wertlos angesehen werden, noch sollten sie gar unterdrückt werden; gerade weil sie ihm nicht ausgeredet oder unterdrückt werden können, zeigt sich ihre innere Realität und ihre Dynamik. Das Ich ist bereits von ihnen zu einem hohen Anteil absorbiert, aber noch nicht völlig in ihnen aufgegangen.

3. Die Inhalte der gestörten Phantasie sollten dann, wenn sie wahrgenommen werden, nicht unterdrückt werden, sie sollten vielmehr aktiviert werden, spürbar und fühlbar werden und auf der psychodramatischen Bühne als aktuelle Szenen dargestellt werden, mit realen Personen, mit denen der Protagonist konfrontiert werden muß.

4. Nur auf diese Art wird die Umkehrung des symbolischen Wahrnehmungsprozesses möglich. Die Hilfs-Ichs, die am psychodramatischen Geschehen teilnehmen, verändern sich graduell von Figuren der inneren Realität hin in Figuren der äußeren Realität, so lange, bis der Protagonist dem Leben gegenüber völlig geöffnet ist, so daß er mit ganzem Herzen und ganzen Sinnen in der Lage ist, sein eigenes Ich und die eigene Umwelt zu ergreifen (vgl. Diener, 1973).

Diese vier Gesichtspunkte, die Moreno in seiner Arbeit „Psychodramatische Behandlung von Psychosen" herausstellt, können auch auf Lilas psychische Störungen angewendet werden (vgl. Moreno 1959).

5. Surplus Reality – die erweiterte Erfahrung der Realität

Surplus bedeutet zum einen: Wir verlassen die Alltagsrealität durch die Schaffung eines besonderen Rahmens. Zum anderen: die besondere Wirksamkeit der auf der Bühne dargestellten inneren Welt. Die dritte Bedeutung ist die Steigerung der Bedeutung von Handlung und Worten durch den Surplus-Charakter der Bühne.

Die Realität des Protagonisten kann z. B. von angstbesetzten Erinnerungen erfüllt sein, er ist emotional nicht in der Lage zu handeln, die Angst blockiert ihn. Das Surplus-Konzept jedoch lädt den Protagonisten ein, seine Realitätsebenen zu erweitern und die Ebene der Angst zu verlassen. Er muß nicht in der Realitätsrolle gegen deren Dominanz kämpfen, sondern er kann deren, z. B. in der Rolle eines Zauberers, eines Tigers oder eines mittelalterlichen Ritters, seine kathartische Befreiung, wie der ursprünglichen Angst, auf der Bühne erleben und diese überwinden. Surplus Reality beinhaltet den Wunsch nach dem Unbekannten, dem Gefürchteten, dem Geträumten, dem Erhofften oder vielleicht einer Déjà-vu-Erfahrung, nach unerfüllten Wünschen und Erwartungen. *Wir haben Surplus in Wunschszenen, was man sich gewünscht hat, was passieren sollte, aber niemals passiert ist.* Ein Beispiel:

Jemand möchte seinen Vater sehen, aber der eigene Vater ist tot und in der Surplus Reality des Psychodramas bringt man ihn zurück ins Leben. So haben wir hier Verlust und Wiederverbindung. Wunschszenen, über das, was man braucht und verzweifelt wünscht, um die Psyche wieder auszugleichen, sind ein zentraler Teil der Surplus Reality im Psychodrama. Das Psychodrama schafft eine Wiederverbindung zu bereits Verloren-Geglaubtem und ermöglicht dessen Integration.

Die Darstellung in Bildern und Geschichten

In der Surplus Reality entdecken wir Möglichkeiten der Erwärmung und der Findung von Bildern durch die spontanen Assoziationen der Anwesenden für den Protagonisten.

Hier finden sich Stimmigkeiten, die im Rahmen der Surplus-Welt des Psychodramas einen tiefen Sinn geben. Diese Stimmigkeiten, mehr der Welt des Unbewußten und des Ko-Unbewußten zuzuordnen, sind ebenfalls Aspekte des Surplus.

Aus einer Geste, aus der Benennung einer Farbe, eines Tieres, werden psychodramatische Wahrheiten aufgedeckt, die zu neuen Formen des Psychodramas führen.

In diesem Zusammenhang wurde der Begriff Surplus benutzt, um den Zusammenhang zwischen dem Charakter und der Geschichte eines Protagonisten und seiner Wahl für eine bestimmte Farbe, eine bestimmte historische Rolle oder ähnliches zu beschreiben.

In einem Surplus-Psychodrama entwickeln sich in einem ko-unbewußten Prozeß „surreale" Bilder in der Vorstellung, welche dann auf die verschiedenste Weise ausgespielt werden. Alle anwesenden Personen produzieren Bilder, welche den therapeutischen Prozeß vorantragen.

Stehengebliebene Bilder

„Stehengebliebene Bilder" sind ein weiterer Aspekt der Surplus Reality. Das Stehengebliebene Bild ist das (innere) Bild, welches der Protagonist, der Leiter oder die Gruppenmitglieder erinnern, was als Surplus übrig geblieben ist. In diesem Bild ist wie in einer Essenz das Thema, das Drama dieses Psychodramas enthalten. Diese Bilder sind wie Szenenfotos im Theater oder Film. Wir können diese Stehengebliebenen Bilder als Einstieg benutzen, um nach einer Unterbrechung ein Thema fortzuführen. Die Stehengebliebenen Bilder sind aber auch geeignet als Schlüssel zum Zugang bei komplexen Themen: Beispielsweise ist ein Protagonist sehr beeindruckt von einem Film, den er kürzlich gesehen hat. Die Frage nach den Stehengebliebenen Bildern schafft sofort einen Fokus, mit dem man als Leiter weiterarbeiten kann.

6. Die Heilung im Psychodrama: das Verlust- und Wieder-
verbindungskonzept in der Surplus Reality
Heilung durch Wiederverbindung

Ein wichtiger Aspekt in der Heilung ist das „Wieder-Ganz-Werden" in der Psyche: Abgespaltenes wird wieder zusammengefügt, Verlorenes wiedergefunden, Trennungen überwunden. Wo in der Alltagsrealität Trennungen geschehen, Verbindungen abreißen, Schaden verursacht wird, bleiben in der Psyche Narben. Bestimmte Worte bleiben ungesagt, bestimmte Handlungen werden unterlassen. Das Psychodrama hat durch seinen Surplus-Charakter Möglichkeiten, das Versäumte nachzuholen.

In einem Interview mit der Autorin im Oktober 1994 sagte Zerka Moreno, daß Surplus Reality bedeutet: „*What cannot, may not, and is not likely to happen, but needs to happen or should happen.*"

An einer anderen Stelle sagte sie: „Wenn man in die Psyche einer Person eindringt, kann man eine Dimension erreichen, die jenseits der Realität ist, zwischen subjektiver und objektiver Realität, eine kosmische Realität, wenn man so will. Das ist, was ich wirklich denke, was Surplus Reality ist."

„Was Moreno mich lehrte war, daß wahres Psychodrama das autonome Heilungszentrum des Protagonisten erschließt. Wenn das nicht passiert, ist es ein schlechtes Psychodrama" (Interview mit Zerka Moreno von Leif Dag Blomkvist, 1992, unveröffentlichte Tonaufzeichnung).

In der Surplus Reality stellt sich nicht nur die Frage danach, wie die innere psychische Realität ausgesehen hat, sondern auch, wie sie hätte aussehen sollen. Nach Zerka Morenos Auffassung sieht die eigentliche Zeitdimension der Surplus Reality die Zukunft: „Wenn du da sitzt und tagträumst, bist du in einer Surplus Reality. Die tiefste Veränderung kommt von Dingen, die niemals passieren" (Interview mit Zerka Moreno, 1992, a. a. O.).

Die tiefste Katharsis wird dadurch produziert, daß das Individuum in der Lage ist, Wunschszenen auszusprechen und auszuspielen, die niemals real, unter normalen Lebensumständen, entstanden sind. Die Wunscherfüllungsszene, die mit Rollentausch und Doppeltechniken ausgespielt wird, bringt eine tiefe Befreiung von blockierten Emotionen und befreit ebenfalls den Protagonisten. Es ist eine Form von „Durchlüftung".

Adam Blatner erklärt das Surplus Reality-Konzept weiter:

„Man spielt also nicht nur Szenen aus, die in der Realität geschehen sind, sondern auch, wie Zerka Moreno sagte, die geschehen sollten. Diese Szenen repräsentieren Hoffnungen und Wünsche, unerledigte psychische Geschäfte, die manchmal viel realer erlebt werden, als die alltäglichen Ereignisse. Psychodrama erlaubt es, Imagination als die Basis des Handelns einzusetzen, und dies verstärkt im Gegenzug unserer Fähigkeit, an Erfahrungen teilzuhaben, die größer sind als das Alltägliche. Moreno nannte Psychodrama das Theater der Wahrheit, weil das, was wirklich wahr ist, für die Menschen das Reich der Gefühle, der Phantasien und der Surplus Reality beinhaltet" (Blatner, 1985, S. 119, Übers. d. Verf.).

Das Konzept des Re-empowering

Ein Teil des therapeutischen Prozesses ist die Wiedererlangung von Kraft (Re-empowering).

Der Protagonist gewinnt das Gefühl, daß er seine inneren Gefühle äußern kann und daß er ebenso mit ihnen handeln kann. Die Person kann den Ausdruck der Gefühle ändern.

Sie kann es durchleben, in psychodramatischer Aktion, vielleicht aber auch, wenn nicht in Aktion, dann in der Imagination. Das Durchleben beginnt den Weg der Situation zu ändern und der andere wird wahrgenommen und erfahren. Wir können die Tatsachen nicht ändern, aber wir können den Weg ändern, in dem das Individuum sie sieht und mit ihnen einen neuen Kontakt bekommt.

Re-empowering durch Rollentausch – Verlust- und Wiederverbindungskonzept

Fallbeispiel 1: Eine Mutter, eine sterbende krebskranke Patientin, mag sich danach sehnen, ihren Sohn zu sehen, aber er möchte sie nicht sehen. Der Psychodramatherapeut exploriert dann z. B.: Was will sie ihm erzählen? Was möchte sie ihrem Sohn sagen und was möchte sie von ihm hören? Was sind die Gefühle, die sie vielleicht in sich trägt? Vielleicht hat sie Schuldgefühle in bezug auf ihren Sohn? Was sind die Dinge, die sie ihrem Sohn nie gab? Was vergaß sie? Die Protagonistin kann dann in ein Spiel geführt werden, in welchem sie den inneren psychodramatischen Prozeß abschließt, indem sie sich selbst von der Schuld befreit. Im Rollentausch übernimmt sie die Rolle ihres Sohnes und sie gibt sich selbst Befreiung. Dabei kann sie durch ein Hilfs-Ich oder durch ein therapeutisches Doppel unterstützt werden. Das Doppel verleiht den unausgesprochenen Gefühlen Ausdruck. In der Rolle des Sohnes als Antagonisten kann sie ihr Selbst als wertvolle Person erleben. So kann die Protagonistin sich selbst verlorene Energie zurückgeben. Es ist die Pflicht des Therapeuten, die positiven Aspekte im Leben der Protagonistin zu beleuchten und den Prozeß in diese Richtung zu lenken.

Re-empowering durch soziale Beziehungen

Fallbeispiel 2: Das Soziale Atom bezeichnet die Summe der sozialen Beziehungen, die einen Menschen umgeben, wie die Elektronen den

Atomkern umgeben. Im Psychodrama ist die Untersuchung dieser Beziehungen ein sehr wichtiger Aspekt. Manchmal ist ein Mensch eingeschränkt, da er sich nicht vorstellen kann, daß eine andere wichtige Person in seinem sozialen Atom „ihm irgend etwas zurückgibt". Der Rollenwechsel geht über das Sprechen hinaus. Einmal bemerkt ein Protagonist: „Also, ich spreche nicht mit meiner Mutter!" Darauf antwortete Zerka Moreno: „Klar, natürlich nicht. Deswegen bist du ja auch hier. Weil du nicht nach draußen sprichst. Das Innere verwandelt das, was außen ist. Es mag sein, daß du deine Mutter nie dazu bringst, dich so zu lieben, wie du möchtest, daß sie dich liebt. Es mag sein, daß wir nie in der Lage sind, dies zu ändern, aber die Art und Weise, daß wir es wahrnehmen und die Art und Weise, wie wir darüber fühlen, die können wir ändern."

„Wir wissen, daß dies geschehen kann. Was möchtest du am meisten, was in deinem Leben passieren soll und was noch nicht passiert ist? Du kannst es im Psychodrama haben – nicht allein in dem, was passiert, sondern in dem, was schon sein kann" (Zerka Moreno in einem Interview mit der Autorin, 1992).

Re-empowering durch soziale Aspekte der Atom- und
Surplus Reality-Heilung

Fallbeispiel 3: Wenn man mit suizidalen Patienten arbeitet, sieht man sich als Psychodramatiker das soziale Atom des Individuums an, um herauszufinden, welche Selbstmorde oder Todesfälle bereits geschehen sind und betrachtet im weiteren, welchen (verstorbenen) Personen der suizidale Protagonist versucht, sich anzuschließen.

Welcher Mensch aus seinem sozialen Atom „zieht" ihn zu dem Tod? Gibt es eine überwältigende, massive Zahl von Personen, die den Protagonisten in den Tod rufen? Welche lebendigen Menschen stehen auf der anderen Seite, die den Protagonisten im Leben halten? Wie würden diese auf den Verlust reagieren?

Der Psychodramatiker schaut darauf, welche unerledigten Geschäfte der Protagonist in seinem sozialen Atom hat, welche Art von Ärger er mit bestimmten Personen hat, welche Art von Depression er hat, welche vielleicht verdeckte, unerwiderte Liebe da ist, welche Art von Gefühlen und ungebrochener Energie.

Der Protagonist muß mit seinen ursprünglichen, blockierten Gefühlen wieder verbunden werden, damit er sich selbst von ihnen befreien kann und seine Energie zurückgewinnt.

Der ausgebildete, professionelle Psychodramatiker ist darauf vorbereitet, die Surplus Reality in ihrer Totalität zu explorieren. Er untersucht sowohl den aktuellen Suizidversuch bzw. den geplanten Suizid des Protagonisten als auch seine realen Folgeeffekte inklusive des Leidens und des Verlustes derjenigen, die ihn lieben und mit denen er verbunden ist. Dies wird ausführlich im Rollentausch erfahren. Ein anderer Aspekt der Untersuchung umgreift die unerfüllten Lebensträume des Protagonisten, deren Erfüllung durch seinen Suizid unmöglich werden.

Das folgende Fallbeispiel zeigt, wie ein Therapeut auf der Ebene der Surplus Reality mit suizidalen Patienten arbeiten kann. Die Autorin berichtet dieses Fallbeispiel in der Ich-Form:

Lebenssog – Todessog nach der sozialen Atom-Exploration

Fallbeispiel 4: In dem Interview mit Anna fand ich heraus, daß Annas Tante sich eine Woche vorher erhängt hatte und davor, vor einigen Jahren, ihr Bruder Selbstmord begangen hatte. Es hat auch noch andere in ihrem sozialen Atom gegeben, die sich das Leben genommen hatten. Nach diesen Fragen sah ich, daß es eine Anzahl von Todessträngen (sozusagen „Fäden") in ihrem Leben gab. Entsprechend ihrer eigenen Wahrnehmung hatte sie mehr wichtige andere, die sie in Richtung Tod zogen (Mitglieder des sozialen Atoms, die gestorben waren), als solche, die sie in Richtung Leben zogen (Life's Pulls).

Anna lebt allein; sie hat niemanden um sich herum, sie hat auch keine Haustiere. Im Alter von 47 Jahren geht sie durch eine Zeit, in der sie sich die existenzielle Entscheidung vorlegt – nämlich zu leben oder nicht. Dies ist für sie die wichtigste Frage. Sie fühlt, daß sie die Kraft hat, Entscheidungen über ihr Leben zu treffen, für sich selbst also zu wählen, ob sie leben oder sterben will.

Ich begann ruhig psychodramatisch mit ihr zu arbeiten und bat sie zunächst, ihr aktuelles soziales Atom im realen Leben mit Stühlen darzustellen. Zunächst zögerte sie, aber ich ermutigte sie, aktivierte sie und schlug ihr vor, alle benötigten Stühle selbst auf die Bühne zu bringen.

Ich wollte einfach sehen, wer in ihrem sozialen Atom jetzt präsent ist und warum sie sich selbst in einen Erwärmungsprozeß in Richtung Tod bringen will bzw. die Frage war: Ist sie tatsächlich in einem Prozeß des Sterbens, seitdem dieser Gedanke sie dauernd beherrscht?

Auf der Ebene des Unbewußten ist der Sterbeprozeß vorherrschend geworden und sie ist tatsächlich dabei, sich mehr in Richtung Tod, denn in Richtung Leben zu bewegen. Nach der Arbeit mit den diagnostischen Stühlen dopple ich sie und frage sie in der Ich-Form: „Wie soll ich mich selbst töten? Was ist meine Phantasie darüber, wie ich es tun will?"

Anna beschreibt, wie sie von einer Klippe an der Normandie-Küste springen will. Meine Fragen als Doppel gehen weiter: „Wo werde ich losfahren? Wie komme ich dahin? Mit dem Auto? Was habe ich bei mir?"

Eine psychodramatische Surplus Reality-Arbeit bringt die unterdrückten Gefühle hoch: *„To get rid of it, play it out!* (Um es loszuwerden, spiel es aus!)" Ihre suizidalen Vorstellungen sind in Bewegung gesetzt. Das Psychodrama entwickelt sich und besteht aus den weiterfolgenden Szenen:

1. Das Auto.
2. Die Grenze.
3. Das Restaurant.
4. Das gewünschte soziale Atom – Szene in der Zukunftsprojektion.

Autoszene: Die nächste Szene zeigt Anna, wie sie sich in ihr Auto mit eingepackten Nahrungsmitteln (auch mit Kuchen) setzt, während sie sich in Richtung der französischen Küste bewegt, um sich von der Klippe zu stürzen.

Ich folge der Phantasie bzw. den unbewußten Gedanken des Protagonisten nach dem Modell der Surplus Reality. Diese werden dann in Form einer psychodramatischen Gestalt „auf die Bühne" gebracht. Dies ist eine Offenes-Ende-Spiel, es folgt dem Protagonisten und erlaubt dabei die gefährlichen, selbstdestruktiven Phantasien in einer natürlichen, unbedrohlichen, fast tatsächlichen Art und Weise auszuspielen. Zum Beispiel kann ein Psychodramatiker Surplus Reality-Interview-Techniken benutzen (dies ist in diesem Fall ein laufendes Interview in ihrer Surplus-Suizid-Zukunftsdarstellung): „Du steigst ins Auto. Was hast du bei dir?" usw.

Die Geschichte gewinnt mehr und mehr an subjektiver Realität und die Szene geht weiter auf der Ebene der Surplus Reality. Dabei wird ihr Auto auf dem Weg von Deutschland zum Suizid an der Küste Frankreichs gezeigt.

Die Grenze: An der Grenzkontrolle ändert sich ihr Schicksal dramatisch. Jetzt kommt Anna an die Grenzwache, eine eindrucksvolle Szene. Die Spannung steigt. Anna beginnt einen Dialog mit der Grenzwache. Durch den Einsatz der Rollentauschtechnik mit Anna in der Rolle der Grenzwache, sagt sie zu sich selbst (im Auto sitzend): *„Nein, Anna, du kannst nicht über diese Grenze gehen. Nichts ist in Ordnung!"*

Aus ihrem eigenen Wunsch heraus zu leben, entsteht die Grenzkontrolle in ihrer Phantasie und hält sie in dieser Rolle davon ab, die Grenze zu überschreiten. *Sie stoppt sich somit selbst, damit ist der Todeswunsch zum Lebenswunsch umgedreht worden.* Dieser Dialog zwischen Anna und der Grenzwache symbolisiert ihren inneren Kampf, auf der einen Seite in Richtung Suizid, auf der anderen Seite in Richtung Sich-Retten und sich für das Leben zu entscheiden.

Die Figuren auf der Bühne sind eine Widerspiegelung ihres intrapsychischen Prozesses, der Sog des Todes gegenüber dem des Lebens.

Der Dialog in der Szene entsteht daraus, daß der Grenzwächter sie anhält. Da sie die Grenze nicht mehr überschreiten kann, stellt sie eine andere Szene, dann wieder in ihrer eigenen Rolle, her.

Das Restaurant: Jetzt geht sie in ein Restaurant auf dem Land, wo sich örtliche Bewohner zu gutem Essen und Wein treffen. Sie parkt ihren Wagen und durch sorgfältigen und stimmigen Rollentausch mit wichtigen Hilfs-Ichs im Restaurant, die sie selbst darstellt, entsteht langsam ein neues Lebensgefühl. Gegenüber von ihr sitzen zwei Männer, die essen und trinken und voller Lebenslust und Verlangen nach Sexualität sind. Durch Rollentausch zunächst mit einem der Männer fragt sie sich selbst: „Was machst du hier? Welches Recht hast du, hier zu sein?" usw. In ihrer eigenen Rolle beantwortet sie diese Fragen. Im Rollentausch mit dem zweiten Mann fühlt sie sich akzeptiert, attraktiv als Frau. Die Lebensimpulse beginnen sich wieder zu rühren und neue Hoffnung entsteht. Sie fängt an, anders auszusehen, ihre Ausstrahlung wird lebendiger, herausgefordert und hoffnungsvoll.

Gewünschtes soziales Atom – Szene in der Zukunftsprojektion: Die letzte Szene ist eine Wunschszene über ihr soziales Atom in der Zukunft. Es handelt davon, wen sie in ihrem sozialen Atom haben möchte. In dieser Szene schließt sie auch neue Menschen ein, z. B. Freunde. Zusätzlich sieht sie einen möglichen männlichen Freund voraus, der kommen könnte.

Der Sog des Todes, der Selbstmord ihrer Tante und andere Tode in ihrer Familie werden ersetzt durch Kräfte, die ins Leben ziehen. Sie zeigt eine Offenheit, neuen Personen zu begegnen. Diese könnte ein Teil ihrer Zukunft sein.

In folgenden Sitzungen begann Anna sich zu öffnen und kleidete sich fraulicher und attraktiver. Sie lachte mehr, ging neue Ziele im Leben an und erweiterte tatsächlich ihr soziales Atom.

Teil B: Praktische Anwendung der Surplus Reality in der Einzeltherapie

Anhang I

Die Surplus Reality in der Einzeltherapie

Surplus Reality – Definitionen:
1. Externisierung der Innerlichkeit.
2. Selbsterfahrung der inneren Realität, als Dramatisierung der Phantasien, der Träume, aber auch der Imaginationen, Halluzinationen und Wahngebilde der Schizophrenen.
3. Erweiterte Realität.
4. Verlust und Wiederverbindungskonzept, z. B. mit einem verstorbenen

und das Konzept der Surplus Reality", daß das Theater des Psychodramas aus
drei Teilnehmern besteht.

1. Der Therapeut (Direktor und Hilfs-Ichs).
2. Darsteller oder Protagonist (Patient).
3. Gruppenteilnehmer bzw. Zuschauer (Spiegel).

Im Einzeltherapiesetting gibt es keine therapeutisch trainierten Hilfs-Ichs,
Doppel und Zuschauer, außer dem Psychodramatiker selber. Die Psychodramabühne wird von nur zwei Personen kreiert und nicht von einer Gruppe.
Wenn wir Morenos Aussage und sein Konzept ernst nehmen, daß trainierte
therapeutische Hilfs-Ichs, Doppel und Spiegel ein nötiger Aspekt des Psycho-
drama-Heilungsprozesses sind, dann folgt logischerweise, daß der Therapeut
in der Einzeltherapie zu seinem therapeutischen Repertoire die zusätzlichen
drei Rollen – Hilfs-Ich, Doppel und Spiegel – beherrschen und integrieren
muß. Sie sind ein Teil der therapeutischen Kompetenz des Therapeuten und
dieser entscheidet in der Situation, nach Tele und Spontaneität, was anwendbar ist. Er könnte sich z. B. für Monodrama entscheiden, indem der Protagonist selbst die Hilfs-Ich-Rollen mit der Möglichkeit, daß der Leiter doppelt,
übernimmt oder sich für ein Psychodrama á deux entscheiden, wobei der Leiter selber im Rollentausch in der Hilfs-Ich-Rolle mitspielt.

Anhang IV

Monodrama

In dem klassischen Sinn ist das Monodrama ein Psychodrama für eine Person. Der Patient/Protagonist spielt alle Rollen in der psychodramatischen Darstellung. Hilfs-Ichs sind nicht verlangt. In dieser Weise ist der Therapeut in der
Einzeltherapie als Begleiter zu sehen, der den Protagonisten in das Ausspielen
seiner Wahrnehmung in der/den Beziehung/Beziehungen bringt, aber der
Protagonist spielt alle Rollen selbst. Der Protagonist breitet durch den Rollentausch mit der „leeren Stuhl-Technik" seine Sicht des anderen und des Selbst
aus. In der Bewegung von einem leeren Stuhl zu seinem eigenen Stuhl, von
Rolle zu Rolle, erlernt er seine Rolle und seine Anteile in einer Beziehung, bezogen auf seine Interaktion mit dem anderen. Moreno war ein Beziehungs-
therapeut. Beziehungen sind auf der Basis der Dyade. Wobei Monodrama in
dem klassischen Sinn heißt, daß der Protagonist selber alle Hilfs-Ich-Rollen
spielt.

Literatur

Blatner A H MD(1985) Foundations of Psychodrama, History, Therapy Practice and Recources; San Marcos, Texas

Blomkvist L D (1992) Unveröffentlichte Tonaufzeichnung: Interview mit
Zerka Moreno

Diener G (1971) Goethes „Lila", Heilung eines Wahnsinns durch psychotische
Kur; Athenäum, Frankfurt am Main

Diener G (1973) Relation of the Delusionary Process in Goethes Lila to Analy-
tic Psychology and to Psychodrama, Fifth Part „Goethe and Psychodrama"
in Morenos „Theater of Spontaneity"; Beacon House, Inc.

Käppler A (1990) Verlust und Individuation; unveröffentlichte Zertifizierungsarbeit des Instituts für Psychodrama, Dr. E. M. Shearon, Köln

Kellermann P F (1992) Focus on Psychodrama, The therapeutic aspects of Psychodrama; Jessica Kingsley Publishers, London

Leutz G (1974) Psychodrama, Therapie und Praxis; Springer, Berlin Heidelberg New York

Liss U (Juli 1993) Das Surplus-Reality-Konzept nach J. L. Moreno; unveröffentlichte Zertifizierungsarbeit des Instiuts für Psychodrama, Dr. E. M. Shearon

Moreno J L (1946) Psychodrama, Vol. 1, Beacon House, Beacon, NY

Moreno J L (1947) The Theatre of Spontaneity, New York; Beacon House

Moreno J L (1959) Gruppenpsychotherapie und Psychodrama, Stuttgart; Thieme

Moreno J L (1959) Psychodrama. Second Volume, Foundations of Psychotherapy, Beacon House, Beacon, NY

Moreno J L (1959) Gruppenpsychotherapie und Psychodrama, Einleitung in die Theorie und Praxis, Stuttgart; Thieme

Moreno J L (1969) Psychodrama. Third Volume. Actiontherapie & Principles of Practice, Beacon House, Beacon, NY

Moreno J L (1972) Psychodrama, First Volume, Beacon House, Beacon, NY

Moreno J L (1970) Das Stegreiftheater, 1923, Wiederveröff.: 2. Aufl., Beacon House, Beacon, NY

Moreno J L (1971) Goethe und Psychodrama, Journal of Group Psychotherapy and Psychodrama, Vol. 24, Beacon House, Beacon, NY

Moreno J L (1965) Therapeutic Vehicles in: The Concept of Surplus Reality in Group Psychotherapy & Psychodrama, Bd. XVIII, Beacon House, Beacon, NY

Moreno Z (1992) Interview mit Leif D. Blomkvist, unveröffentlichte Tonbandaufzeichnung, Übersetzung: Ulla Liss

Moreno Z (1992) Interview mit Dr. Ella Mae Shearon, unveröffentlichte Tonbandaufzeichnung

Moreno Z (1994) Interview mit Dr. Ella Mae Shearon, Williams Lake; unveröffentlichte Tonbandaufzeichnung

Shearon E M (1988) Der Schöpfer, Manuskript des Instituts für Psychodrama, Dr. E. M. Shearon, Köln

Shearon E M (1989) Die Evolution des Stegreiftheaters und die Dimensionen des Selbst, Manuskript des Instituts für Psychodrama, Dr. E. M. Shearon, Köln

Grasgedanken, E. A. Kaspar, 1889
in: Moreno in Farbe, E. A. Kaspar, Eigenverlag, 1989, S 21

Von Schweigen zu Schweigen

Ich schlafe im Gras und Gras schläft über mir.
Geht ein Mädchen vorbei.
Gehet und sagt:
„Einsam ist meine Zeit, ist meine Brust. Du bist so weit"
Ich schlafe im Gras und Gras schläft über mir.
Geht Gott vorbei,
Gehet und sagt:
„Die ewige Stadt geht auf und du bist weit"
Ich schlafe im Gras und Gras schläft über mir.
Geht das Schweigen vorbei,
Gehet und kein Wörtlein sagt.
„Auf meinen Augen laufe ich zu dir. Auf meiner Stirn"
        aus: Einladung zu einer Begegnung, J. L. Moreno, 1914

Kapitel 3

Die Verwendung der Symbolsprache im Psychodrama und Monodrama

M. Th. Sponger-Schönherr

*Der Mensch ist ein kosmisches Wesen, er ist mehr als ein psychologisches, biologi-
sches, soziales oder kulturelles Wesen. Durch Einschränkung der Verantwortlichkeit des
Menschen auf das nur psychologische, soziale oder biologische Gebiet des Lebens macht
man ihn zu einem Verstoßenen. Entweder er ist mitverantwortlich für das ganze Universum, für alle Formen des Seins und für alle Werte, oder seine Verantwortlichkeit bedeutet
überhaupt nichts. Die Existenz des Universums ist wichtig, ist tatsächlich das einzige,
was von Bedeutung ist; es ist wichtiger als Leben und Tod des Menschen als Individuum, als besondere Zivilisation oder als Gattung.*
J. L. Moreno

Das Universum hat eine Sprache, die Sprache der Symbole

Ohne diese Sprachmöglichkeit wäre unsere Chance, Verantwortung zu
zeigen, Konsequenzen zu ertragen, Erkenntnisse in Kauf zu nehmen,
die Vertreibung aus dem Paradies zu verkraften und Begegnungen zu
haben, nicht gegeben.

Sind auch auf Anhieb so Worte wie: Verantwortung, Konsequenz,
Erkenntnis, Verlust des Paradieses nicht sehr verlockend, so zeichnen
sie doch die Risiken und Nebenwirkungen einer Therapie aus.

Ich möchte einige Symbolsprachen erwähnen, die in der psychodramatischen Therapie, sowohl in der Gruppe als auch im Monodrama, für mich bereits zur Alltagssprache geworden sind:
Märchen, Mythen, Träume.

Was mir aber ein besonderes Anliegen ist, hier genauer vorzustel-
len, ist die Art von *psychodramatischer Zeichnung,* die ich speziell von Mo-
nodramaklientInnen im therapeutischen Prozeß anfertigen lasse, das
Einsetzen von *Bildern* und *Fotomaterial.*

Die psychodramatische Zeichnung unterscheidet sich meiner
Erfahrung nach von anderen Stimmungsbildern durch die szenische
Gestaltung des Gesamtwerkes. Die Anweisung für so eine Produktion

kann sich anhören wie: „Versetzen Sie sich in die Situation eines fünf-
bis sechsjährigen Kindes, welches durchaus imstande ist, die Welt genau zu beobachten und abzubilden: z. B. ein Mensch, der ihm groß
und mächtig erscheint, wird entsprechend gezeichnet, auch wenn dadurch allgemeingültige Proportionen durcheinander geraten. Sie können ‚strichmännchenartig‘ agieren, wichtig ist nur die Anordnung, wer
ist mit wem auf der ‚Bühne‘, wie stehen sie zueinander, was bewegt sie,
wie gewinnen sie Ausdruck?“ Wenn die Zeichnung vollendet ist, datie-
re ich sie mit dem Tag des „wahren zweiten Mal“. Häufig bekommen
die Figuren noch Sprechblasen, mit typischen Sätzen. Oft ist es jedoch
so, daß der Künstler von seinem Werk, welches er mit Buntstiften auf
DIN-A4-Blätter angefertigt hat, mehr als überrascht ist. Er stellt nämlich in der Bearbeitungsphase fest, daß die scheinbar zufälligen Abwei-
chungen der Striche, Farben und Anordnungen eine Bedeutung haben und er kann sein Auge und sein Herz nicht mehr verschließen, daß
sich in seinem Werk Dinge offenbaren.

In Lehrsupervisionen ist es mir sehr wichtig, daß der psychodramatisch arbeitende Supervisand jedes einzelne Gruppenmitglied einer
Psychodramagruppe symbolisch festhält. Auf Grund dieser Gestaltung
habe ich es einerseits leichter, die Personen zu vergegenwärtigen, an-
derseits hat der Supervisand sich mit Hilfe der Darstellung über seine
eigene Wahrnehmung orientiert.

Bilder, Mythen, Träume und Fotos fügen sich zu einem kosmi-
schen Ausdruck des Menschseins zusammen

Das Zusammenfügen möchte ich anhand eines Spaziergangs durch die
Welt der Märchen und Charaktersymbole veranschaulichen.

Fallbeispiel: Eine etwa 55jährige Geschäftsfrau suchte meine Praxis
auf. Sie leide an Schlafstörungen und habe seit über zwei Jahren große
Sorgen mit der jüngeren ihrer beiden Töchter. Auf mein aufmerksa-
mes Zuhören hin erfuhr ich weiters, daß die jüngere Tochter nicht, wie
man vielleicht auf Grund der geschilderten Symptomatik der Klientin
annehmen hätte können, krank oder drogensüchtig ist, nein, sie hat
einen ausländischen Freund, der dem Ansehen der Familie schadet!
Die Klientin selbst spricht mit ausländischem Akzent und fühlt sich der
reichen Gesellschaftsschicht zugehörig. Auffallend war weiters, daß die
ältere Tochter ganz den Vorstellungen eines gelungenen Kindes (fürs
erste) entspricht. Die Verengung im Leben der Klientin auf die Fixierung der Schande, versuchte ich mit der Frage zu begegnen, ob sie
religiös sei. Als Antwort bekam ich ein begeistertes Ja! (Die Klientin
wirkte auf mich selbst viel zu fremd und distanziert, als daß ich in
meine Märchenschatzkiste greifen wollte.) Nun hatte ich die Chance,

eine Erweiterung ihrer engen Betrachtungsweise herbeizuführen und erwähnte die Geschichte aus der Bibel mit dem verlorenen Sohn, welcher in ihrer Situation wohl die verlorene Tochter sei. Aber schon in der biblischen Geschichte ist der Brave sehr empört über die Aufmerksamkeit, die dem Heimgekehrten zuteil wird. Ich bot ihr an, ihr Mutterproblem als ein Mutterproblem von zwei Töchtern und nicht nur von einer zu betrachten, was zur Folge hatte, daß sie in der nächsten Stunde mit Fotos (unaufgefordert) der guten braven älteren Tochter kam, die bereits ein nettes Baby von 14 Monaten hat. Sie legte mir diese beiden Fotos vor und daneben legte sie spontan die Bilder ihrer „verlorenen Tochter" und das Bild des verhaßten ausländischen Freundes. Die Situation lag klar vor mir und auch ab diesem Moment klar vor der Klientin. – Ihre jüngere Tochter ist eifersüchtig auf die ältere, der so leicht alles zukommt (Firma, Mann und Kind), sie lebt schwer und aufopferungsvoll mit dem jungen Mann, für den sie sich verpflichtet hat, in Österreich zu sorgen, da er selbst keiner Arbeit nachkommt und davon träumt, ein großes Model zu werden. Sie ist bereit, auf alles zu verzichten und servieren zu gehen, nur um ihn durchzubringen. Ihre Situation erinnerte mich an die Schwere einer verstoßenen Tochter aus dem vorigen Jahrhundert, die ein uneheliches Kind ernähren muß. Die Klientin selbst ist über die Lage erschrocken und zugänglich der Idee, nicht auf den verhaßten Gegner zu schauen, sondern ihrer jüngeren Tochter in ihrer beruflichen Karriere weiter zu helfen.

Für den an Märchen interessierten Leser möchte ich ein Bild aus Schneewittchen heraufbeschwören.

Die böse Stiefmutter bringt Schneewittchen, welche bei den sieben Zwergen hinter den sieben Bergen Unterschlupf gefunden hat, verheißungsvolle Dinge. Der Apfel – eine Seite genießbar, eine Seite vergiftet, gerade im Angebot! – Meine Klientin ist die böse Stiefmutter, ihre Problemtochter das Schneewittchen. Ein auch für mich ungewöhnlicher Beginn.

Meine Gedanken zum Märchen: In diesem Fall ist vielleicht das Schneewittchen mit einem fremden Jäger vom Königshof geflohen und hat sich in Untermiete einquartiert. Der Jäger, seiner Jagdgründe beraubt, entpuppt sich nun als Zwerg hinter den sieben Bergen in der Fremde. Das Schneewittchen, von den Alltagssorgen geplagt, sieht sich selbst in der gebeugten alten Frau, die Dinge in ihrer Hand hält, wie Kamm, Mieder und Apfel, die an verheißungsvolle, verführerische und romantische Situationen erinnern. Sie greift so unbedacht zu, wie sie ohne Bedenken mit dem einstigen Jäger geflohen ist. Bedenkenlos auch die (Stief-)Mutter. Nicht die Beweggründe der Tochter sind ihr ein echtes Rätsel, sondern ihre verletzte Eitelkeit, daß mit dieser, auch ungewöhnlich schönen Tochter, keine Heiratspolitik zu betreiben ist. Heiratspolitik, ein Schicksal von der Königin selbst? Auch sie ist auf einen fremden Königshof gekommen. Das einzige, was sie aus ihrer Heimat mitgebracht hatte,

V. Praxisorientierter Teil

1. Indikation für die Monodramatherapie
2. Monodramatherapie mit Kindern
und jungen Menschen
3. Monodramatherapie mit Erwachsenen

Kapitel 1.1

Indikation für das Monodrama

M. Stelzig

Das Monodrama hat ähnlich wie die Gruppenmethode Psychodrama eine große Fülle von Anwendungsgebieten. Dies bezieht sich sowohl auf die verschiedensten psychiatrischen und psychosomatischen Diagnosen und Diagnosegruppen als auch auf Anwendungsgebiete wie Krisenintervention, Supervision, Monodrama im stationären Bereich, Monodrama im ambulanten Bereich, soziodramatisches Monodrama.

Anwendung bei verschiedenen Diagnosegruppen

Das Hauptanwendungsgebiet liegt bei Störungen, die auf einen äußeren bzw. innerseelischen Konflikt zurückzuführen sind. Die dazugehörigen Diagnosen sind:
– akute Belastungsreaktion,
– kurzfristige depressive Reaktion,
– längerdauernde depressive Reaktion,
– neurotische Störungen.

Bei diesen Störungen kann das Monodrama verschiedene Möglichkeiten nützen. Zum einen kann man sich als Monodramatherapeut auf die äußere Konfliktsituation beschränken und den Familienstreit bzw. Konflikt am Arbeitsplatz – oder was immer die auslösende und überfordernde Szene war – zur Darstellung bringen lassen. Durch den Rollenwechsel ist es bereits weitgehend gesichert, daß es zu einem neuen Verständnis der „gegnerischen" Konfliktpartei kommt und damit zu einem innerseelischen Rollenausgleich bzw. einer versöhnlicheren Haltung. Durch das Doppeln werden die dazugehörigen Gefühle verdeutlicht und vertieft (vgl. Leutz, 1974, S. 47–48).

Eine andere Möglichkeit ist, daß der Monodramatherapeut durch die Intensivierung der Empfindungen ähnliche, dazugehörende Szenen aus früheren Zeiten des Lebens des Patienten aktiviert. Diese können in einer weiteren Szenenfolge zur Darstellung gebracht werden.

So können aus dem Konflikt mit dem Vorgesetzten Szenen verbunden werden, in denen sich der Protagonist von seinem Vater mißachtet, gekränkt, entmündigt gefühlt hat. Durch die emotionale Vertiefung, die besonders durch das Doppeln forciert werden kann, ergibt sich der kathartische Effekt des Erinnerns dazugehöriger früherer Szenen. Dies wird therapeutisch genützt, in dem man in der früheren Szene eine Annäherung und, wenn möglich, eine Versöhnung der beteiligten Personen ermöglicht. Wenn dies absolut unmöglich ist, soll im Sinne des Einführens neuer Rollen oder Symbole, die tröstend, versöhnend, nährend sind, ein Ausgleich geschaffen werden.

Eine wertvolle Hilfe in der Beurteilung des innerseelischen Rollengefüges und der Beziehungswelt nach außen bietet die Darstellung des „sozialen Atoms" (vgl. Moreno, 1974, S. 159–166; G. Leutz, 1974, S. 11–15). Bezugspersonen können durch Knöpfe oder Geldmünzen dargestellt werden. Aufgrund der Größe der gewählten Gegenstände und der Abstände voneinander ist es möglich, sowohl die Wichtigkeit der Beziehungen als auch die Nähe bzw. Distanz zum Patient einerseits und auch zueinander andererseits zu erfassen.

Anwendungsgebiete bei funktionellen psychosomatischen Störungen, somatoformen Störungen

Hinter diesen Erkrankungen, die verschieden Organe oder Organsysteme betreffen, verbirgt sich, wie bei den anderen o. g. neurotischen Störungen, ein Konflikt in der Außenwelt und ein zugehöriges Rollenungleichgewicht in der Innenwelt.

Umgangssprachliche Redewendungen lassen schon einen Schluß auf den dahinterliegenden Konflikt oder das Trauma zu. „Zu Kreuze kriechen", „etwas hat mir das Kreuz gebrochen", „etwas hat mir das Genick gebrochen", „halsstarrig sein", „hartnäckig sein" ergeben beim Lumboischialgiesyndrom (ausstrahlender Kreuzschmerz) und Cervicalsyndrom (Nacken-, Schulterschmerz) Hinweise auf die psychische Dynamik, die monodramatisch dargestellt werden kann. Bei funktionellen Störungen ist es durchaus möglich, Organen oder Organsystemen bzw. auch nur Empfindungen wie Schmerz, Angst, aber auch positiver Empfindung, Lebensfreude, Mut („kreuzfidel sein") Sprache zu verleihen.

Der Schmerz könnte sagen, „ich zwinge dich in die Knie", „ich mache dich fertig", „ich mache dir das Leben schwer", Botschaften, die Assoziationen ermöglichen, von welchen Personen lebensgeschichtlich diese „Wünsche" kommen.

Rasch wird deutlich, welche Botschaften in den Organen und Empfindungen gespeichert sind und auch von wem diese Botschaften auf den Lebensweg mitgegeben worden sind. Auch hier ist es notwendig, über das Einführen positiver Rollen ein innerseelisches Rollengleichgewicht herzustellen, wozu das Monodrama einlädt.

Ähnliche Szenen kann man bei anderen Organen aufbauen, wobei Ausdrücke geläufig sind wie „mir bricht das Herz", „sich etwas zu Herzen nehmen", „etwas geht unter die Haut", „das juckt mich nicht", „mir bleibt die Luft weg", „einen Frosch im Hals haben". In o. beschriebener Weise könnend die Empfindungen herausgenommen werden und zur Sprache gebracht werden. Immer wieder ist allerdings das Verhältnis der positiven Rollen, Instanzen und Symbole im Patienten zu beachten, bei der Anwendung einer solchen aufdeckenden Methode (vgl. Peseschkian, 1992).

Themen, die immer wieder vorkommen, sind das deutliche Übergewicht des inneren Leistungsprinzips im Vergleich zu der prinzipiellen Selbstliebe. An diesem Bilanzdefizit ist aktiv monodramatisch zu arbeiten.

Weitere Themen sind: sich nicht abgrenzen können, Liebessehnsucht und die dazugehörende Enttäuschung, Schuldgefühle und wie wurden sie vermittelt, Mangel an positiven, frühen Botschaften.

In ähnlicher Weise sind *Angststörungen und Zwangsstörungen* monodramatisch bearbeitbar. Es ist wichtig zu beachten, daß, je defizitärer ein innerseelisches System an positiven Rollen ist, um so wichtiger ist die Aufgabe des Monodramatherapeuten, nährende, haltende, positive Rollen oder Symbole einzuführen und zu festigen, um im ersten Schritt eine Nachsättigung der frühen Gefühle und Bedürfnisse wie Schutz, Geborgenheit, Wärme, Vertrauen zu erreichen. Erst im zweiten Schritt ist eine mehr aufdeckende Bearbeitung der Symptomatik zu ermöglichen.

Anwendungsgebiete des Monodramas bei schizophrenen Störungen und affektiven Störungen

In der monodramatischen Bearbeitung gilt im besonderen Maße die Notwendigkeit des Einführens entwicklungsgeschichtlich früher, nährender Rollen (siehe V, Kapitel 3.1, Möglichkeiten der Nachreifung früher, nährender, mütterlicher Rollen im Monodrama). Durch den Aufbau bzw. die Aktivierung dieser nährenden Instanzen soll das Ziel, in befriedigender Weise die Situation des ersten psychischen Universums wiedererleben zu lassen, erreicht werden. Dadurch wird eine Rollendifferenzierung, eine Abgrenzung des ICH vom DU ermöglicht und damit ein Rollenwechsel.

Bei diesen Störungen ist also der Rollenwechsel ein Zwischenziel

und kann nicht von vornherein therapeutisch genützt werden. Insofern ist es notwendig, eine spezielle, den Erfordernissen angepaßte monodramatische Technik anzuwenden (vgl. Moreno, 1973, S. 275–317).

Im Vordergrund werden vorerst nicht konflikthafte Themen vom
Psychodramatherapeuten eingeführt, im Sinne einer Erwärmung und
Vertrauensbildung. In ähnlicher Weise können in einem weiteren
Schritt, genußvolle Rollen angeboten werden im Sinne einer Role-ta-
king und Role-acting. Die Rolle des/der Genießenden kann so ge-
bahnt werden; z. B. im Bett liegen, in der Sonne liegen usw.

Ist ein Vertrauensverhältnis geschaffen und ist sich der Psychodramatherapeut der positiven Rollenanteile im Patienten sicher, ist es
auch möglich, sich der produktiven Symptomatik des schizophrenen
Patienten zuzuwenden. So ist es möglich, bei akustischen Halluzinationen einen Rollenwechsel mit den gehörten Stimmen machen zu lassen, immer in dem Wissen, daß unter Umständen sehr destruktive Kräfte in der psychotischen Symptomatik abgewehrt werden können bzw.
strukturiert werden. Aus diesem Grund ist es wiederum von größter
Wichtigkeit, auch hier die stützenden, haltenden und nährenden Anteile zu betonen und lebbar werden zu lassen. Auf diese Weise können
nach und nach die entwertenden, kränkenden, mißachtenden inneren
Rollen ausgeglichen werden.

Unter Beachtung dieser Prinzipien hat das Monodrama ein sehr
breites Anwendungsgebiet. Es ist gut einsetzbar bei:
– Eßstörungen,
– nicht organischen Schlafstörungen,
– nicht organischen sexuellen Funktionsstörungen,
– Persönlichkeits- und Verhaltensstörungen.

Auch bei *Verhaltens- und emotionalen Störungen des Kindes und Jugend-
alters,* kann das Monodrama angewendet werden. Unter Umständen ist
auch hier wieder eine spezielle Anpassung der Monodramatechnik
notwendig. Oft empfiehlt es sich mit Intermediärobjekten zu arbeiten,
z. B. Handpuppen oder Spielpuppen und Stofftieren, um über die szenische, spielerische Darstellung Zugang zum innerseelischen, szenischen Geschehen zu gewinnen.

Ähnlich schwere innerpsychische Rollenveränderungen, Defizite
in der Selbstliebe, Schwierigkeiten bei der Abgrenzung, hochaktive,
destruktive innere Rollenbilder, finden wir bei schweren psychosomatischen Störungen mit Organveränderungen wie:
Colitis ulcerosa, Morbus Crohn, Asthma bronchiale, primär chron.
Polyarthritis usw.

Genauso findet das Monodrama in der Suchttherapie Verwendung.

Monodrama in der Supervision

In der monodramatischen Supervision werden die zu supervidierenden Szenen nachgestellt, die einzelnen Personen durch Sessel, Kissen oder ähnliches symbolisiert. Auch hier kommt dem einfühlenden Verstehen, das durch den Rollenwechsel notwendigerweise erfolgen muß, besondere Bedeutung zu. Immer wieder ist es erstaunlich, wie transparent schwelende Konflikte, die nicht angesprochen oder ausgetragen werden konnten, durch den Rollenwechsel sichtbar und verständlich gemacht werden können.

Durch die szenische Wiederholung wird eine neue Dimension eingeführt, die bei der rein verbalen Mitteilung des Inhalts der zu supervidierenden Therapie bzw. des zu supervidierenden Gruppengeschehens verlorengeht. Durch die Darstellung wird die ungeschminkte Beobachtung und Reflexion der Szene ermöglicht, ohne daß es durch die zensurierende Berichterstattung verfälscht ist, die sich bei der rein verbalen Mitteilung leichter einschleichen kann.

Schließlich ist es auch möglich, dem Supervisanden Einblick in das eigene innerseelische Rollensymbol- und Gefühlssystem zu geben und miteinander zu erforschen welchen Einfluß die zu supervidierende Szene auf dieses System hat bzw. was es auslöst. Damit wird in schonender Weise eine Brücke zum Selbsterfahrungsanteil gebaut.

Soziodrama

Im monodramatischen Soziodrama werden so wie im Psychodrama in Form von Planspielen politische, gesundheitspolitische, kulturelle Spannungsfelder dargestellt. Die betroffenen Berufsgruppen, Bevölkerungsanteile statten Firmen mit Sesseln, Kissen oder anderen Symbolen festzumachen, und ihnen Sprache zu verleihen und miteinander zu einem Dialog führen. So können spannungsbeladene Themen, wie Ausländerintegration, Budgetverteilung oder andere politische Konflikte für den zu Beratenden transparent gemacht werden und einer möglichst befriedigenden Lösung zugeführt werden (vgl. G. Leutz, 1974. S. 116–118).

Literatur

Leutz G (1974) Psychodrama. Das klassische Psychodrama nach J. L. Moreno. Springer, Berlin Heidelberg New York
Moreno J L (1973) Gruppenpsychotherapie und Psychodrama. Thieme, Stuttgart

Moreno J L (1974) Die Grundlagen der Soziometrie. Wege zur Neuordnung der Gesellschaft. Westdeutscher Verlag, Opladen
Peseschkian N (1992) Psychosomatik und positive Psychotherapie. Transkultureller und interdisziplinärer Ansatz am Beispiel von 40 Krankheitsbildern. Springer, Berlin Heidelberg New York Tokyo

Kapitel 2.1

„Löwe Bernhard" – Monodramaarbeit mit Kindern

H. Pruckner

Psychodrama, Soziometrie und Rollenspiel sind als Gruppentechniken entwickelt worden, und auch mein Interesse galt lange Zeit der Gruppenarbeit. Die Einzelarbeit mit den Methoden Psychodrama, Soziometrie und Rollenspiel ist auch in der Therapie mit Erwachsenen jüngeren Datums und wurde bis vor kurzem sicherlich in Österreich weniger angewandt als die Arbeit in Gruppen.

Bei Kindern stellt sich die Situation etwas anders dar. Bei so gut wie keiner Schilderung von Kindereinzeltherapien fehlt der Hinweis auf das Spiel; Freud selbst wandte das Spiel als Methode bei der bekannten Analyse des „kleinen Hans" an, wo er den Vater zum Spiel und Rollentausch animierte, der Vater war also Hilfs-Ich, Freud ein distanzierter Spielleiter. Ist also Freud eigentlich der erste Kinderpsychodramatiker, ist alles, was wir bei Schilderungen von „Spieltherapien" finden, monodramatisches Arbeiten? Natürlich nicht, oft sind auch Teile unserer Methoden entlehnt worden, meist fehlt der Hinweis, woher diese Techniken stammen. Von monodramatischer Arbeit mit Kindern kann man nur dann sprechen, wenn auch Theorie und Haltung psychodramatisch sind, was z. B. bei Kinderanalytikern, die mit Kindern sehr wohl auch heute noch spielen, sicher nicht der Fall ist. Moreno selbst weist schon 1945 in einem kurzen Artikel auf wesentliche Unterschiede hin (Moreno 1981, S. 127 ff.). Literatur, auf die man sich bei monodramatischer Arbeit mit Kindern stützen könnte, gibt es nur wenig. Von Moreno selbst kenne ich nur eine ausführliche Schilderung, über die 1922, also noch zu seiner Wiener Zeit, erfolgte Behandlung des fünfjährigen Karl (Moreno 1993, S. 201–203). Die hier geschilderte Behandlung war auch keine klassische Einzeltherapie, Karl war in einer Kinderpsychodramagruppe, erhielt aber zusätzlich Spielsitzungen, in der neben Moreno selbst als „Cheftherapeut" eine junge „Hilfstherapeutin" anwesend war, die dann in den folgenden Sitzungen die jeweiligen Mutteräquivalente zu den Rollen spielte, die Karl ausprobierte.

3. Aufbau einer Stunde

Daß Vorarbeit vor dem Spiel wichtig ist, habe ich bereits weiter oben ausgeführt, auch beginnt natürlich nicht jede Stunde sofort mit dem Szenenaufbau. Meist ist es notwendig, mit dem Kind vorher noch über seine reale Situation, aus der es gerade kommt, zu sprechen. Kinder würden diesen Teil oft gerne überspringen, sie stürzen sofort zu „ihren" Spielsachen. Ich halte ihn aber für unerläßlich, ebenso die Nacharbeit. Als erstes Ritual dieses Teiles bringt das Kind das Material, mit dem wir gespielt haben, auf einen guten Platz in meinem Arbeitsraum. Wenn das Intermediärobjekt für das Kind im Moment so wichtig und klar ist, daß wir in der nächsten Stunde damit fortsetzen werden, verspreche ich auch oft, daß in der Zwischenzeit niemand anderer damit arbeiten wird. Das ist für Kinder, in deren Privatsphäre respektlos eingedrungen wird, eine zentrale, neue Erfahrung. Anschließend setzen wir uns noch zusammen und sprechen. Ich deute Kindern ihr Spiel nicht. Ich gebe aber, wenn es mir angebracht erscheint, Rollenfeedback, z. B. um an das oben Ausgeführte anzuschließen: „Komisch, du hast zwar gesagt, ich bin als Hexe nur böse, ich habe mich aber manchmal dabei wirklich traurig gefühlt." Dabei belasse ich es und bohre nicht weiter herum, ob das auch stimmen könnte usw. Ob es schon soweit ist, z. B. das Gefühl der Traurigkeit zulassen zu können, sehe ich ganz sicher in einem der nächsten Spiele mit diesem Kind, wenn meine Vermutung über die tiefere Ebene meiner Antagonistenrolle richtig war. Im Abschlußteil einer Sitzung geht es mir immer darum, ein Kind in die Realität zurückzuführen. Auch da versuche ich nicht, krampfhaft einen Bezug zum Spiel herzustellen, sondern plaudere darüber, wohin das Kind jetzt zurückkehren wird, was es in den nächsten Tagen vorhat usw. Dabei wird mir der Bezug zu unserem Spiel oft wesentlich klarer. Vielleicht ist es dem Kind, um mein plakatives Beispiel abzuschließen, wirklich um etwas anderes gegangen als um hinter Aggressivität versteckte Traurigkeit, das kann ich jetzt noch erkennen und mir oder dem Kind gegenüber zugeben.

4. Wege zur Rollenänderung: Doppeln, Spiegeln, Rollentausch

Bei psychodramatischer Einzelarbeit spiele ich also in der Arbeit mit intermediären Objekten mit, wenn das Kind es möchte. Wenn sich ein Kind z. B. im Puppenhaus eine Szene aufbaut, mich nicht zum Spielen auffordert und alle Rollen selbst besetzt, bleibe ich gefühlsmäßig an seiner Seite und interveniere, wenn es mir passend erscheint, durch Doppeln. Ich bin dann die Doppelnde, wenn mich das Kind doch zum Mitspielen auffordert, wieder Hilfs-Ich. Zugleich bin ich aber auf jeden

Fall immer Spielleiterin. Ich denke, daß diese Mehrfachfunktionen oft recht schwierig auszufüllen und auseinanderzuhalten sind. Ich halte es daher für unerläßlich, mich gedanklich immer wieder zu überprüfen, wo ich mich gerade befinde. Kindern teile ich das oft mit, auch im Sinne von Rollenklarheit: „Ich kann nicht gleichzeitig dir beim Spielen helfen und eine andere Rolle spielen, was ist dir jetzt wichtiger?"

Spiegeln setze ich wegen der schlechten Erfahrung vieler Kinder damit nur eher selten ein. Gerade Kinder sind von Erwachsenen schon oft „nachgemacht" worden, auch in Peergroups ist das „Nachäffen" leider oft üblich – beides wird vom betroffenen Kind so gut wie immer als kränkend erlebt. Ich verwende das Spiegeln nur dann, wenn bereits eine sichere Vertrauensbasis vom Kind zu mir besteht, und auch dann nur auf Nachfrage, wie z. B.: „Soll ich dir einmal vormachen, wie das jetzt ausgeschaut hat?" Lieber arbeite ich damit auf der Symbolebene, darauf werde ich später noch genauer eingehen.

Der Rollentausch geschieht in der Einzelarbeit sicherlich ebenfalls beim Spielen auf der Symbolebene. Ich versuche Kinder natürlich dazu zu ermuntern oder zu animieren, wenn ich glaube, daß die Zeit dafür reif ist. Ziel der Therapie soll ja schließlich eine Erweiterung und/oder Änderung des Rollenrepertoires sein. Dabei habe ich aber lernen müssen, mich in Geduld zu üben. Zunächst gilt es nämlich, das vorhandene Repertoire durchzuspielen, diesen Punkt würde man manchmal recht gerne überspringen. Hier bin ich mir auch noch nicht ganz sicher: entweder spielen Kinder eine Rolle wirklich konsequenter, in allen Facetten, und damit länger und öfter durch als Erwachsene, oder ich bin bei Kindertherapien noch immer ungeduldiger. Jedenfalls, und das stimmt sicher, ist zu frühe Aufforderung an ein Kind, doch einmal „die andere" Rolle zu probieren, auf jeden Fall falsch, viele Kinder wehren sich ohnedies sofort:

Fallbeispiel: Ich bin in der Einzelarbeit mit einem zehnjährigen Knaben, wir spielen seit einem halben Jahr mit den Playmobilpuppen „Abenteuer der Eskimos", er weiß genau, bei der wievielten Folge wir angelangt sind, ich nur mehr beim Nachlesen in meinen Protokollen. Ich habe aber die für unsere Szenen benötigten Tiere und Puppen streng für ihn reserviert, er achtet auch sehr darauf, ob er sie genau an dem Platz wiederfindet, auf den er sie beim Abbau der Szene gestellt hat. Vor ungefähr acht Stunden hat er einen rosa Plüschdinosaurier mit Sonnenbrille (den ich am Weltspartag geschenkt bekommen habe, und der in meinem Kammerl herumgelegen ist) als „Monster Max" in unsere bisher mit Playmobilfiguren gespielten Szenen eingeführt. Rund um den Iglu gibt es auch eine Löwenfamilie, die in jeder Szene sehr wichtig ist und vor der sich die nur im Iglu versammelten Eskimos sehr fürchten mußten. Er hat lange Zeit Rollen aus dieser Löwenfamilie gespielt, ich mußte meist die seiner Löwengeschwister übernehmen. Nun spielt er immer das Monster Max, ich muß immer entweder den Wind spielen – „Du blast nicht fest genug!" (das, wenn mir nach einer Viertelstunde blasen schon alles wehtut) – oder, so auch in dieser Stunde, ein Mitglied der Löwenfamilie. Das „Monster" ist sehr hab' übrigens wieder was für dich, was ich nicht mehr brauch'." So besitze ich einen reichen Fundus, nicht nur aus selbsterstandenen, liebevoll ausgesuchten Kasperl- und Puppenfiguren, sondern auch viel Playmobil, Lego, Matador und, wie gesagt, „Kramuri". Ich wähle, aber das ist sicherlich eine sehr persönliche Vorgangsweise, meine Materialien weniger nach „pädagogischen" oder „therapeutischen" Gesichtspunkten aus, also nach der vermeintlichen Meinung, was man als Kindertherapeutin alles haben müsse, sondern nach meinem Gefühl bzw. meiner Beziehung dazu. Das ist für mich deswegen so wichtig, weil ich als Mitspielende ja damit arbeiten muß, ich muß z. B. an einer Puppe irgendetwas anziehend finden, damit ich sie bei der Aufforderung zum Mitspielen auch gerne in die Hand nehme. Dann bin ich allerdings auch immer wieder fasziniert davon, was einzelne Kinder (und auch Erwachsene) in dieselbe Puppe hineininterpretieren und wie vielfältige Rollen z. B. ein- und dieselbe Kasperlfigur erhalten kann.

In der Zwischenzeit habe ich mich auch mit Regelspielen angefreundet, wenn sie auch zugegebenermaßen noch immer nicht zu meinen Lieblingsmaterialien gehören. Ich spiele also auch „Mensch ärgere dich nicht", „Fang den Hut", „Mühle" u. ä., wenn die Kinder danach fragen oder sich diese Spiele aussuchen. Ich überlege mir zunächst, was die Auswahl gerade dieses Spieles bedeutet und beobachte weiters, mit welcher Intention das Kind spielt (spielt es schlau oder vorpreschend usw.). Darauf versuche ich, mich zunächst an die offiziellen Regeln haltend, mein Spielverhalten abzustimmen, auch hier kann ich spiegelnd-konfrontierend, doppelnd, aber auch in einer Antagonistenrolle agieren. Im zweiten Schritt versuche ich dann entweder die Regeln spielerisch abzuändern, oder ich schlüpfe in die Rolle einer Spielfigur und beginne als solche zu sprechen. Manchmal verbindet sich auch beides:

Fallbeispiel: Florian ist acht Jahre alt, er ist aus verschiedenen, sehr tragischen Gründen seiner Mutter und seinem Stiefvater vorübergehend abgenommen worden und lebt mit seinem Bruder bis zur Klärung der Situation in einem Kinderheim. In diesem Heim ist auch eine Schule, die er nun besuchen soll, weil die Schule, die er bisher besucht hat und in der ich als Beratungslehrerin arbeite, räumlich sehr weit entfernt ist. Er ist über die gesamte Situation todunglücklich, er will unbedingt wenigstens in unsere Schule gehen, weil dort seine Freunde sind, das sagt er mir bei jedem meiner zahlreichen Besuche. Aufgrund meiner massiven Intervention bekommt der Stiefvater von der Heimleitung und der zuständigen Sozialarbeiterin die Erlaubnis, ihn täglich zur Schule hin- und zurückzuführen, er muß aber weiter im Heim wohnen bleiben. Als dies nach einigen aufreibenden Wochen geschafft ist, nehmen wir unsere üblichen Stunden in meinem Kammerl in seiner Stammschule wieder auf. Zu meiner großen Verwunderung greift er zu einem für ihn bisher unüblichen Spielmaterial. Er hatte monatelang bei einigen Figuren aus meiner Kramurischachtel sehr berührende und spannende Szenen gespielt, bei meinen Besuchen im Heim mußte ich Autos mitnehmen, mit denen wir ausschließlich

„Zusammenstoß" spielten. Jetzt greift er zum ersten Mal nach einem Regel-spiel, und zwar zu „Schwarzer Peter". Ich spiele eine volle Stunde lang mit ihm dieses Spiel immer wieder, dabei entspannt er sich sichtlich, vor allem, als ich die Karte mit dem „Schwarzen Peter" auch schon von hinten erkenne und un-auffällig dafür sorge, daß sie am Ende jedes Spieles bei mir landet. Auch in un-serer nächsten Stunde greift er sofort wieder nach diesem Spiel, und auch dies-mal ist er zunächst nur zufrieden, wenn der „Schwarze Peter" bei mir ist. Ich beginne nun in Identifikation mit dieser Karte vor mich hinzureden, daß mich der Florian wohl nicht wolle, was ich nicht verstehen würde, da ich ja eigentlich ganz nett sei. Er wird aufmerksam und beginnt seinerseits, wenn die Karte bei ihm ist, auch in dieser Rolle zu reden: „Ich bin nämlich wirklich manchmal auch nett." Weil ihm das Spaß macht, möchte er nun selbst die Karte so oft wie möglich haben und erkennt sie bald auch von hinten. Ich beginne nun als „Schwarzer Peter" zu provozieren – ich sei viel lieber bei der Frau Pruckner, die habe mich einfach viel lieber und sähe auch viel mehr, daß ich gar nichr so häßlich sei. Auch auf diese Intervention steigt er voll ein, und es beginnt ein Wettkampf darum, wer den „Schwarzen Peter" denn lieber hätte, bei dem ich mich dann natürlich geschlagen gebe. Er sorgt nun bei jedem Spiel dafür, daß die Karte schlußendlich bei ihm landet, was bei der Erkennungsmöglichkeit, die die Karte in der Zwischenzeit, an allen Ecken verbogen, auch von hinten hat, auch gut möglich ist. Ich überlasse ihm diesen Sieg gerne, und er quittiert ihn auch jedesmal mit dem triumphierenden Satz: „Na bitte, der Florian mag mich doch am liebsten!", worauf ich jedes Mal ebenso stereotyp antworte: „Aber die Frau Pruckner mag mich auch sehr gerne!" Dieses Spiel müssen wir noch einige Stunden immer wieder spielen, mit der Heimkehr in seine Familie hat es seine Funktion endgültig verloren, er nimmt es aber auch später noch oft für kurze Zeit lächelnd in die Hand, wenn er meinen Kasten aufmacht, um etwas zum Spielen zu suchen.

6. Zum Umgang mit dem Umfeld von Kindern – ein Arbeitsbündnis im Vieleck

Die von mir geschilderten Beispiele sind ein kleiner Ausschnitt aus meiner in der Zwischenzeit doch recht beträchtlichen Anzahl von Stunden mit monodramatischer Arbeit, wenn auch Morenos Satz „Am Anfang war die Gruppe, am Ende das Individuum" nach wie vor ein ganz zentraler für mich ist. Aber erstens gibt es Situationen, wo man auf Grund verschiedener Begebenheiten nur monodramatisch sinnvoll arbeiten kann, sei es z. B. bei einer Krisenintervention, wenn für dieses Kind keine passende Kindergruppe zu finden oder das Kind einfach (noch) nicht gruppenfähig ist. Zweitens finde ich monodramatische Arbeit mit Kindern aber auch selbst sehr spannend und ertragreich, wenn man – und das ist eine zentrale Forderung für mich – das „Sozia-le Atom" des Kindes ständig mitdenkt und in die Arbeit einbaut. Schon der Beginn der Arbeit mit Kindern ist ein anderer. Kommen Erwach-sene eher selten geschickt oder an der Hand geführt in eine Therapie, eine Beratung oder Rollenspielgruppe, so ist das bei Kindern genau umgekehrt. Es gibt natürlich auch hier Ausnahmen: Jugendliche, die von sich aus eine Beratungsstelle aufsuchen, oder Kinder, die von sich aus die Beratungslehrerin in der Pause ansprechen, ob sie nicht auch einmal kommen dürften, sie hätten ein Problem. Die Regel sieht aber anders aus: entweder sehen die Eltern selbst ein Problemverhalten ihres Kindes, oder sie werden von einer Instanz (Schule, Klinik, Jugendamt) darauf aufmerksam gemacht. Im zweiten Fall ist der Einstieg dann besonders schwierig, denn da weiß dann oft nicht nur das Kind nicht, wieso es kommen muß, sondern auch die Eltern kommen mit Erklärungen wie: „Die Lehrerin hat gesagt, wenn wir nichts machen, dann kommt er in die Sonderschule." Es ist immer wichtig, eine Auftragsklärung durchzuführen, in solchen Fällen muß man aber besonders genau darauf achten, sehr klar aussprechen, was man – immer das Einverständnis des Kindes vorausgesetzt – bereit ist, zu tun und was man ganz sicher nicht übernehmen kann und will. Ich halte auch mit allen Beteiligten ausgemachte Probesitzungen, nach denen erst eine endgültig Entscheidung über die Weiterarbeit getroffen wird, für unerläßlich.

Ich möchte im folgenden einige Möglichkeiten, mit dem Umfeld von Kindern umzugehen, nur kurz anreißen. Ich halte sehr viel von der Einbindung der Familie und denke, diese Möglichkeit sollte genützt werden, wo immer es möglich ist. Auch Moreno selbst beschreibt ja in der von mir schon erwähnten Behandlung des „kleinen Karl", daß er, allerdings in der 3. Phase, die Mutter miteinbezog. Sie war zunächst als Zuschauerin eingeladen, als noch die Hilfstherapeutin die Mutterrolle spielte und wurde dann in das reale Spiel integriert. Ich verlange am Beginn und am Ende jeder Kindertherapie ein Familiengespräch und behalte mir auch vor, während des Verlaufs der Therapie die Eltern zu einem Gespräch zu bitten. Selbstverständlich ist dabei eine klare Abmachung mit dem Kind, was bei einem solchen Elterngespräch besprochen werden darf und was nicht. Oft muß ich für ein solches Gespräch meinen Arbeitsraum umgestalten – manche Kinder möchten, daß die Eltern „ihre" Materialien nicht sehen, andere wollen es. Weiters nehme ich auch, wenn vom Kind gewünscht, Kontakt zur Schule auf, oft ist der Kontakt zum Jugendamt oder einer anderen mit der Familie befaßten Einrichtung unerläßlich. Hier schildere ich natürlich niemals den Therapieverlauf, meist genügt die signalisierte Kontaktbereitschaft, um Zeit und Verständnis, z. B. bei Symptomverschlechterung, zu erreichen. Auch andere Personen des Sozialen Atoms sind wesentlich: bei Pubertierenden ist manchmal eine gemeinsame Stunde mit einer wichtigen Person aus der Peergroup wirkungsvoller als alle anderen Interventionen. Kinder und Pubertierende sind tatsächlich abhängig von ihrem Umfeld, ein grundsätzliches Abschotten dieser Menschen aus der Arbeit mit dem Kind ist daher meines

Erachtens niemals nützlich für das Kind. Außerdem verstehe ich es auch, daß es für Eltern nicht einfach ist, einer fremden Person, also mir, das Kind anzuvertrauen und nicht genau zu wissen, was sich da zwischen mir und dem Kind abspielen wird. Ich schildere daher auch auf Wunsch sehr ausführlich meine Methoden und Vorgangsweisen. Andererseits sage ich aber ebenfalls deutlich, daß ich ab dem Zeitpunkt, wo ich mit aller Einverständnis mit dem Kind zu arbeiten beginne, Interventionen der Eltern zwischen Tür und Angel oder neue, telefonisch gegebene Zusatzaufträge nicht annehme. ("Und sagen sie ihr doch, sie soll zu ihrer kleinen Schwester nicht so unmöglich sein!")

Allen Kindertherapeutinnen ist die Tatsache vertraut, daß man zu der Ansicht kommt, daß die Eltern oder ein Elternteil eine Therapie zumindest genauso nötig hätten wie das behandelte Kind. Ich nehme diese Bezugsperson niemals auch in Einzeltherapie, ich weiß aber, daß manche Kolleginnen das nicht für so unvereinbar halten wie ich. Am liebsten ist es mir natürlich, wenn Eltern dann mein Angebot einer Überweisung, z. B. in eine Elterngruppe, annehmen oder die Lehrerin der Kinder, die ich betreue, ihre Eigenanteile in der Supervision bearbeitet. Ich mache auch immer wieder auf solche Möglichkeiten aufmerksam, wenn ich mit den Bezugspersonen rede, und das Gespräch mit ihnen führe ich, wie schon weiter oben gesagt, auf jeden Fall. Ich würde meine Art der Gesprächsführung als eine pädagogische bezeichnen, allerdings gepaart mit einer therapeutischen Grundhaltung. Das heißt konkret, daß Ziel und Sinn meiner Gespräche mit Eltern eine „qualifizierte Neuinszenierung von Alltag" sind. Das heißt aber natürlich nicht, daß ich dabei irgendwie unreflektiert vor mich hinplaudere, der Begriff der „selektiven Offenheit" trifft hier zu. Auch Moreno versteht sicherlich in der von ihm immer wieder geforderten ehrlichen Begegnung im Hier und Jetzt nicht die rückhaltlose Offenheit – die würde im konkreten Fall des Gespräches mit Eltern eines in Therapie befindlichen Kindes ja oft auch nicht in dessen Sinn sein. Ich selektiere in einem solchen Gespräch daher auf verschiedenen Ebenen. Erstens kläre ich natürlich wie schon weiter oben ausgeführt, mit dem Kind vorher ab, was ich nicht ansprechen darf. Vor und bei dem Gespräch überlege ich dann, in welchen Aspekten meiner Rollenvielfalt ich mich präsentieren soll und in welchen nicht, will ich für das Kind etwas erreichen. Ich habe mich z. B. in Beratungsgesprächen mit türkischen Vätern sehr auf meine Autorität als Lehrerin gestützt und damit wesentlich mehr für meine Schülerinnen erreicht, als wenn ich dasselbe Anliegen als emanzipiert-feministische Frau vertreten hätte, die ich auch bin. Schließlich erzähle ich bei solchen Gesprächen gerne Beispiele aus meinem eigenen Leben. Ich schildere aber natürlich, wenn ich mich z. B. der Mutter eines bei mir in Therapie befindlichen Kindes in meiner Mutterrolle präsentiere, nicht meine aktuellen

Problemgeschichten mit meiner Tochter, sondern wähle sehr gezielt meine „Histörchen" aus, andererorts wird so etwas als „Lehrgeschichten" bezeichnet. Kinder wollen nicht immer bei allen Gesprächen mit ihren Eltern dabei sein, sie wehren manchmal auch ab, wenn ich ihnen nach einem solchen Gespräch anbiete, darüber zu erzählen, dies mache ich aber in Kurzzusammenfassungen der wichtigsten Punkte auf jeden Fall. Ich erzähle dem Kind sehr klar, was ich gesagt habe, um das gerade mit Kindern so gerne gepflogene Muster des Zitierens, was jemand anderer über sie gesagt habe, zu durchbrechen.

Was ich zu diesem letzten Punkt geschrieben habe, klingt sehr selbstverständlich und damit eigentlich fast überflüssig. Ich weiß aber aus vielen Gesprächen mit Kolleginnen und auch der eigenen Arbeit, was da alles einreißen kann. Man „vergißt" z. B. ständig darauf, daß es eigentlich höchste Zeit wäre, sich wieder einmal mit den Eltern eines bestimmten Kindes zusammenzusetzen. Da gilt es dann die eigenen Haltung, wie so oft, wieder zu überprüfen, auch in der Richtung, ob man nicht vielleicht einen schon längst fälligen Abschied von diesem Kind hinauszögert.

7. Der Abschied

Kindertherapien oder Beratungen dauern manchmal unnötig lange, weil man dem Kind die „böse Welt draußen" noch nicht zumuten will, man setzt sich wie eine Gluckhenne über „sein Kind", um es vor Schwierigkeiten „draußen" abzuschirmen. Ich kenne diese Gefühle selbst nur zu gut. Manche Kinder aktivieren unsere Beschützerinstinkte besonders stark, oft müssen wir Kinder ja auch in wirklich tragischen Lebenssituationen begleiten. Irgendwann ist aber immer der Zeitpunkt für den Abschied da, und gerade das monodramatische Setting bietet eine Reihe von Möglichkeiten, sehr bewußt damit umzugehen, es auch in Szene zu setzen. Ganz wesentlich, und das ist mit Kindern genauso möglich wie mit Erwachsenen, ist natürlich die Auflösung der Übertragungen. Auch unsere Spielmaterialien werden jetzt wieder meine Arbeitsmaterialien und kehren an ihren angestammten Platz zurück, manchmal gebe ich dem Kind ein Objekt mit. Und dann ist es meine Aufgabe, dem Kind seinen eigenen Weg zuzutrauen und es im richtigen Moment gehen zu lassen – zu seiner eigenen Umwelt, in sein reales „Soziales Atom".

Literatur

1. Grundlegendes
Leutz G (1986) Psychodrama. Springer, Berlin Heidelberg New York Tokyo
Moreno J L (1967) Die Grundlagen der Soziometrie. Westdeutscher Verlag

Moreno J L (1993) Gruppenpsychotherapie und Psychodrama. Thieme, Stuttgart

Moreno J L (1981) Soziometrie als experimentelle Methode. Junfermann, Paderborn

Ottomeyer K, Wieser M (1993) Informationspapier über die methodenspezifische Ausrichtung des Psychodramas, Rollenspiels und der Methode in Österreich

Petzold H (1978) Angewandtes Psychodrama. Junfermann, Paderborn

Petzold H (1987) Die Rolle des Therapeuten und die therapeutische Beziehung. Junfermann, Paderborn

Petzold H , Mathias U (1982) Rollenentwicklung und Identität. Junfermann, Paderborn

2. Fallschilderungen: Monodramatische Arbeit im therapeutischen Feld

Klosinski G (1981) Psychodrama als Interventionstechnik in der Einzelpsychotherapie mit Pubertierenden. In: Engelke E (Hrsg) Psychodrama in der Praxis. Pfeiffer, München, S 143–154

Moreno J L: Psychodramatische Behandlung neurotischen kindlichen Verhaltens. In: Gruppenpsychotherapie und PD, S 210–203

Stiegler G (1993) Vier Beispiele der Psychodrama-Anwendung in der Behandlung von Folgen sexueller Gewalt, Beispiele 1–3. In: Bosselmann R ua (Hrsg) Variationen des Psychodramas. Limmer, S 46–59

Straub H (1987) Psychodramatische Kindertherapie mittels Puppen. In: Petzold H, Ramin G (Hrsg) Schulen der Kinderpsychotherapie. Junfermann, Paderborn, S 257–271

Erdmann M (1975) Das Psychodrama des Kindes in der Einzeltherapie am Beispiel Peter, 12 Jahre. In: Zeyde M (Hrsg) Psychodrama. Diedrichs

stellten den Dschungel dar, in dem sich das Gefangenenlager des Vietkong befand. Auf einem Sessel lag ein Teddybär als Symbol für Rambos gefangenen Freund. Die Sessel – wahllos verstreut im Raum – stellten die Wachen dar.

Wichtig war, daß er als Rambo gemeinsam mit einer Komplizin einen gefangenen Freund befreien konnte. Die lange Einkleidung der Gegenstände hatte ihn langsam begierig gemacht auf das Spiel. Schließlich konnte er endlich hineinstürmen, das Zimmer nach Herzenslust bearbeiten und imaginäre Gegner bekämpfen.

Er schrie: „Aus dem Weg! Fort, ihr Verbrecher! Niemand kann Rambo aufhalten! Aaaaah!" Er trat nach rechts und links mit den Schuhen, schubste die Sessel zur Seite und packte den Teddybär. Mit ihm lief er dann aus dem Zimmer. „Keine Angst, Jack! Ich lasse dich nicht im Stich!"

Ich ließ ihn gewähren, unterbrach nur ab und zu, um uns beiden zugänglich zu machen, wie es ihm jetzt gehe (psychodramatisches Interview siehe V, Kapitel 2.3. Monodrama in der Studentenberatung) und was er noch tun wolle. Diese Stops interessierten ihn offensichtlich und hemmten nicht seine Spiellust.

„Ich fühle mich sehr gut, Herr Ruthner! Beim zweiten Erstürmen war es noch besser. Da habe ich mich mehr getraut!" sagte er. „Wie geht es wohl meiner Freundin bei der Aktion?" fragte er und ich ermunterte ihn, es selbst auszuprobieren. Ich übernahm bei diesem Versuch den Part des Rambo, hielt mein Spiel aber sparsam, um ihm genügend Platz zu machen.

„Los, Rambo, pack' Jack, wir müssen raus hier! Die Luft wird immer dicker hier! Noch ist der Rückweg offen!" Also nahm ich den Bär dieses Mal und lief dann mit W. in den Nebenraum.

Beim viertenmal übernahm W. die Rolle des Rambo wieder und die muntere Jagd konnte von neuem losgehen! „Taktaktaktaktak – bumm-bumm-bumm" von Sessel zu Sessel lief W. mit einem phantasierten Maschinengewehr und schoß wild auf vermeintliche Gegner.

Danach hielten wir beide vor Erschöpfung inne. Ich hielt mich bei den Spielen sehr nahe bei ihm, trachtete aber, ihm den Raum zu lassen für sein Spiel. Ab einem gewissen Punkt stoppte er und sagte, daß er nun genug habe. Er schloß das Spiel dann auf meinen Vorschlag hin mit Buntstiften und einem Bogen Zeichenpapier ab, d. h. er zeichnete die gelungene Flucht dreier Personen mit dem Hubschrauber und ein brennendes Vietkong-Lager im Dschungel.

In der Aufarbeitung sprach er viel von seinem Spaß, den er hatte, seiner Kraft, die er spürte, aber auch von Einsamkeit und Traurigkeit. „Trotz der Komplizin, dachte ich, Scheiße, ob ich da wieder heil raus komme! Ich fühlte mich auch manchmal furchtbar allein! Ich war von einem einzigen Ziel besessen – Jack zu befreien!"

Ich fragte ihn, ob ihn diese Gefühle an etwas erinnern?

Er kam auf den Tod seines Vaters zu sprechen, der, in dieser Dichte zum ersten Mal, in der Betreuung von W. thematisiert wurde. „Es ist jetzt 10 Jahre her, daß er vom Gerüst fiel! Er fehlt mir sehr! Aber irgendwo habe ich auch eine Wut auf ihn, weil er mich so alleingelassen hat." Dabei kamen ihm die Tränen und ich ermunterte ihn fortzufahren. „Die einzige, die ich wirklich noch habe und die mich nie im Stich gelassen hat, ist meine Oma!"

Er spürte die Sehnsucht nach dem Vater, aber auch die Zuneigung zu seiner Großmutter. Einige leichte Tischspiele halfen zusätzlich, die Sitzung wieder abzuschließen und ihm, der ja keine Erfahrung mit Rollenspielen hatte, gab es Zeit, die aufgetretenen Gefühle und Erfahrungen besser verarbeiten zu können.

Für unsere Arbeit brachten diese Spielsequenzen ihm und mir viele neue Impulse, die uns die nächsten Treffen weiterbeschäftigten und Gesprächsstoff lieferten.

Ich bekam durch die Spiele auch Rückmeldung von ihm, wie er mich und die zuständige Sozialarbeiterin beim Bezirksjugendamt (in der Rolle als Komplizin) in der Betreuungsarbeit erlebte.

Wir konnten auch darüber miteinander sprechen. Diese Deutungsmöglichkeit des Rollenspiels verschüchterte ihn aber mehr, als die Gefühle, die durch das Spiel ausgelöst wurden.

Es war wichtig für mich, diese Signale der Überforderung nicht zu übersehen, trotzdem aber alle Handlungsstränge zu benennen, die ich im Spiel erkannt hatte.

Die Betreuung ist seit ca. einem Jahr beendet. Ich habe zu W. und seiner Großmutter noch losen Kontakt, habe also auch die Möglichkeit überprüfen zu können, was aus ihnen geworden ist. Es geht beiden gut, auch miteinander. Wenn man bedenkt, wieviel Skepsis von verschiedensten Seiten bestand, daß Fr. R. als Pensionistin und W. als Sonderschüler in der Lage wären, gemeinsam einen Haushalt zu führen bzw. daß W. einen Beruf erlernt, sieht man, wie vieles in der Zeit durch das monodramatische Setting an positiver Veränderung entstehen konnte.

2. Fallbeispiel

Mutter, 35 Jahre, „Alleinerziehende-Problematik"

Eine alleinerziehende Mutter, deren erster Sohn auf ihr Verlangen hin im Heim war, hatte große Konflikte mit ihrem zweiten Sohn M.[1], der die vorübergehende Heimunterbringung seines um 2,5 Jahre älteren

---

[1] Anfangsbuchstaben aus Anonymitätsgründen vereinbart.

Bruders R.[1] weder verstanden, noch gut geheißen hatte. Ich traf sie und den 12jährigen regelmäßig, positive Veränderungen waren recht bald sichtbar. Eine Routineuntersuchung beim Arzt ergab, zum Schock und zur Überraschung aller, daß ihr erster Sohn an einem bösartigen Tumor leide, der schon soweit fortgeschritten war, daß eine sofortige Operation nicht möglich war und nicht ratsam schien.

Frau P.[1] überkamen große Depressionen, Ängste, Schlafstörungen begannen sie zu quälen. Es gelang mir in intensiven Sitzungen sie zu beruhigen, neuen Lebensmut finden zu lassen und sie in der Planung der nächsten Schritte zu unterstützen.

Sowohl M. als auch Frau P. wünschten sich, mich wöchentlich alleine zu treffen und gemeinsame Gespräche zwar regelmäßig, aber mit großen Zeitabständen abzuhalten. Die Krankheit des R. veränderte die Situation zu Hause komplett, mittlerweile lebt die Familie wieder zusammen.

Frau P. nahm sich ein Jahr unbezahlten Karenzurlaub, um R. in seinem Behandlungsprozeß besser unterstützen zu können. Er absolvierte ein halbjähriges Bestrahlungsprogramm in einer Klinik, kam aber nach Hause schlafen. Regelmäßige Sitzungen mit allen dreien und Einzelsitzungen mit der Mutter halfen der Familie, mit der neuen Situation fertig zu werden, anstehende Probleme zu klären und Ängste und Sorgen gemeinsam verarbeiten zu lernen. Zusätzlich zu den Familiengesprächen kam Frau P. allein zu mir, um sich bei mir Aussprache, Beistand und Unterstützung für sich selbst zu holen (1mal pro Woche).

Diese Phase dauerte ca. ein Jahr, ca. fünfmal konnte sie auch monodramatische Spielideen von mir annehmen. Es waren dies keine spektakulären Spielsequenzen, aber gerade die Vorsicht, Langsamkeit und Behutsamkeit bei uns beiden, sich darauf einzulassen, brachten uns neue und wesentliche Erfahrungen.

Monodramasitzung: In einer Sitzung in der Beratungsstelle erzählte Frau P. von ihrer Schwester, wie sehr sie diese bewunderte und zugleich neidisch wäre, wie scheinbar mühelos diese mit Herausforderungen und Konflikten umginge. „Ach, wäre sie doch nur ein wenig so wie ich." (Frau P. in der Rolle der Schwester).

Frau P. erzählte von einem kürzlichen Besuch dieser Schwester und nahm meine Spielidee zwar zögernd, aber doch neugierig an. Zuerst suchte sie einen rot schillernden Polster für die Schwester aus, den sie auf einen leeren Sessel legte. Auf meine Aufforderung hin sprach sie über die Gefühle zu diesem Kissen, und dann setzte sie sich, auch auf meine Aufforderung hin, mit dem roten Polster auf ihrem Schoß. Sie schien fasziniert, etwas scheu, zugleich überrascht von der Leichtigkeit des Spielablaufs sowie der Aneignung der dem Kissen zugeschriebenen Eigenschaften: Selbstbewußtsein, Schönheit und Stärke.

An diesem Punkt signalisierte sie dann den Wunsch nach Beendigung und setzte sich wieder auf ihren ursprünglichen Sessel.

Mir fällt ein, wie sehr es für das Zustandekommen der Spielsequenz wichtig war, daß ich ebenfalls aufstand. Ich hatte dabei den Rat von Erlacher-Farkas im Hinterkopf und glaube heute, daß es ohne dieses Signal kaum zu einem monodramatischen Spiel gekommen wäre.

In der Aufarbeitung erzählte Frau P. viel über ihre Kindheit, ihre Eltern, ihre gescheiterte Ehe und die Beziehung zu ihren Söhnen.

Die anfangs der Sitzung der Schwester zugeschriebenen Eigenschaften schienen ihr auch jetzt noch zugängig. Sie sprach über ihre Gefühle in anderer Lautstärke und Kraft, sah sich in ihrer Geschichte plötzlich selber weniger in der Opferrolle. Zugleich konnten wir gemeinsam ihre Stärken erarbeiten bzw. wie sie sich selbst einschätzte, und wie ich sie erlebte.

Gut gelaunt, ich glaube mich zu erinnern, beinahe ein Liedchen trällernd, verabschiedete sie sich zum Schluß des Treffens.

Ich habe die Betreuung vor ca. 1,5 Jahren abgeschlossen und freue mich sehr, daß R. praktisch gesund geworden ist. Die drei wohnen immer noch zusammen. Die Krankheit und die Auseinandersetzungen darüber haben bei allen drei Personen die Beziehungen verändert und verbessert.

Frau P. und R. haben überhaupt einen Neubeginn miteinander geschafft. Das war der Nutzen, den sie aus der Krise gemeinsam ziehen konnten.

Kapitel 2.3

Monodrama in der Studentenberatung einer Budapester Universität

M. Ritook

Einleitung

Als Mitarbeiterin des *Studentenberatungszentrums der Lorand Eötvös Universität,* Budapest, arbeite ich seit fünf Jahren mit Studenten und Studentinnen. Diese Tätigkeit beinhaltet größtenteils Einzelberatungsfälle, wir haben befristete Kurztherapien, manchmal arbeiteten wir auch mit der Langzeittherapie. Meine Beratungsarbeit beruht teilweise auf den klientorientierten Ansichten der humanistischen Psychologie, teilweise auf der psychoanalytisch orientierten Therapie.

Nachdem ich die Methode des Psychodramas kennengelernt habe, sah ich darin eine weitere Möglichkeit in Form des Monodramas für meine therapeutische Tätigkeit in der Beratungsarbeit.

Die Möglichkeit des dramatischen Miterlebens bedeutete große Veränderungen und kathartische Erlebnisse in den wochen-, manchmal sogar monatelangen verbalen Begegnungen.

Darüber möchte ich in dieser Abhandlung berichten.

Der Begriff und die Charakteristika des Monodramas sind in der umfangreichen Fachliteratur des Psychodramas relativ wenig behandelt. Zeintlinger (1991, S. 27) benutzt den Begriff des Monodramas in dem Themenkreis der individuellen psychodramatischen Therapie und Beratung. Das Monodrama wird von ihr dadurch gekennzeichnet, daß in der individuellen psychodramatischen Sitzung von den wichtigsten Bedingungen des Psychodramas nur die Rolle der Hilfs-Ich-Arten fehlt:

„Alles andere läuft wie bei einer gewöhnlichen Psychodramasitzung ab: die Einrichtung des Schauplatzes, die Vorstellung der Bezugspersonen, die nur in der Phantasie anwesend sind, die Personen, der Rollentausch und die Doppeltechnik."[1]

---

[1] Anmerkung der Herausgeber: vergleiche dazu III, Methodischer Teil, Kapitel 1, S. 102.

Blatner (1989, S. 568) schreibt wie folgt: „Sometimes a client can play both parts in an encounter – the technic of *monodrama* using an empty chair as the site of the imagined other."

Corsini und Wedding (1989, S. 596) definieren den Begriff des Monodramas folgendermaßen: „One client's playing both parts in a scene by alternating between them."

Die Anwendungsmöglichkeit des Psychodramas in der Privatpraxis wurde von Moreno (S. 324–327)[2] in der Behandlung eines Schreibkrampfes beschrieben.

Leutz und Zeintlinger (1991, S. 27) haben die Aufmerksamkeit auf die Ähnlichkeit zwischen dem Monodrama und der Gestalttechnik gelenkt. Die Hot-seat-Technik und die Methode des Rollentausches weisen besonders viele Ähnlichkeiten mit dem Monodrama auf. Rytöhonka (1992, S. 337–351)[1].

Der Aufsatz von Eckert (1987, S. 9) – ist aus der das Monodrama behandelnden Fachliteratur im Gesichtspunkt meiner gegenwärtigen Arbeit von hervorragender Bedeutung, da er als Schulpsychologe einer Berufsschule mit der Anwendung des Monodramas in der Beratung/Therapie tätig ist und noch dazu mit einer Altersklasse, mit der ich auch arbeite. Er ist der Ansicht, daß das Monodrama die diagnostischen und therapeutischen Möglichkeiten vorteilhaft verbindet. „Die wesentlichen Konflikte des zu Beratenden kommen dabei rasch ins Blickfeld und können (mit monodramatischen Mitteln) meist in kurzer Zeit auch effektiv angegangen werden."

Zur Anwendung des Monodramas in der Beratung der Studenten habe ich wichtige Anregungen von den mit Barbara Erlacher-Farkas mehrmalig persönlich geführten Konsultationen gewonnen. Frau Erlacher-Farkas ist Mitarbeiterin des Wiener Psychologischen Studentenberatungsdienstes des Ministeriums für Wissenschaft und Forschung. Sie arbeitet seit mehr als 10 Jahren mit dem Monodrama bei individueller Beratung.

Die Ähnlichkeit der das Wiener Beratungszentrum aufsuchenden Studenten hat meine Absicht weiter verstärkt, die Verwendungsmöglichkeiten des Monodramas in meiner Arbeit zu erproben.[3]

---

[2] Anmerkung der Herausgeber: siehe Literaturverzeichnis, S. 204.
[3] Die Quelle der Ausführungen sind persönliche Begegnungen und Demonstrationen in Budapest von Frau Erlacher-Farkas et al. der Sektion Psychodrama; ÖAGG.

1. Fallbeispiel

Juli, 29 Jahre, „Identitätssuche"

Ich kenne Juli schon seit Jahren. In ihren Studentenjahren gab es eine Periode, in der das gesamte Gewicht ihrer Familiengeschichte und ihres Lebens auf sie gestürzt war. Der frühe und tragische Tod ihres Vaters, das hysterische, in jeder Minute explodierende Verhalten ihrer Mutter, das das Familienleben zur Hölle gemacht hat, ihre Unzufriedenheit mit sich selbst, ihre Fremdheit zu ihrer Mitwelt, ihre Erfolgslosigkeit gegenüber ihren Brüdern aufgrund des Aussehens und der Leistung, wie auch in den Beziehungen zum anderen Geschlecht.

Zu diesem Zeitpunkt suchte sie das Studentenberatungszentrum in Budapest auf. Der Zweck der damaligen therapeutischen Beziehung war eine Ich-Stärkung, die Förderung der Akzeptanz von sich selbst, die Verarbeitung ihres Schuldbewußtseins wegen des Todes ihres Vaters.

Die Arbeit lief im Rahmen der Rogersschen Therapieauffassung ab. Die Therapie wurde nach einem Jahr abgeschlossen. Sie hat ihre Universitätsstudien beendet, geheiratet, bekam ein Kind und lebte harmonisch mit ihrem Mann, vielleicht sogar zu harmonisch, fast „wie ein Taubenpaar".

Sie hatte mich über die großen Ereignisse ihres Lebens brieflich oder telefonisch benachrichtigt.

Im Frühling 1992 suchte sie mich erneut auf. Sie bat mich dringend um ein baldiges Treffen. Sie sagte, sie wäre in einer ernsten Krisensituation, da ihr Mann sie wegen einer anderen Frau verlassen hatte. Sie selbst hätte dies jedoch ausgelöst, da sie ihrem Mann verraten hatte, sie habe sich in jemand anderen verliebt. Obwohl daraus keine wirkliche, gegenseitige Beziehung entstand, konnte sie ihre Ehe nicht mehr so fortsetzen, wie sie am Anfang war. Sie wollte ihr ganzes Leben neu durchdenken und gestalten, und ich sollte ihr dabei helfen.

Zur Zeit ist sie wieder Studentin. Sie begann verschiedene schriftstellerische Werkstätten zu besuchen und sie fing ernstlich an zu schreiben. Wir haben einen Vertrag über diese Krise abgeschlossen, daß wir uns zehnmal treffen und an der Veränderung arbeiten werden. Unsere Gespräche setzten sich am Anfang ebenso fort, wo wir damit vor Jahren aufgehört hatten. Nach einigen Begegnungen spürte ich, daß wir nicht vorwärtskamen, auf Grund dessen habe ich ihr dann das Monodrama vorgeschlagen. Es war nicht leicht, das Gewohnte beiseite zu legen, aber letztendlich ging sie auf das Monodrama ein.

Sie beschwerte sich hauptsächlich über Kommunikationsschwierigkeiten, sie verhalte sich unbeholfen und ungeschickt. Sie werde mißverstanden, so wie auch sie andere mißverstehe. Wir haben dieses

Thema mehrere Male durchgespielt und später wieder solch eine Szene mit dem Schauplatz einer Schriftstellerwerkstatt und einem Künstlercafé, in das sie linkisch hineingeht und den Chefredakteur mit einer Übersetzungsidee aufsucht, gespielt.

Dazu haben wir jene Szene im Kaffeehaus eingerichtet, wo sich die Szene abspielte. Die um einen runden Tisch gestellten Stühle vertraten die Teilnehmer des Gesprächs (4 Personen)[4]. Durch Rollenwechsel wurden die Teilnehmer einer nach dem anderen von Juli dargestellt, als letzter auch der Chefredakteur, der die Hauptrolle der Szene spielte. Die Teilnehmer waren alle Männer. Hier trat Juli, scheinbar selbstsicher, ein. Ihr Monolog vor dem Eintreten in das Kaffeehaus zeigte, wie sehr sie sich unsicher fühlte, wieviel Angst sie vor der Situation, vor den viel älteren, arrivierten „überlegenen" Schriftstellern hatte. Sie fühlte sich schlecht gekleidet, unansehnlich.

Während ihrer Besprechung mit dem Chefredakteur folgte ich ihr mit Doppeln[5], damit sie erörtern kann, was sie in jener Situation wirklich fühlt. Das Gespräch spielt sich zwischen ihr und dem Chefredakteur ab, die anderen schließen sich nicht an. Das beinhaltet auch, daß ich die Worte des Protagonisten, des Chefredakteurs, fallweise – indem ich mich an seinen Stuhl stelle – wiederhole, damit Juli ihre wichtigen Antworten in ihrer eigenen Rolle leichter wiederholen kann. Auch in anderen Monodramaspielen kommt es manchmal vor, daß der Leiter sich in die Rolle des Protagonisten versetzt. Es kommt zu mehrmaligem Rollenwechsel mit dem Chefredakteur, dann auch zu einem Interview[6,7] mit ihm, Juli stellt dabei seine Rolle dar. Dabei frage ich

---

[4] Im Monodrama wird den Objekten eine besondere Rolle zugeteilt. Die Rollenspieler werden durch Objekte vertreten. Auch deshalb ist es besonders wichtig in der Spielumgebung des Monodramas über verschiedene Objekte zu verfügen, die der Protagonist zum Spiel auswählen kann. In diesem Fall, in der Kaffeehausszene, hat Juli die einfache Lösung gewählt, die Teilnehmer werden durch Stühle vertreten, personifiziert. In anderen Spielen wird der Schauplatz mit einer Reihe von Objekten bevölkert, die verschiedene Personen, Gefühle repräsentieren (vgl. III, Kap. 1, S. 101).

[5] Die möglichen Formen des Doppelns werden von Zeintlinger ausführlich dargestellt. (Zeintlinger 1991, S. 56–59).

[6] Das Interview ist eine Art des psychodramatischen Interviews, darüber schreibt Zeintlinger folgendes „... das Ziel des Interviews mit dem Protagonisten, der eben die Rolle des Antagonisten spielt, ist die Erleichterung der Identifikation für den Protagonisten mit dem Antagonisten." (Zeintlinger, ebd. S. 60). Meiner Erfahrung nach bringt das Interview eine Vertiefung der im Rollenwechsel erlebten Rolle. Es ermöglicht fallweise eine größere Identifikation. Eine intensivere Bewußtmachung als der Rollenwechsel allein. Natürlich kann es nur als Ergänzung zum Rollenwechsel verwendet werden.

[7] Die Herausgeber würden statt des Interviews den Gedanken im Doppeln erfragen.

den Chefredakteur hauptsächlich darüber, wie er Juli sieht. Der wichtigste Satz ist, sie sei begabt, sie kann bloß nicht zeigen, was in ihr steckt. „Sie ist unbeholfen wie ein Jüngling, nicht wie eine junge Frau."

In dem Endgespräch mit Juli wurde es formuliert, daß sie unbeholfen reagiert, dann aktiv, aber doch zu schüchtern, dann wieder flegelhaft. Im Spiel konfrontiert mit sich selbst, sieht sie ein, daß auch andere mit ihr nichts anfangen können.

Dann vernehme ich folgende Sätze: „Ich habe mir nie erlaubt, zu einem Friseur zu gehen, gut auszusehen. Das wäre Luxus gewesen. Auch meine Mutter hat so was nie getan."

Sie selbst ist bestürzt, als sie diese Worte ausspricht. Für mich ist es fast nicht nötig, etwas zu sagen, sie versteht sofort, was diese Worte in ihrer Vergangenheit und in ihrer Gegenwart bedeuten. Sie bemerkt, daß diese Worte für vieles eine Erklärung bedeuten. Mit ihrer Mutter hat sie immer gekämpft, und obwohl es ihr nicht bewußt war, identifizierte sie sich mit ihr. Dieses Spiel war eine Konfrontation, die für sie Veränderungen mitgebracht hatte.

2. Fallbeispiel

Nora, 20 Jahre, „Trennungsproblematik"

Nora kenne ich auch schon seit Jahren. In ihren Flegeljahren besuchte sie mich regelmäßig, wie ich es formulieren möchte, zu einer therapeutischen Berufswahl. Sie bat mich ursprünglich um Berufswahlberatung, aber sie hatte so viele Probleme mit ihren Eltern und mit sich selbst, daß die Beratung auf der Ebene des Berufswahlproblems nicht beendet werden konnte. Das Verhältnis zwischen ihren Eltern war schlecht, „in ihrem Interesse" hatte ihre Mutter entschieden, die Ehe zu ertragen, bis sie das Abitur ablegte. Ihre Eltern waren mit ihr unzufrieden, ihre Mutter hielt sie für zu langsam und zu dick, ihr Vater machte ihr zum Vorwurf, daß sie sich gegenüber ihrer Mutter nicht auf seine Seite stellte. Sie hatte außerdem keine Partnerbeziehung und in der Schule konnte sie sich nicht bei den Klassenkameraden mit besseren sozialen und kulturellen Hintergrund einfügen. Das begabte, kreative Mädchen konnte von ihren Fähigkeiten in der Schule fast nichts zeigen.

Das Ziel der Therapie vor mehreren Jahren war hauptsächlich, daß sie das Gymnasium beenden, mit dem Lernen nicht aufhören und sich selbst akzeptieren sollte. Die damalige Therapie kann mit Identitätsfindung charakterisiert werden. Unsere therapeutische Beziehung endete im dritten Jahrgang des Gymnasiums. Sie war stabiler geworden, und versuchte, auf eigenen Füßen zu stehen. Von Zeit zu Zeit benachrichtigte sie mich auch über ihr Leben. Ich wußte von ihr, daß sie das Abitur abgelegt hatte, daß sie arbeitete und auch eine Partnerbeziehung hatte. Sie wollte in der besprochenen Richtung weiterstudieren; eine Lehrausbildung für die Unterstufe machen.

Im Sommer 1991 suchte sie mich erneut auf, sie spürte, daß sie sich weiter verändern sollte. Sie war mit ihrer Lebensführung unzufrieden. Sie konnte ihre Einstellungen und Standpunkte usw. selbst nicht vertreten.

Ihre Eltern haben sich inzwischen scheiden lassen. Im Frühling 1991 hat ihre Mutter die Familie verlassen. Sie selbst blieb bei ihrem Vater, der ein Trinker ist, und dem sie deswegen sehr böse ist. Er erwartet zuviel von ihr. Sie ist nicht fähig, den Haushalt zu führen und ihre Mutter in der Hinsicht zu ersetzen. Trotz ihrer Aufregung und Verzweiflung kann sie ihrem Vater nicht entgegentreten, obwohl sie weiß, daß es nötig wäre.

Sie kann nicht einmal ihrem Partner entgegentreten, sich ihm widersetzen, mit dem sie seit einigen Monaten eine Beziehung hat. Einmal hatten sie schon darüber gesprochen, später nahmen sie ihre Beziehung wieder auf, versöhnten sich, aber ihr wurde bewußt, daß sie ihr Leben nicht mehr so fortsetzen konnte wie zuvor. Sie wollte sich selbst verändern und darum bat sie mich um Hilfe.

Den therapeutischen Vertrag haben wir bis zum Ende des Studienjahres 1991/1992 geschlossen, um jene Faktoren zu suchen, die sie hindern, so zu sein, wie sie in Wirklichkeit sein wollte.

Charakteristisch für die therapeutische Beziehung war die psychoanalytische Orientierung. Sie interessiert sich sehr für Psychologie und hat viel darüber gelesen. Sie beschäftigte sich auch sehr viel mit sich selbst und konnte viele Phänomene, die sie in sich selbst erfuhr, selbständig deuten. Z. B. „In meinen Flegeljahren war ich im ständigen Kampf mit der ganzen Welt." Sie sprach gern und viel von sich selbst. Im Interpretationsrahmen der Psychoanalyse denkend, war ihr Verhältnis zu ihrem Vater der Ursprung der Modelle der Partnerwahl, die Ähnlichkeit ihrer Partner zum Vater war ihr erkennbar.

Nach einer gewissen Zeit habe ich jedoch bemerkt, daß wir keinen wesentlichen Fortschritt in Richtung der Veränderung gemacht haben. Die Sätze wiederholten sich, wir verstanden beide alles, aber eine Veränderung trat nicht ein. Ich habe ihr schließlich vorgeschlagen, das, worüber sie redet, im Monodrama zu spielen. Sie nahm diese Aufgabe leicht und gern an. Das Monodrama und psychoanalytisch neuorientierte Gespräche alternierten.

Inzwischen hatte sie sich zum zweiten Mal von ihrem Freund getrennt.

Während des Spieles versuchten wir zu verstehen, was da eigentlich geschah. Sie begegneten sich in einer Bibliothek. Sie hat dazu jene Stelle der Bibliothek eingerichtet, wo sie sitzt. Als ihr Freund ankommt,

Die Ergebnisse der in der Berufswahlberatung verwendeten Tests für die Fähigkeits- und Persönlichkeitsuntersuchung bewiesen, daß er hervorragende Fähigkeiten hat. Er ist eine vielseitige, kreative Person, die aber hinsichtlich ihrer Leistung sehr ängstlich ist. Er hatte Angst vor der Erfolglosigkeit, er traute sich selbst nicht zu, wirklich über solche gute Fähigkeiten zu verfügen, wie die Tests zeigten.

Wir gelangten schnell dazu, daß die richtige Frage nicht die Berufswahl betrifft, sondern, warum die intellektuelle Leistung für ihn eine so große Kraftprobe bedeutete. Warum ist er trotz seiner hervorragenden Fähigkeiten so unsicher? Warum hat er solche Beklemmungsgefühle? Warum flieht er vor den Leistungssituationen?

In Wirklichkeit hatte er die medizinische Fakultät deswegen verlassen, sagt er, weil er die Spannungen, die die Prüfungen mit sich bringen, nicht mehr ertragen konnte.

Später haben wir einen Vertrag geschlossen, in dem wir uns im Rahmen von zeitbegrenzten, d. h. zwanzigmaligen, therapeutischen Sitzungen mit diesem Thema beschäftigten. Ich habe ihm mitgeteilt, daß wir auch mit der Methode des Monodramas arbeiten werden.

Die Schulprobleme begannen schon in der Unterstufe der Grundschule. Er war quirlig, verspielt, unaufmerksam und die Lehrer konnten ihn nicht in Griff bekommen. Sie beschwerten sich stets über ihn bei seinen Eltern. Seine Mutter war die stellvertretende Direktorin der lokalen Hochschule für Lehrerausbildung für die Unterstufe, sein Vater ein angesehener Zahnarzt. Die Eltern reagierten unterschiedlich. Seine Mutter liebevoll, aber besorgt und traurig, sein Vater zornig, mit Strafe und Prügeln.

Sein Bruder lernte hingegen gut, war fleißig und mit ihm gab es nie irgendwelche Verhaltensprobleme. Er wurde ihm immer als Beispiel vorgehalten. Jeder wußte zwar, daß Peter begabter ist als sein Bruder, jedoch zeigte es sich in seinen Schulergebnissen nicht. Nur beim Sport war er immer erfolgreich und leistete viel. Die Probleme vergrößerten sich im Gymnasium, wo er sein Abitur mit ziemlich schlechten Noten abgelegt hatte. In jenem Jahr versuchte er auch nicht, die Aufnahmeprüfung zu bestehen. Doch dann hatte er all seine Kräfte zusammengenommen, verzichtete auf den Sport und lernte ein ganzes Jahr, bis er letztendlich auf der medizinischen Fakultät mit ausgezeichnetem Prüfungsergebnis zugelassen wurde. Sein Bruder studierte inzwischen auch schon an der zahnärztlichen Fakultät.

Die Prüfungen bedeuteten für ihn eine unerträgliche Qual. Im zweiten Jahrgang mußte er ein Semester wiederholen und hatte letztendlich doch das Studienjahr erfolgreich beendet. Er entschied sich dafür, nicht mehr weiterzumachen.

Doch die Reaktionen in seiner Umgebung ängstigten ihn. „Wie kann man einen solchen Unfug treiben, die medizinische Fakultät zu verlassen!" Er war völlig verunsichert. Zu diesem Zeitpunkt begegneten wir uns.

Nach mehreren Spielen, meistens im Zusammenhang mit der Universität und mit den Prüfungen bzw. nach der Darstellung seiner Enttäuschung und seines Leidens aufgrund der Trennung von seiner Freundin, gelangten wir zum Schlüsselproblem.

Er hatte stets Angst vor seinem Vater gehabt und hatte sie zu diesem Zeitpunkt noch immer, aber konnte mit ihm darüber nicht sprechen. Sein Vater war schon geduldig und versuchte verständnisvoll zu sein, und wollte auch einsehen, daß er sich in einer wirklich schwierigen Situation befände, aber er konnte diese Angst nicht loswerden.

Das Nichtbestehen der Prüfungen wagte er ihm fast nicht zu erzählen, und es dauerte lange, bis er ihm erzählte, daß er mit dem Studium aufgehört hatte. Es grauste ihm davor, wie sein Vater diese Nachricht aufnehmen werde. Als er darüber erzählte, dieser riesengroße Junge, weinte er, rang die Hände, fand seinen Platz nicht auf dem Stuhl, er verhielt sich wie ein kleines Kind in der Unterstufe.

Die befreiende Katharsis wurde dadurch ausgelöst, daß er im Rahmen eines Monodramas seinem Vater endlich sagen konnte, was für eine Angst er immer vor ihm, vor der Strafe, vor den Prügeln und davor hatte, daß er die Liebe seiner Mutter verlieren würde und sie traurig machen könnte.

Diese Szene brauchte keinen kompliziert eingerichteten Schauplatz. Ein leerer Stuhl, auf den sich der Vater setzte, war genügend. Nach all der Spannung in sich und nach dem Weinen strömte schon nur so der Ärger, die Bitterkeit von seinem Munde.

Das auf den Seelenzustand des Protagonisten abgestimmte Doppeln des Leiters, der hinter dem Protagonisten steht, und auch dessen Körperhaltung und Gesten miterlebt, gewährt emotionale Sicherheit für Peter. Es erleichtert den Ausdruck der hervorgebrachten Gefühle, hilft die Katharsis zu erleben. Er ist nicht allein in dieser Situation. Er konnte auch sagen, wie sehr er seinem Vater wegen der Demütigungen, der Ausgeliefertheit böse war und immer noch ist.

Im Rollenwechsel mit seinem Vater wurde auch formuliert, daß sein Vater ihn nicht so gesehen hat, wie er aufgrund seines Schuldbewußtseins immer glaubte. Sein Vater liebt und akzeptiert ihn viel mehr, als er es sich vorgestellt hatte.

Es entstand eine „Affektsklärung" wie Merei (1986, S. 42) das Wesen der von Moreno beschriebenen Katharsis formuliert.

„Es gibt eine kreative Wiederholungsform des realen Geschehnisses voll von Spannungen. Nach Moreno ist es das dramatisierte Zurückrufen der Vergangenheit, in dem wir die Aufregung mit dem Erlebnis der kreativen Freiheit zu verbinden suchen" (Merei, 1986, S. 43).

Die befreiende Wirkung des Spiels äußert sich auch darin, daß er das Problem im Zusammenhang mit der medizinischen Fakultät loslassen konnte. Er wagte zu sagen, daß er sich dafür eigentlich nie wirklich interessierte. Es war die Frage eines Prestigekampfes mit seinem Vater und dem Bruder, eine Identifizierung mit dem Aggressor. Er interessierte sich in Wirklichkeit für das Geschäftsleben. Nächstes Jahr wolle er auch in dieser Richtung weiterstudieren: „Wirtschaftswissenschaft".

Er hat eine neue Freundin, zu der er eine immer bessere Beziehung aufbauen konnte. Er arbeitet in Budapest und er will die Stadt, in der seine Eltern leben, verlassen. Er ist beruflich sehr erfolgreich.

Aber: Trotz aller Veränderungen hat er noch immer Angst davor, dem erfolgreichen Leben überhaupt gewachsen zu sein. Ob er im Falle von Schwierigkeiten die nötige Ausdauer haben wird? Er bat mich, daran noch gemeinsam zu arbeiten, und wir haben aufgrund dessen einen neuen Vertrag bis zum Ende des Studienjahres 1991/1992 abgeschlossen.

Das Monodrama als die Hauptprobe des Verhaltens im Leben

Der Ausdruck „Hauptprobe" wird von Buda (1986, S. 79) benutzt, die dramatische Darstellung ermöglicht das Ausprobieren neuer Verhaltensweisen und neuer Lösungsexperimente in einer gegebenen Situation. In der Arbeit mit Juli (siehe den oben vorgeführten 1. Fall) kam es nach einem Spiel an die Reihe, in dem sie ihre Unbeholfenheit und linkische Art dargestellt hatte und nachdem sie gesagt hatte: „Heute würde ich es vielleicht anders tun." Hier habe ich ihr vorgeschlagen, diese Szene „anders" vorzuspielen. Wir haben dabei alles von dem Treffen mit den für sie so wichtigen jungen Schriftstellern wiederholt, nur hat sie eine viel selbstbewußtere, harmonischere, weiblichere Juli gespielt, die sich nicht mehr flegelhaft benahm.

Für die Auflösung der bei Studenten so oft erscheinenden Prüfungsblockierung, aber eigentlich bei vielen schwierigen, von Spannungen begleiteten Situationen kann diese Methode als Probehandeln mit Erfolg angewendet werden.

Einige Erfahrungen bei der Anwendung der psychodramatischen Techniken beim Monodrama[8]

Das Monodrama läuft ebenso ab, wie bei einer gewöhnlichen Psychodramasitzung, sagt Zeintlinger (S. 27) – es wird jedoch modifiziert,

---

[8] Anmerkung der Herausgeber: vergleiche auch III, Kapitel 1, Beschreibung der praktischen Monodramaarbeit.

da es andere Bedingungen gibt. Im folgenden werde ich nach meinen eigenen Erfahrungen einige spezifische Charakterzüge formulieren.

Die charakteristische Form der sog. Erwärmungsphase ist das Erstgespräch zwischen Klient und Therapeut.

In meiner Praxis bewährt sich die Methode, in der ich den Klienten bitte, Fotos von seiner Kindheit an bis zur Gegenwart auszuwählen und sie das nächste Mal mitzubringen. Diese Methode, die oft ein Spiel auslöst, kann sich auch für die Aufdeckung der Probleme innerhalb der Familie und in anderen Beziehungssystemen, für die Begrenzung der Perioden der Lebensbahnblockaden und für das Verständnis derer Gründe als gut geeignet erweisen. Auch Merei (1987, S. 113–123) benutzt diese Fototechnik aber in einer gewissermaßen anderen Form.

Im 3. Falle z. B. bewährte sich diese Methode bei der Wahrnehmung des Unterschiedes zwischen dem glücklichen Vorschulalter und dem unglücklichen, erfolglosen Schulkindalter. Die Teenager und die Jugendlichen, mit denen ich arbeite, schreiben und zeichnen viel, sie schaffen vielfältige Dinge, und sie zeigen ihre „Werke" auch gerne, manchmal unerwartet. Das Gespräch über diese Werke löst die Erwärmungsphase aus. Unter der Wirkung der Therapie beschleunigt sich ihre innere Arbeit so sehr, daß sie bis zur nächsten Begegnung nicht warten können, sie spüren, daß sie niederschreiben sollen, was sie dabei fühlen und denken. Manchmal schreiben sie einen Brief und werfen ihn in mein Postfach, bevor wir uns das nächste Mal sehen. Oft bringen sie auch ihr Tagebuch mit, um zu zeigen, was sie zwischen den zwei Begegnungen geschrieben haben. Diese Niederschriften können natürlich das Spiel nicht ersetzen, aber sie können den Prozeß der Erwärmungsphase vorbereiten und beschleunigen.

Der Rollenwechsel im Monodrama und noch mehr das im Rollenwechsel geführte Interview[9] wirkt für den Protagonisten sehr oft bestürzend. Oft bringt dieses Interview jenen Gesichtspunkt an die Oberfläche, aus dem eine aus emotionellen Gründen, z. B. Widerstände, entstellte Beziehung korrigiert wird.

Das *Doppeln* im Monodrama – jegliche Form von ihm – stellt eine besondere Möglichkeit und ein besonderes Mittel der individuellen Therapie dar. Es kann für den Protagonisten viel mehr bedeuten, als die Rogers'sche „Spiegelung" oder die psychoanalytische „Deutung", da die im Doppeln formulierten Worte in seinem Namen ausgesprochen werden. Es hat einen Sinn und ist nur in dem Falle nützlich, wenn die völlige Abstimmung auf den Protagonisten gelingt. Es entsteht ein emotionelles und affektives Erlebnis, in dem der Protagonist erfährt,

---

[9] Vergleiche auch Anmerkung 6 und 7, S. 193.

daß sein Gefühl, seine Formulierung, sein nie ausgesprochener, aber
längst auf den Lippen brennender Gedanke, seine Erregung hier und
jetzt, laut hörbar werden.

Gleichzeitig jedoch auf einer anderen Ebene erlebt er auch, daß
der Therapeut ihn völlig versteht. Dieses Erlebnis erwartet vom Therapeuten eine große Demut, da es nicht er ist, der etwas „weise" deutet,
er soll auf der gleichen Frequenz mit dem Protagonisten bleiben. Das
bedeutet eine sehr große psychische Anstrengung, für mich eine
größere, als bei jeglicher anderen therapeutischen Methode. Gleichzeitig halte ich es für eines der erfolgreichsten therapeutischen Mittel.
Im Monodrama erhält das Doppeln des Leiters oder der Leiterin besonderes Gewicht.

Das Problem von „*sharing*" im Monodrama beschäftigt mich
seit langem, da das „sharing" im Gruppendrama ein sehr wichtiges Mittel der Auflösung, der Bedeckung der „Nacktheit", des Mitgefühls ist.

Der Begriff „sharing" bedeutet, daß im Psychodrama die Gruppenmitglieder nach dem auf den Protagonisten zentrierten Spiel gegenseitig ihre gleichen oder ähnlichen Erlebnisse aus ihrer eigenen Lebensgeschichte erzählen (Zeintlinger, E. K., S. 63).

Die Mitteilung der Lebenserfahrungen bedeutet für den Protagonisten auch Teilnahme in der Not, das gemeinsame Tragen seiner Lasten, die Verteilung der Freude über die durch die Katharsis entstandene Erleichterung.

Beim Fehlen einer Gruppe kann dieses Erlebnis im Monodrama
nur vom Therapeuten gewährt werden, aber offensichtlich kann es
nicht ein routinemäßiges Element jeder Begegnung und jedes Spiels
sein. Dazu kann es erst bei großer persönlicher Anteilsnahme kommen, und auch dann in einer stark kontrollierten Form, da dieses „sharing" von einer Person, von dem Leiter dargeboten, ein viel größeres
Gewicht hat, als ein „sharing" von Gruppenmitgliedern.[10]

Schlußbemerkung

Die vorliegende Arbeit zeigt erste Erfahrungen einer noch nicht lange
angewendeten monodramatischen Arbeit auf dem Gebiet der Studentenberatung in Budapest. Deshalb konnte ich nur drei Fälle bekanntgeben. Letztes Jahr habe ich jedoch schon überwiegend die Monodramatechnik in meiner Beratungs- und therapeutischen Arbeit
verwendet. Über meine eigene Arbeit hinaus sehe ich große Möglich

[10] Anmerkung der Herausgeber: vergleiche dazu auch III, Kapitel 1,
S. 112.

keiten in der Anwendung des Monodramas in Beraterausbildung und in der Fachaufsicht der Beratung.

Nebenbei möchte ich zu ihrer Anwendung auf weiteren Gebieten der Beratung in Ungarn anregen.

Literatur

Ajkay K (1978) Analitikus pszichodrama. Magyar Pszichiatriai Tarsasag, Pszichoterapias Szekcio, S 30

Blatner H (1989) Psychodrama. In: Corsini, Rajmond, Wedding, Danny (Hrsg) Current Psychotherapies. Peacock Itasca, S 561–572

Brammer L M, Shostrom E, Abrego Ph J (1989) Therapeutic psychology. Fundamentals of counselling and psychotherapy. Prentice-Hall, S 410

Buda B (1986) Akcio-katarzis-empatia-encounter (Morenos Beitrag zur Entwicklung der modernen Psychotherapie). In: Popper: Pszichodrama (Pszichologiai Mühely sorozat). Akademiai Kiado, Budapest, S 69–89

Corsini R, Wedding D (1989) Current psychotherapies. Peacock Itasca, S 623

Eckert P (1987) Monodramatische Arbeit mit Schülern eines Berufsbildungszentrums, Uttenreuth (Ungarische Übersetzung in Handschrift), S 40. Eckert verwendet die Begriffe der Beratung und der Therapie als Synonyme, S 9

Erikson E H (1969) Identifikacio es identitas. In: Ifjusagszociologia Huszar, Sükösd (Hrsg) Közgazdasagi es Jogi Könyvkiado, Budapest, S 68

Erlacher-Farkas B (1991) Monodrama. Abbildungsmaterial der Vorlesung in Budapest (unveröffentl.)

Heron J (1990) Helping the client. Sage, London, S 183

Leutz G A (1974) Das klassische Psychodrama nach J. L. Moreno. Springer, Berlin Heidelberg New York

MacCormack V (1992) A theatrical model of counselling. Canadian Congress of Counselling, Otawa

Merei F (1986) A pszichodrama jelentesvilaga. In: Popper (Hrsg) Pszichodrama. Akademiai Kiado, Budapest, S 23–44. A pszichologiai labirintus, Magyar Pszichiatriai Tarsasag, Pszichoteam, Budapest, S 255. In der Entwicklung des Psychodramas vertritt das von Ferenc Merei weiterentwickelte Psychodrama eine bedeutende Richtung. Merei (1989) bereicherte die Soziometrie von Moreno mit wichtigen Gesichtspunkten. Er ergänzte überdies das Psychodrama von Moreno mit neuen Aspekten. In der internationalen Fachliteratur des Psychodramas scheinen die Ergebnisse dieser ungarischen Schule von bedeutendem Wert nur recht sporadisch auf. Die Aufgabe des Vergleiches der ähnlichen und der unterschiedlichen Gesichtspunkte beider Richtungen warten noch darauf von den ungarischen Vertretern des Psychodramas wissenschaftlich bearbeitet und publiziert zu werden.

Merei F, Ajkay K, Dobos E, Erdelyi I (1987) A pszichodrama önismeteri es terapias alkalmazasa. Akademiai Kiado, Budapest, S 215

Moreno J L (1946–1969) Gruppenpsychotherapie und Psychodrama. Übersetzung in Handschrift. (Die Quelle, die in Ungarn verbreitet ist, verzeichnet

keine genaueren Literaturangaben.) Offensichtlich geht es um die Übersetzung von: Moreno, Psychodrama, Vols 1–3. Beacon, New York

Morill W H, Oetting E R, Hurst J C (1974) Dimensions of counselor func-
tioning. Personal and Guidance Journal, S 354–359

Ohlsen M M (1970) Group counselling. Rinehart and Winston, New York,
S 140

Rytöhonka M (1992) A tanacsado pszichologus terapeutikus munkaja a hu-
manisztikus pszichologia fenyeben. In: Illyes, Ritookne (Hrsg) A nevelesi
es palyavalasztasi tanacsadas pszichologiaja, Tankönyvkiado, Budapest,
S 337–352. Auf die Anwendungsmöglichkeit der Gestalttherapie hat die
Abhandlung von Rytöhonka die Aufmerksamkeit in Ungarn gelenkt. (Übersetzt in Österreich: Rytöhonka M (1992) Die therapeutische Arbeit des beratenden Psychologen im Lichte der humanistischen Psychologie. In: Illyes,
Ritook (Hrsg) Die Psychologie der Erziehungs- und Berufsberatung, Lehr-
buchverlag, Budapest)

Super D E (1985) Carreer and life development. In: Brown, Brooks (Hrsg)
Carreer Choice and Development. Jossey-Bass, S 192–234

Wiegersma S How do you counsel? International Journal for the Advancement
of Counselling, Vol 1, No 1/78, S 63–80

Zarka I (1992) A „pszichologiai tanacsadas" es a „tanacsadas pszichologiaja". In:
Illyes, Ritookne (Hrsg) A nevelesi es palyavalasztasi tanacsadas pszichologiaja, Tankönyvkiado, Budapest (Übersetzt in Österreich: Zarka I (1992) Die
„psychologische Beratung" und „die Psychologie der Beratung". In: Illyes,
Ritook (Hrsg) Die Psychologie der Erziehungs- und Berufsberatung, Lehr-
buchverlag, Budapest)

Zeintlinger K (1991) A pszichodrama-terapia teteleinek elemzese, pontositasa
es ujrafogalmazasa. Moreno utan HID, Budapest, S 197 (Übersetzt in Österreich: Zeintlinger K (1991) Analyse, Präzisierung und Neufundierung der
Thesen der Psychodrama-Therapie. Nach Moreno HID, Budapest)

Kapitel 3.1

Die Nachreifung frühester mütterlicher versorgender Rollen im Monodrama

M. Stelzig

Einleitung

Bei der Psychotherapie psychisch bzw. psychosomatisch leidender Menschen, werden wir mit großer Regelmäßigkeit mit den wichtigsten Bezugspersonen der Patienten konfrontiert, die diese als kränkend, mißachtend, verletzend und grenzüberschreitend schildern (z. B. Greenson 1954, S. 203).

Diesen Bezugspersonen wird die Schuld an der eigenen Krankheit, am psychischen Leid, zugeschoben. In der Literatur tauchen Begriffe wie „die ausreichend fürsorgliche Mutter" und – damit implizit – die nicht ausreichend fürsorgliche Mutter (Winnicott 1990, S. 15), „das gute und böse Objekt" (Rohde-Dachser 1989, S. 97) die „gute Elternfigur" und „böse Elternfigur" (Greenson 1954) auf.

Die Entschuldung dieser Bezugspersonen, meistens der Mutter, ist ein großes psychotherapeutisches Thema (vgl. Benedetti 1983, S. 35).

Der Psychotherapeut wird von Patienten als neue, gute Bezugsperson gesehen und empfunden. Dieser Bezugsperson kann der Patient alles Leid, alle Kränkungen, alle Verletzungen anvertrauen.

Dieses Empfindenkönnen von Vertrauen, Verständnis, Wärme und Geborgenheit ist ein wichtiger Schritt in jeder Psychotherapie, bedeutet jedoch vorerst eine Rollenaufteilung in leidende, verletzte, gekränkte Rollen, die beim Patienten bleiben, und verständnisvolle, akzeptierende, wissende, benennende, die beim Therapeuten bleiben.

Bei der nüchternen Analyse der Rollenverteilungsmuster in der innerseelischen Interaktion von depressiven Patienten, Patienten mit Angststörungen oder Schlafstörungen, psychosomatisch Erkrankten, um nur einige Patientengruppen zu nennen, können wir nur feststellen, daß die frühen mütterlichen Rollen, mit den Fähigkeiten Wärme, Schutz, Geborgenheit zu spenden, unterrepräsentiert sind.

Dies sagt jedoch nichts über die Ätiologie dieses Rollenverteilungsmusters aus. Es kann sein, daß diese Rollen von Anfang an im Sinne eines primären Rollendefizits nicht erworben wurden, es kann auch sein, daß im Sinne einer Rollenathropie ein sekundäres Rollendefizit aufgetreten ist, wie wir es z. B. bei chronischen Überforderungssituationen sehen können (vgl. G. A. Leutz 1974, S. 153–172).

Die ersehnten Rollen werden oft an außenstehende Personen wie Familienmitglieder, Freunde usw. delegiert. Die Patienten selbst leben den komplementären Teil der Rollenpaare, also den schwachen, überforderten, ängstlichen, schutzbedürftigen, traurigen, verzweifelten Teil.

Die Hoffnung auf Wärme, Schutz, Geborgenheit, Gehaltensein entspringt aus dem kindlichen Anteil des Menschen. In kurzzeitigen Krisensituationen übernehmen Familienmitglieder, Freunde und Bekannte normalerweise diese Rollen im Sinne des Trostspenders. Dauert die psychisch-soziale Krise länger, weicht die Bereitschaft zu helfen, zu trösten, zu schützen meist einem Gefühl von Überforderung, Ohnmacht, Verärgerung und Wut. Hier ist professionelle Hilfe angezeigt.

In diesem Zusammenhang möchte ich jedoch betonen, daß die sogenannten mütterlichen Rollen von Verständnis-geben, Schutz und Geborgenheit als Urformen genauso früh angelegt sind, wie Daniel N. Stern es für „Das frühe Selbst der Neugeborenen" beschreibt (1992, S. 24).

In diesen früh angelegten Rollenmustern, finden wir im therapeutischen Prozeß wichtige Verbündete.

Da diese regressiven Wünsche untrennbar mit Leidenszuständen verbunden sind, wird der Patient diese Wünsche auch an seine Behandler, sei es an seinen Arzt, Psychologen oder Psychotherapeuten, herantragen.

Die Bearbeitung dieses Themas gehört zu den zentralen Bestandteilen jeder Therapie.

Ich möchte Ihnen nun eine Methode vorstellen, die im Monodrama sehr gut anwendbar ist, die in eleganter Weise die Schwierigkeiten meistert, die sich in der Bearbeitung regressiver Phänomene in der Psychotherapie ergeben.

Die Kuschelübung

Frau F. kommt mit einer Zuweisung vom Hausarzt zu mir in die Praxis. Zwei Monate zuvor hatte sie eine Brustoperation wegen eines Karzinoms. Sie klagt, daß ihr Leben keinen Sinn mehr habe. Sie sei verheiratet und habe zwei Kinder. Der ältere Sohn studiere in Deutschland und komme nur selten nach Hause. Die jüngere Tochter sei ebenfalls ausgezogen und lebe mit ihrem Freund zusammen. Vor einem halben Jahr habe sich ihr Mann von ihr getrennt, und er lebe mit einer Freundin zusammen. Sie selbst stehe vor den Trümmern ihrer Existenz. Immer sei sie für die Familie dagewesen, habe ihren Beruf für die Kinder aufgegeben. Jetzt sei alles sinnlos geworden. Sie leben allein in einer großen Wohnung, habe panische Angstzustände, könne nachts kaum schlafen, das Knacken und die Geräusche in der Wohnung würden ihr größte Angst einjagen. So könne sie nicht weiterleben.

Ich habe mit Frau F. so lange weitergeredet, bis ich den Eindruck hatte, daß eine vertrauensvolle Beziehung zu mir entstanden war. Dann habe ich Frau F. ein Erklärungsmodell angeboten: Der Wunsch nicht mehr leben zu wollen, ist oft der Wunsch, erlöst zu werden von den Qualen und Sorgen. Er ist der Wunsch nach Erlösung und Konfliktfreiheit, es ist die Sehnsucht nach Aufgehobensein und Entspannung. Der Tod hat damit sehr viele mütterliche Attribute, es ist nicht notwendig, den Tod wirklich wählen zu müssen. Diese mütterliche Geborgenheit kennt jeder von uns aus den frühesten Tagen der Kindheit. Ein ähnliches Gefühl könne man in seinem eigenen Bett entwickeln, wenn man das Bett als Nest uminterpretieren könne. Frau F. wehrte sich sofort und erwiderte, daß sie sich im Bett überhaupt nicht wohl fühlen könne, daß sie sich kalt und einsam empfinde. Ich erwiderte ihr, daß man im Psychodrama die Möglichkeit hätte, Szenen darzustellen und daß man das Kuscheln im Bett so trainieren könne.

Frau F. zeige Interesse, möchte sich jedoch vorerst nicht auf die Couch legen. Um ihr den Einstieg zu erleichtern, lege ich mich kurzerhand auf die Couch, decke mich zu und demonstriere ihr Wohlbehagen und Geborgenheit. Zurückgekehrt in meine Position als Leiter und Therapeut lade ich sie ein, sich – so wie ich zuvor – auf die Couch zu legen und sich besonders auf Kopfpolster und Decke zu konzentrieren. Mit einigem Zögern kommt sie meiner Einladung nach. Es gelingt ihr, vorerst Wärme zu spüren, dann auch das Gefühl von Schutz und Geborgenheit zu empfinden.

Die Einladung, einen Rollenwechsel mit dem Polster oder der Decke zu machen, wird vorerst abgelehnt. Ich erkläre ihr daraufhin, daß von Bett, Polster und Decke Wärme, Geborgenheit, Schutz, Gehaltensein und Vertrauen ausgehen – früheste mütterliche Botschaften und Signale also.

In der Nachbesprechung schildert sie nochmals ihr Erstaunen, daß es möglich war, diese Gefühle zu entwickeln und angenehm zu erleben.

Wir wenden uns nun noch der Szene zu Hause beim Einschlafen zu. Ich gebe ihr den Tip, ihren Ängsten so zu begegnen, wie man Ängsten bei kleinen Kindern begegnet – also daß sie ohne weiteres in der nächsten Zeit in der Nacht eine Nachtkästchenlampe brennen lassen könne, daß sie leise Musik spielen könne und daß sie weiter trainieren könne, das Gefühl von Wärme und Geborgenheit zu entwickeln.

Abschließend vereinbarten wir noch eine medikamentöse Therapie – eine Kombination aus einem Antidepressivum und einem Beruhigungsmittel – und schlossen einen Non-Suizid-Vertrag bis zur nächsten Stunde in zwei Tagen, in dem Sinn, daß wir vereinbarten, daß Frau F. bei Auftreten stärkerer Suizidwünsche mich anrufen würde bzw. sich an die Krisenintervention wenden würde (vgl. Schnyder 1993; S. 64–65).

In der Rollenanalyse kann bemerkt werden, daß eine Veränderung in der Rollenübernahme stattgefunden hat. Frau F. war nicht mehr so gefangen in ihren ängstlichen, traurigen, depressiven Rollen, sondern konnte in einer sehr angenehmen Weise die Rolle der Beschützten, der Gehaltenen, der Gewärmten übernehmen. Noch war es ihr nicht möglich, eine aktive Rolle der Wärmenden und Nährenden für sich zu übernehmen, was zu diesem Zeitpunkt aber weder verwunderlich noch notwendig ist.

In der nächsten Therapiestunde berichtet Frau F., daß es ihr zu Hause erstaunlich gut gegangen sei. Sie sei zwar hauptsächlich im Bett gewesen, habe sich dort jedoch sehr wohl gefühlt und das Bett wirklich als Nest ausgebaut. Sogar Kuscheltiere habe sie sich aus dem Zimmer ihrer Tochter geholt, die Selbstmordgedanken seien deutlich in den Hintergrund getreten. Sie sei insofern verzweifelt, als sie merke, daß sie nichts leisten könne. Ich erklärte ihr daraufhin, daß man aus so einer Krise nur herauskommen könne, wenn man zuerst die frühesten Rollenmuster wieder gut beherrsche und daß, so wie bei einem kleinen Kind, von selbst wieder Lebensmut und Neugierde und schließlich auch Leistungsfähigkeit zurückkämen.

Nach Erzählungen über aktuelle Ereignisse in bezug auf ihre Kinder und ihren Mann, Erlebnisse mit der Nachbarin lade ich sie erneut ein, in meiner Gegenwart das Nestgefühl weiterzuentwickeln. Diesmal kann sie die Rolle der „Kuschelnden" schon ohne Widerstände übernehmen. Da aus dem Bild so viel Schutz, Wärme und Geborgenheit ausströmt, wage ich es erneut und lade sie ein zu einem Rollenwechsel mit dem Polster oder der Decke. Sie ist vorerst bereit, das zu tun, richtet sich auf, hält jedoch mitten in der Bewegung sichtlich verstört inne.

Ich beruhige sie erneut und versichere ihr, daß es noch nicht notwendig sei, diese Rollen zu übernehmen.

In der Nachbesprechung schildert Frau F. nochmals begeistert ihre Empfindungen und bezieht mich gleichzeitig in ihr Stimmungsbild ein. Sie betont, wie schön sie meine mütterlich-väterliche Ausstrahlung, mein Mitgehen und mein Verständnis empfinde.

Die Aufforderung zum Rollenwechsel mit den Symbolen der frühen mütterlichen Zuwendung halte ich aufrecht, um von vornherein klarzustellen, daß es sich mit der Zeit um einen innerpsychischen Dialog handeln muß und auch um eine Rollenübernahme im Sinne des „Liebe deinen Nächsten wie dich selbst".

Beschreibung der Kuschelübung

Bei Patienten, die unter Schlafstörungen, Einsamkeitsgefühlen oder Angststörungen leiden oder bei denen sich in einer anderen Weise ein Unvermögen herausstellt, inneren Schutz, Geborgenheit, Wärme, Vertrauen, Halt zu empfinden, schlage ich regelmäßig die Kuschelübung vor.

Ich erkläre, daß sich der Patient auf die Seite drehen und die Beine anziehen (also die Embryonalstellung einnehmen) soll. Dann soll er sich gut zudecken. Ich fordere ihn weiters auf, nur auf die Wärme zu achten. Wenn man sich ins Bett legt, so spürt man zuerst, daß der Kopfpolster kalt ist, allmählich aber durch die Wärme der Wange warm wird.

In ähnlicher Weise ist es möglich, das Bett mit dem Leintuch und die Decke zu empfinden. Besonders deutlich ist die Wärme in der Gegend des Bauches zu spüren.

Dies wird normalerweise als relativ einfach zu üben und zu spüren angegeben. Voraussetzung ist allerdings, daß die Beziehung zum Psychotherapeuten so weit entwickelt ist, daß diese Phänomene von Geborgenheit, Wärme, Vertrauen spürbar sind. Patienten, bei denen die destruktiven verinnerlichten Objektrollen und damit die autoaggressiven Impulse besonders stark sind, bereitet dieser Teil der Übung Schwierigkeiten.

Ein weiteres Phänomen ist zu beobachten und zu benennen: Wenn man sich auf die Wärme konzentriert, verringert sich meist das unangenehme Grübeln. Das grüblerische Denken, das depressive Patienten oft in einer schier unerträglichen Weise peinigt und quält, steht also indirekt proportional zu der Fähigkeit, sich auf die Wärme konzentrieren zu können. Auch diese Aussage wurde mir oftmals bestätigt.

Damit eignet sich die Übung bereits besonders in der Behandlung von Schlafstörungen und den damit verbundenen Grübelzwängen.

Vierter und fünfter Schritt werden trainiert und nachgelernt, durch den Rollentausch bzw. Rollenwechsel mit Kopfpolster, Decke und Bett.

Das ermöglicht eine Nachreifung jenseits aller Kränkung, Wut und Trauer in bezug auf die realen Bezugspersonen der Gegenwart oder Vergangenheit.

Diese theoretische Zuordnung möchte ich insofern betonen, als es wichtig ist, den regressiven Aspekt dieser Übung wahrzunehmen und zu reflektieren.

Vorteile dieser Übung

In der Psychotherapie von Patienten, die aufgrund ihrer Entwicklung eine Störung in den frühkindlichen Themen aufweisen, tritt immer wieder ein Problem auf, das mit dieser Übung gemildert werden kann.

Die bedürftigen, defizitären, schutzsuchenden Teile seiner Persönlichkeit treten in den Vordergrund, und der Patient sucht, entsprechend dem Regressionsniveau beim Therapeuten, Anerkennung, Lob, Trost, Schutz, Geborgenheit, frühe Liebe, körperliche Nähe. Diese Wünsche sind in einem üblichen therapeutischen Setting nicht erfüllbar, außer z. B. bei der Methode der Neubeelterung von Schiff und Schiff (1977, S. 102–113); und damit muß sich der Therapeut diesen Wünschen verschließen und wiederholt damit die ursprüngliche Traumatisierung.

Auch der Therapeut spendet nicht Lob, Anerkennung, Wärme, Geborgenheit, Sicherheit, frühe verbundene nahe Liebe, und damit wird der ganze Ballast an Selbstunsicherheit, Abwertung, Schuldgefühlen, Minderwertigkeitsgefühlen oder auch nach außen gerichteter Wut und Haß neu aufgerollt und wiederbelebt. Bei Menschen mit neurotischen Störungen mag die Wiederholung und Durcharbeitung der therapeutische Prozeß sein, bei Störungen, die tiefere oder frühere oder existenielle Störungen betreffen, ist die Wiederholung der traumatisierenden Szene nicht bewältigbar.

Es ist Hilfe von außen notwendig, d. h. es ist eine neuerliche Aufteilung der Rollen des regressiven, unglücklichen, verzweifelten Kindanteils erlebbar und sollte auch lebbar sein, und gleichzeitig sollte das Phänomen des Haltens, Tröstens, Schützens, Beruhigens, ebenfalls Raum, Platz und Gefühl bekommen können und nicht in der Unmöglichkeit des Settings erstarren müssen.

Durch die vorgestellte Methode ist es jetzt möglich, genau das dem Patienten zugänglich zu machen, das er eigentlich sucht und braucht, das er jedoch normalerweise nur im Außen, im Therapeuten, im Mitmenschen, im Haustier, in Gott zu finden glaubt, d. h. Schutz, Geborgenheit, Nähe, Wärme, Verständnis, Treue, Liebe.

Dieses Rollentraining erlaubt auch eine Wiederbelebung von

frühesten Rollenmustern. Jeder Säugling „weiß" wie seine Mutter sein soll. Er formt also seine Bezugspersonen durch ausdrücken von Lust bzw. Unlust, Mitteilungen.

Der Säugling hat somit auf seine Art relativ klare Programme in sich, wie er sich das Wahrgenommenwerden, den Schutz, die Liebe und seine Bedürfnisbefriedigung „vorstellt".

Diese Mitteilung wirkt für viele Patienten sehr erleichternd, da die Auffassung weit verbreitet ist, daß durch die negativen Erlebnisse in Beziehungen der Zugang zu diesen positiven Werten verbaut ist.

Und tatsächlich ist dies ein großes Thema. Wie soll der Patient an positive Werte herankommen, an Kraftquellen, Ressourcen, wenn er beseelt ist von Kränkung, Wut, Verletzung, Zerstörung?

Als Katalysator zum Wiederfinden der positiven Werte dient meist der Therapeut, was jedoch eine Abhängigkeit von diesem bedeutet. Dies ist ein weiterer Vorteil der Kuschelübung. Durch das Einsetzen von Übergangsobjekten können Empfindungen und Rollen in einer deutlich größeren Unabhängigkeit vom Psychotherapeuten trainiert werden.

Das Unvermögen des Rollentausches bzw. des Rollenwechsels stellt schon ein diagnostisches Kriterium dar. Derjenige, der keinen Rollenwechsel mit der Decke, dem Polster oder dem Bett machen kann, ist in den ersten drei Schritten der Rollenentwicklung nach Moreno fixiert bzw. regrediert und ist damit in einer besonders hilfsbedürftigen und abhängigen Position.

Sowohl Rollentausch als auch Rollenübernahme und role-playing können trainiert werden, und somit kann in langsamer, behutsamer Form ein Zugang zu den ersehnten Lebensphänomenen und den Gefühlen geboten werden.

Immer wieder gilt der Satz: „Liebe deinen Nächsten wie dich selbst."

So ist dem Patienten leichter zu erklären, daß auch das biblische Wort eine Selbstliebe fordert, d. h. daß es immer Menschenanteile geben muß, die zur Selbstliebe fähig sind, also mindestens zwei Rollenkategorien, die des Liebenden und die des Geliebtwerdenden.

Ein weiterer Vorteil dieser Übung ist die Klarheit: die Klarheit, daß es um Lebensphänomene geht, die der Mensch in seinen frühen Wünschen und Hoffnungen als gut empfindet, also Liebe, Geborgenheit, Vertrauen, Schutz, sich verlassen können.

Im Rahmen einer gestörten Entwicklung ist immer wieder zu beobachten, das diese prinzipiell klaren Wünsche und Empfindungen verändert werden im Sinne des Verzichtes darauf („ist ohnehin nicht erreichbar, existiert nur im Märchen") oder im Sinne der Abwertung („ist nur etwas für Milch-Bubis oder Mami-Bubis, für Naivlinge", „Nur die Harten kommen durch, Härte ist Trumpf" bis zur Verherrlichung von Destruktion und Gewalt.)

Oft ist es so, daß ein psychisch gestörter oder auch psychosomatisch gestörter Patient erst „auftauen" muß, d. h. es ist eine aktive Wärmezufuhr vom Therapeuten her notwendig, damit der Patient überhaupt wieder zu seiner Sehnsucht, zu seiner Liebessehnsucht, zu seinen Schmerzen, zu seinem „Überhaupt-irgend-etwas-von-einem-anderen-wollen" finden kann.

Übergangslösungen sind erlaubt: jeder kann das Maß an Liebe und Geborgenheit für sich selbst finden, das er gerade zulassen kann.

Literatur

Benedetti G (1983) Psychosentherapie. Hippokrates, Stuttgart, S 35

Greenson R R (1954) The struggle against identification. J Am Psychoanal Assoc 2: 203

Leutz G (1974) Psychodrama. Theorie und Praxis. Das klassische Psychodrama nach J. L. Moreno. Springer, Berlin Heidelberg New York Tokyo, S 153–172

Moreno J L (1964) Psychodrama, Vol I, 3rd Ed. Beacon, New York

Rhode-Dachser C (1989) Das Borderline Syndrom. Huber, Bern, S 97

Schiff J L, Schiff A (1977) Neubeeltern von Schizophrenen. Neues aus der Transaktionsanalyse 1 (3): 102–113

Stern D N (1992) Die Lebenserfahrung des Säuglings. Klett-Cotta, Stuttgart, S 24

Schnyder U (1993) Krisenintervention in der Psychiatrie. Huber, Bern, S 64–65

Winnicott D W (1969) Übergangsobjekte und Übergangsphänomene. Psyche 23: 666–682

Winnicott D W (1990) Das Baby und seine Mutter. Klett-Cotta, Stuttgart, S 15

Kapitel 3.2

Monodramaarbeit in der Justizanstalt

Eine monodramatische Falldarstellung im Rahmen des Maßnahmenvollzugs[1]

Ch. Jorda

In der monodramatischen Falldarstellung eines Langstrafigen werden im ersten Teil die biographischen Hintergründe dargestellt. Der zweite Teil beschäftigt sich mit einer Therapiestunde, die nach der monodramatischen Methode durchgeführt wurde und in der soziometrische Mittel eingesetzt werden.

Die Nachbesprechung im letzten Teil stellt den biographischen Bezug her und beleuchtet die psychodramatische Technik in der Einzelarbeit.

Biographische Daten

Herr F. wurde 1951 geboren. Die Mutter von Herrn F. verstarb während seiner Geburt (die Hebamme wurde verurteilt, da sie nicht rechtzeitig einen Arzt gerufen hatte – die Nachgeburt war angewachsen).

Er verbrachte die ersten drei Lebensjahre bei der Schwester der Großmutter (also Großtante) in Pflege, unter beengenden Verhältnissen (Großtanten, Tanten und Cousinen). Dann übersiedelte er zur Großmutter selbst, in einen anderen Ort, die als Fabriksarbeiterin arbeitete und sich ein eigenes Haus aufbauen konnte. Sie selbst bewohnte jedoch nur die Küche und ein Kabinett mit ihrem Vater. Die anderen Zimmer wurden an Parteien vermietet. Herr F. kam schon früh in den Hort der Fabrik (wo im Schichtdienst gearbeitet wurde).

---

[1] Vergleiche dazu auch Ch. Jorda (1996) Ethische Reflexion in der Psychotherapie mit einem langstrafig Untergebrachten. In: Hutterer-Krisch R (Hrsg) Fragen der Ethik in der Psychotherapie. Springer, Wien New York, 1996.

Kapitel 3.3

Monodramatechnik mit Alkoholabhängigen

Problemstellung – therapeutische Haltung – Monodramatechnik

K. Grimmer

... besteht die entscheidende Grundfunktion des Alkohols in der Angstreduktion. Die Trinkantwort der Gesellschaft hängt mit dem Angstpegel der jeweiligen Gesellschaft und, umgekehrt, mit der Gegenangst zusammen, die durch die unangenehmen Erfahrungen während und nach dem Trinken ausgelöst wird.
Wilhelm Feuerlein

Nach der Definition der WHO von 1952 versteht man unter Alkoholikern „exzessive Trinker, deren Abhängigkeit von Alkohol einen solchen Grad erreicht hat, daß sie deutliche Störungen oder Konflikte in ihrer körperlichen und geistigen Gesundheit, ihren mitmenschlichen Beziehungen, ihren sozialen und wirtschaftlichen Funktionen aufweisen oder Prodrome einer solchen Entwicklung zeigen. Daher brauchen sie eine Behandlung" (s. Anhang S. 232).

Eines Tages kam eine Frau gemeinsam mit ihrem Mann in meine therapeutische Praxis und sagte: „Entweder passiert jetzt etwas oder ich trenne mich von ihm. Er trinkt ständig und ich will, daß er damit aufhört. Ich halte das nicht länger aus." Aufgrund ihrer Schilderung und des Eindrucks, den ich von ihm bekam, spürte ich die Notwendigkeit, diese Gelegenheit zu nützen. Möglicherweise wäre er nicht bereit, ein weiteres Mal mitzukommen. In dieser Situation habe ich die nachfolgend beschriebene Monodramatechnik entwickelt.

Zunächst wird eine Anamnese erhoben.

Dabei geht es vorwiegend um die Art der Trinkgewohnheiten (wann, wie und wieviel wird getrunken?), die Dauer und den Grad der Abhängigkeit (Kontrollverluste?), die körperlichen Auswirkungen des Alkoholmißbrauches (Befunde, Augenschein und subjektive Wahrnehmung), soziale Auswirkungen und das Trinkverhalten in der Herkunftsfamilie. Wichtig ist auch die körperliche Komponente. Gibt es Entzugserscheinungen? Ist der körperliche Entzug schon erfolgt oder wird dabei Unterstützung benötigt? Ich arbeite schon während des körperlichen Entzugs. In dem eingangs erwähnten Fall wurde der Klient gleichzeitig vom praktischen Arzt betreut.

Mit Hilfe des Monodramas kann die subjektive Wahrnehmung gut dargestellt werden. Die Klienten werden in die Rolle der eigenen Organe versetzt.

Therapeut: „Wie geht es Ihrer Leber, versetzen Sie sich bitte in die Rolle Ihrer Leber. Was würden Sie dazu sagen?"

Leber: „Ich bin aufgequollen, ich habe bedrohliche Werte, hört auf, mich so zu quälen! Ich kann nicht mehr!"

Therapeut: „Was glauben Sie, wie lange hält das die Leber noch aus?"

Klient: „Ich glaube, die Leber hält es nicht mehr sehr lange aus."

Therapeut: „Wie geht es Ihrem Magen, was würde der Magen zu dieser Frage sagen? Versetzen Sie sich bitte in die Rolle Ihres Magens."

Der Magen sagt z. B.: „Ich kann nicht mehr essen, ich habe Schmerzen, mir ist schlecht!"

Auf diese Art werden auch andere Organe, wie Haut, Blutgefäße, Nieren und Gehirn, konsultiert.

Klienten sagen manchmal: „Ich bin verzweifelt und ratlos. Ich bin mir selbst egal. Mein Körper ist mir nicht mehr wichtig." Wenn die Verantwortung für die eigene Person und den eigenen Körper nicht wahrgenommen wird, dann bewirkt das oft, daß der/die Partner/in diese Verantwortung verstärkt übernimmt, d. h. die Angst um die eigene Person wird an die Angehörigen delegiert. Durch den Inneren Monolog der eigenen Organe wird versucht, die Verantwortung den Klienten zurückzugeben.

In den weiteren Sitzungen geht es auch um den Alkoholkonsum selbst. Oft besteht die Hoffnung, nach der Therapie wieder kontrolliert trinken zu können. Diese Hoffnung muß vielfach zerstört werden, die einzig sinnvolle Möglichkeit – bei starkem Alkoholabusus – ist die vollständige Abstinenz. Es wird darüber gesprochen, daß die Fähigkeit kontrolliert zu trinken, unwiederbringlich verloren gegangen ist. In diesem Punkt ist meine Haltung eindeutig.

In dieser Phase der Therapie ist die Alkoholabhängigkeit im Vordergrund. Alle anderen Probleme – in der Familie, im Beruf usw. – werden vorläufig hintangestellt. Ich bedaure oder bemitleide nicht. Auf Erklärungen – durch welche widrigen Umstände es notwendig geworden sei, zu trinken – gehe ich kaum ein.

Therapeut: „Sie können nie mehr kontrolliert trinken, Sie haben Ihren Teil schon getrunken. Das ist Ihr Schicksal."

Bevor die Frage der Alkoholabstinenz nicht geklärt ist, halte ich es für ungünstig, andere Themen ausführlich zu behandeln. Die nächste

In den folgenden Sitzungen wird die Szene im Bedarfsfall neu gespielt. Die Position der Angst wird gegebenenfalls wieder festgelegt. Zunehmend wird auch anderen Gefühlen eine Berechtigung gegeben. Auch Gefühle, die mit Enttäuschungen und Rückschlägen verbunden sind, müssen gefühlt bzw. dargestellt werden. Dabei ist es wichtig, daß jeder Fortschritt positiv verstärkt wird.

Danach wird es möglich – auch wenn das Thema Alkohol immer wieder „dazwischenkommt" – auf die anstehenden Probleme einzugehen: Schwierigkeiten im Beruf, in der Partnerschaft, Familie usw.

Jetzt wird das Alltagsverhalten überprüft, vor allem jene Situationen, wo Alkohol bisher „dazugehört hat". Wie werden die Arbeitskollegen auf die Abstinenz reagieren? Es ist oft eine Frage der Identität. „Ich bin der, der viel vertragen kann." „Ein Glas Sekt zu Silvester gehört dazu – wie stehe ich sonst da?" Es fällt auch oft schwer, die neu erworbene Abstinenz zu deklarieren. Ein Beispiel: „Ich habe eine Wette abgeschlossen, bis Jahresende trinke ich nichts mehr."

Das neue Verhalten wird im Monodrama als monodramatische „Zukunftsprobe" eingeübt.

Bei eventuellen Rückfällen wird wieder mit der Angst gearbeitet. Auf die Angst wurde offenbar nicht „aufgepaßt", sie ist verlorengegangen und muß wieder neu integriert werden.

Der Wunsch nach Angstreduktion ist als Ursache der Abhängigkeit nur ein Faktor neben anderen (siehe Feuerlein, S. 10 bis 82). Trotzdem ist es kein Zufall, daß ich in meiner Arbeit den Angstfaktor besonders berücksichtige. Ich halte ihn für wesentlich für die Durchbrechung der Suchtmechanismen.

Das Zulassen der Angst macht es möglich, auch noch andere Rollen als bisher zu leben. Zum Beispiel: der oder die Ängstliche, Unsichere, Verletzbare, Abstinente, Ungesellige, Spaßverderber(in), Vorsichtige, Antriebslose, Niedergeschlagene, Traurige, usw. Durch das Monodrama wird es möglich, die Rolle des oder der Unsicheren oder Gehemmten durchzuspielen und daraus wieder Sicherheit zu gewinnen. Das schrittweise Annehmen dieser neuen Rollen und das Abgeben alter ermöglicht Spannungen, Unsicherheiten und Verletzungen ohne Alkohol zu ertragen.

Diese Rollenerweiterung hat auch Auswirkungen auf die Bezugspersonen. Oft übernehmen die Partner komplementäre Rollen. Gefühle, die bei den Alkoholabhängigen durch das Trinken unterdrückt werden, werden von den Partnern dafür stärker gelebt. Nicht übernommene Verantwortung wird bzw. muß von den Partnern um so stärker wahrgenommen werden.

Beim eingangs beschriebenen Klienten nahm seine Frau gleichsam die von ihm ungelebte Angst wahr. Als er beginnen konnte, allmählich die Rolle des Ängstlichen zu akzeptieren, wurde es für seine Frau ebenfalls möglich, ihre Rolle der besorgten, leidenden und unglücklichen Frau eines Trinkers aufzugeben. Die Beziehung zwischen beiden verbesserte sich durch die Monodramatherapie.

Die Vorteile dieser Monodramatechnik

1. Hohe Effizienz bei Klienten, die in der Prodromalphase oder noch in der kritischen Phase (nach Jellinek) der Alkoholkrankheit sind.
2. Es kommt zu einer Rollenveränderung bzw. Rollenerweiterung, entscheidend ist der Rollenwandel von der Rolle des Protagonisten in die Rolle des Antagonisten, was eine neue Rollenflexibilität und Bewußtseinserweiterung bewirkt.
3. Steigerung der Selbstsicherheit der Klienten durch Überwindung von Minderwertigkeits- und Schuldgefühlen im Monodrama.
4. Veränderung der Beziehung der Klienten zu sich selbst, zu ihren Mitmenschen und zum Dasein an sich.
5. Relativ kurze Therapiedauer.

Der Therapieansatz ist gegenwarts- und zukunftsorientiert. Die Kindheit und Herkunftsfamilie bzw. der Umgang mit Alkohol sowie die Art der Konfliktbewältigung wird jedoch berücksichtigt.

Eine kompromißlose, direktive Haltung des Therapeuten ist notwendig in der Therapie mit Alkoholabhängigen. Der Therapeut muß die Realität klar und eindeutig vertreten. Es kann nötig sein, diese Haltung in einer Supervision zu überprüfen, da die Gefahr besteht, sich entweder autoritär vom Klienten zu distanzieren oder sich von ihm verführen (das heißt, sich z. B. in die Verantwortung für das Trinkverhalten des Klienten emotional einbinden) zu lassen.

Literatur

Feuerlein W (1984) Alkoholismus – Mißbrauch und Abhängigkeit, 3. Auflage. Thieme, Stuttgart – Eingangszitat: Seite 56. Verlaufsformen des Alkoholismus nach Jellinek S. 158 f., zur Rollenveränderung S. 198

Leutz G A (1973) Die Bedeutung des Psychodramas in der Arbeit mit Süchtigen. In: Hoffmann J (Hrsg.) Zur Therapie Süchtiger. Lambertus, Freiburg

Leutz bezeichnet Suchtkranke als primär Beziehungsgestörte:
1. in seiner Beziehung zum kosmischen Sein, dem Dasein an sich,
2. in seiner Beziehung zu seinen Mitmenschen, insbesondere der Primärgruppe,
3. in seiner Beziehung zu sich selbst, S. 58.

Berg I K, Miller S D (1995) Kurzzeittherapie bei Alkoholproblemen. Auer, Heidelberg „Alles, was in der überwiegenden Zahl der Fälle nötig ist, um

In allen Sitzungen wird monodramatisch gearbeitet, alle Fortschritte werden positiv verstärkt.

Nach der fünften Sitzung hat Roman sich schon seit einiger Zeit nicht mehr mit der Freundin getroffen. Er kann nicht zuschauen wie sie trinkt. „Es geht nicht mehr mit uns", sagt er. Sie möchte jedenfalls nicht mit dem Trinken aufhören – wenn es aus ist, macht es ihr auch nicht viel aus. Roman hat Angst vor der Einsamkeit. Er trauert und ist unruhig.

Roman ist nunmehr ca. 3 Wochen in Therapie. Er erzählt mir von einem schon länger geplanten Kreta-Urlaub. Bisher verband er mit Griechenland: Urlaub, Sonne, Meer, Retsina, Ouzo, vor allem aber „saufen". Er hat den Plan, allein hinzufahren, die Ex-Freundin fliegt zur selben Zeit auch nach Kreta. Vielleicht ergibt sich ein Treffen mit ihr? Dieser Urlaub ist für ihn eine große Verführung zum Trinken. Roman möchte ihn trotzdem machen. Er stellt an sich die Frage, ob er dieser Verführung widerstehen kann?

Was jetzt folgt, ist die Schlüsselszene der Therapie. Roman wird auf die Monodramabühne gebeten.

Ich frage ihn, was, bzw. welche Eigenschaften und Fähigkeiten er braucht, um zu widerstehen. Roman fallen dazu ein: Selbstsicherheit, Willen, Zeit und Intelligenz. Ich bitte ihn, Symbole für den Willen, die Zeit, die Selbstsicherheit und die Intelligenz zu wählen. Roman wählt für den Willen einen großen roten Sessel, für die Selbstsicherheit einen anderen Sessel, für die Intelligenz einen blauen Kasten und für die Zeit eine Stehlampe.

Ich fordere ihn auf, diese Ressourcen um sich zu gruppieren, sie so zu ordnen, daß er alle verwenden kann und mit jedem Teil auch Kontakt bekommt. Er tut das, indem er sich und die anderen Gegenstände zum Kasten bewegt.

Er hat den Eindruck, der Wille sei noch zu schwach. Ich sage ihm, daß ihm etwas anderes fehle. Der Wille sei da, ein großer roter Sessel sei stark genug. Roman denkt nach und kommt nicht weiter.

Er erhält von mir die Angst, ein Gefühl, das er unbedingt braucht, dazu.

Roman ist irritiert. „Angst? Angst habe ich schon genug gehabt!"

Ich bestehe aber darauf. Ich fordere ihn auf, ein Symbol für die Angst zu suchen. Roman sucht sich dafür eine Zimmerpflanze aus.

Ich kleide für ihn die Angst ein, d. h. ich beschreibe sie: „Es ist die Angst vor dem Schicksal, wenn sie weitertrinken. Sie würden noch weiter abmagern, nichts mehr essen können, möglicherweise am Magen operiert werden, von der Firma gekündigt werden, nicht mehr wissen, wie Sie aussehen, einen Teil ihres Verstandes einbüßen, weil Gehirnanteile durch den Alkohol, der nicht mehr durch die Leber entgiftet werden kann, zerstört werden. Sie kennen das Schicksal ihrer Eltern und anderer abgebauter Trinker."

Roman kann die Angst – das Hilfsobjekt „Zimmerpflanze" – schließlich doch annehmen und sucht für sie einen Platz bei sich. Er nimmt die Pflanze in die Hand, hält sie zunächst ratlos und stellt sie dann neben sich ab.

Therapeut: „Wo brauchen Sie die Angst?"

Nach einigem „Herumschieben" stellt Roman die Pflanze vor sich hin.

Therapeut: „Wie sind Sie in Kontakt mit ihr?"

Roman: „Wozu brauche ich sie?"

Therapeut: „Nur wenn Sie in Kontakt mit ihr (der Angst) bleiben, kann sie Ihnen helfen. Nur dann kann sie für Sie fruchtbar werden."

Er bekommt von mir die Anweisung, immer darauf zu achten, ob die Angst noch da ist. Ich erkläre ihm, daß Angst und Unsicherheit überlebensnotwendig sind. Wenn die Angst verloren geht, muß er sofort zu mir in Therapie kommen, ohne den nächsten Termin abzuwarten.

Die nächsten Sitzungen gehören seinen Überlegungen zu Alltagssituationen, bei denen Alkohol dazugehört.

Wir arbeiten mit Gedanken, wie „ich kann doch trinken und aufhören". Die Angst verschwindet immer wieder – ich verstärke sie immer wieder.

Oder mit einem firmenbedingten Besuch in einer Vinothek. Dieser ist auch eine Art Geschäftsanbahnung. Roman hätte große Lust, zu verkosten. Es stellt sich die Frage: wie reagieren seine Partner, wenn er nichts trinkt? Auch das Problem wird szenisch bearbeitet.

Er überlegt, den Arbeitskollegen zu sagen, er habe eine Art Gelübde abgelegt, nicht zu trinken. Ich verlange eine klare Position. Sonst würde er auch ständig angeredet oder verführt werden. In dieser Szene muß er einem Arbeitskollegen, der ihm besonders unangenehm ist, erklären, daß er keinen Alkohol mehr trinkt. Es wird vorstellbar, zu sagen: „Ich trinke nicht."

Roman hat eine originelle Hausbar, auf dieses „Kuriosum" ist er immer sehr stolz gewesen. Er genießt es, hinter der Theke zu stehen und seine Gäste zu bewirten. Die Hausbar ist Mittelpunkt vieler feuchtfröhlicher Zusammenkünfte gewesen. Ich mache ihn darauf aufmerksam, daß eine Hausbar jetzt unpassend ist und es auch wenig Sinn hat, eine Hausbar ohne Alkohol zu haben. Seine Gastgeberrolle muß sich verändern, er möge auch darauf bestehen, daß seine Freunde keine Alkoholika mitbringen oder bei ihm bekommen können. Schweren Herzens entschließt er sich zum Abbau dieses „Statussymbols".

Die Beziehung zu seiner Freundin ist noch nicht ganz beendet. Sie treffen einander etwa zweimal die Woche. Die nächsten Sitzungen werden zur Klärung der Beziehung mit der Freundin verwendet. Eigentlich hängt er sehr an ihr, sie ist eine Art „Traumfrau". Die Beziehung „könnte so schön sein, wenn sie nur anders wäre". Wir arbeiten zum Teil szenisch, wobei sich im Monodrama herausstellt, daß sie gar keinen Wert darauf legt, anders zu sein, als sie ist. Er muß schmerzhaft erkennen, daß sie nicht die Traumfrau ist, die er sich eigentlich wünscht.

Roman lernt schließlich eine andere Frau kennen. Er ist schüchtern, fühlt sich gehemmt und weiß, daß er mit Alkohol lockerer sein würde. Ich ermutige ihn, bei seiner Linie zu bleiben, seine Angst immer bei sich zu haben und der neuen Frau zu sagen, daß er abstinent ist.

Durch das Monodrama lernt er die Rolle des Unsicheren, Gehemmten anzunehmen und daraus wieder Sicherheit zu gewinnen.

Roman absolviert seinen „Prüfstein" Griechenland-Urlaub ohne Rückfall. Er hat die Wohnung neu ausgemalt und sich ein Motorrad gekauft – zur Belohnung. Er hat wieder zugenommen und sieht besser aus. Der Magen ist weitgehend beschwerdefrei. Die Therapie wird nach 20 Sitzungen beendet. Roman ist nun seit 2 Jahren abstinent und beschwerdefrei.

Anhang

Der Alkoholismus ist die am meisten verbreitete Form der Drogenabhängigkeit in allen Ländern der westlichen Welt.

Der Begriff „Alkoholismus" umfaßt im wesentlichen zwei Phänomene: 1. Mißbrauch und 2. Abhängigkeit, wobei der Mißbrauch durch die Abhängigkeit impliziert ist. Unter „Alkoholmißbrauch" versteht man einerseits einen Alkoholkonsum, der gegenüber den soziokulturellen Normen erhöht ist und andererseits ein „pathologisches Trinkverhalten" (Verschlechterung der Kontrolle über den Alkoholkonsum bis hin zum Kontrollverlust, d. h. die Unfähigkeit, mit dem Trinken aufzuhören, bevor man die Kontrolle über den Alkoholkonsum verloren hat) und – damit in Zusammenhang – eine Verschlechterung der sozialen und beruflichen Situation.

„Alkoholabhängigkeit" ist definiert durch die Kriterien des Mißbrauchs und der Toleranzentwicklung bzw. das Auftreten von Entzugserscheinungen bei Abstinenz (Feuerlein 1984, S 3 ff.).

Alkoholismus – Definition nach E. M. Jellinek (Feuerlein ebenda, S. 154 ff.).

Jellinek beschreibt ausführlich fünf Erscheinungsformen:

a) Alpha-Alkoholismus:
Die Abhängigkeit ist ausschließlich psychischer Natur, d. h. der Betreffende trinkt, um seelischen Spannungs- und Angstzuständen auszuwei-

chen. Es gibt (noch) keinen Kontrollverlust. Diese Art des Trinkens kann als „Konflikttrinken" bezeichnet werden.

b) Beta-Alkoholismus:
Hier ist die psychische und physiologische Gefährdung noch relativ gering. Es gibt keinen Kontrollverlust; man kann diesen Trinkertyp als Gelegenheits- und Verführungstrinker bezeichnen.

c) Gamma-Alkoholismus:
Die psychische und physische Abhängigkeit ist beträchtlich; charakteristisches Merkmal ist der Kontrollverlust über die weitere Alkoholaufnahme sobald der Trinker mit dem Trinken begonnen hat. Durch die physische Abhängigkeit ist eine zunehmende Toleranzentwicklung feststellbar. Der Gamma-Alkoholismus führt zwingend zu körperlichen, psychischen und sozioökonomischen Schäden – Trinker dieses Typs sind im pharmakologischen Sinn süchtig, da der Stoffwechsel so auf den Alkoholkonsum eingestellt ist, daß bei plötzlichem Entzug deutliche körperliche Entzugserscheinungen auftreten.

d) Delta-Alkoholismus:
Hier tritt kein Kontrollverlust auf, ein Trinker dieser Art ist jedoch nicht imstande, auch nur zeitweise abstinent zu sein. Sie trinken vielmehr täglich vom Morgen bis zum Abend, können aber ihren Alkoholkonsum so dosieren, daß sie (fast) nie berauscht sind („Spiegeltrinker").

e) Epsilon-Alkoholismus:
Er ist primär gekennzeichnet durch periodisches Trinken („Quartalsäufer").

Verlaufsphasen des Alkoholismus nach E. M. Jellinek:
Jellinek hat den Verlauf des Alkoholismus in drei Phasen eingeteilt: die Prodromal-, kritische- und chronische Phase.

Diesen vorangestellt ist eine präalkoholische (symptomatische) Phase, in der der Trinkende die Erfahrung macht, daß der Alkohol ihm „hilft", Ängste, Spannungen oder Enttäuschungen abzubauen.

Die Prodromalphase ist gekennzeichnet durch alkoholische Palimpseste („Blackout"), heimliches Trinken, Sorge, ob genügend Alkohol vorhanden ist, rasches, gieriges Trinken der ersten Gläser und Schuldgefühle in bezug auf die Trinkgewohnheiten.

Die kritische Phase beginnt mit dem Kontrollverlust (beim Gamma-Alkoholiker). Es kommt in allen Lebensbereichen zu Konflikten, die zunehmend eskalieren. Die Fähigkeit, Spannungen zu ertragen, nimmt immer mehr ab. Charakteristisch für diese Phase ist ein großspuriges und aggressives Benehmen, auffallendes Selbstmitleid, der Verlust an äußeren Interessen – das Verhalten konzentriert sich immer mehr auf den Alkohol bzw. darauf, sich ausreichend Vorräte zu sichern und die Vernachlässigung der Ernährung.

Die chronische Phase ist gekennzeichnet durch einen Zustand

völliger Demoralisierung. Es wird nur noch getrunken – ohne die geringste Rücksichtnahme auf familiäre oder berufliche Verpflichtungen. Spätestens jetzt kommt es zum endgültigen Verlust des Arbeitsplatzes und zur Trennung vom Partner. Die soziale Desintegration schreitet immer mehr fort, ebenso der Persönlichkeitsverfall und die körperlichen Schädigungen.

Literatur

Feuerlein W (1984) Alkoholismus – Mißbrauch und Abhängigkeit. Entstehung – Folgen – Therapie. Thieme, 3. Auflage

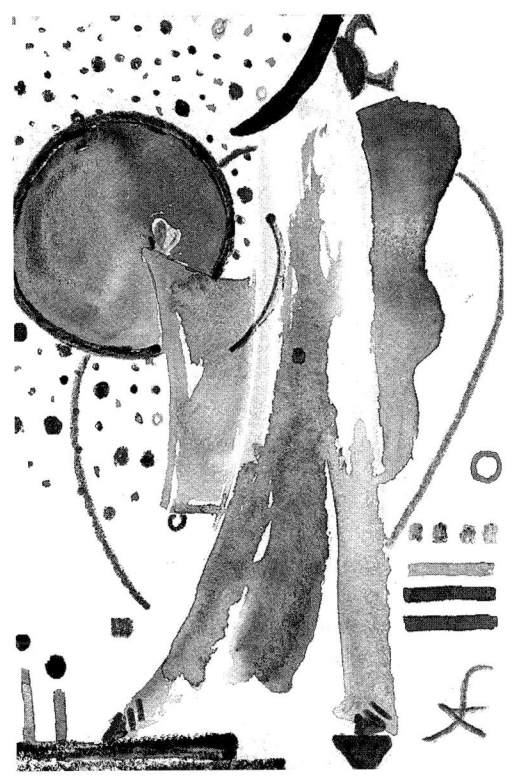

Liebe, E. A. Kasper, 1989

Ein neues unbegrenztes Gefühl, meine letzte und höchste
Schöpfung:
Höher als Eden und Licht,
Höher als Schmerz und Gebet,
Höher als Güte und Heil,
Eine stumme hohe Gestalt.
Ich nannte sie Liebe.
                    aus: Testament des Vaters, J. L. Moreno, 1922

Betroffenen *sozusagen* in den Mund legen und ihn überlegen lassen, ob er dem zustimmen kann oder nicht.

Der *Rollenwechsel* mit der Partnerin oder dem Partner (in weiterer Folge mit „der Partner" abgekürzt) ist als weitere Möglichkeit in unserem Repertoire verfügbar. Da die Partner meist in die belastende Situation miteingebunden sind bzw. diese mitverursachen, können wir im Rollenwechsel auch die Problemsicht des jeweiligen Partners, jetzt dargestellt vom Klienten, in unsere Exploration mithineinnehmen. Der Nutzen liegt oft darin, daß die Partner das Problem besser beschreiben können und diese weniger damit belastet sind. In vielen Fällen kommt von ihnen auch der Druck, der zum Beginn einer Therapie führt, und wir bekommen Informationen über die Belastungen des Partners durch das Symptom und seine Problemlösungsstrategien. Da die Schwierigkeit oft Ausdruck einer Beziehungsproblematik ist, können wir durch den Rollentausch mehr Informationen auch über diese Möglichkeit gewinnen. In diesen Fällen ist der Klient Symptomträger der Beziehung.

Möglicherweise dauert dieser Prozeß der Annäherung über einige Sitzungen an, aber in der Regel wird es auf diese Weise relativ rasch möglich sein, herauszufinden, ob die Verdachtsdiagnose „sexuelles Problem" stimmen könnte.

Die Möglichkeit in einer Szene, das heißt im *Rollenspiel*, das Problem anzuspielen, setzt hohe Bereitschaft zur Offenlegung der zugrunde liegenden Situation voraus. In solchen Fällen ist die Exploration, um die Diagnose einer sexuellen Schwierigkeit zu bestätigen, daher auch kaum nötig. Es könnte aber sein, daß im Verlauf einer Therapie, deren Focus nicht Sexualität ist, in einer Szene die Idee einer vorhandenen sexuellen Komponente auftaucht und sich aus dieser Szene das Thema von dieser Problemseite angehen und bearbeiten läßt.

Spiegeln in der Form, daß wir Gesten oder ganze Passagen des Verhaltens unseres Klienten nachahmen, dabei eventuell sogar bestimmte Teile verstärken, wird bei Klienten mit einem nicht offen geäußerten sexuellen Problem nicht als hilfreich erlebt werden können, da es zu konfrontierend und damit angstverstärkend und abwehrfördernd wirken kann. Es sei denn, es gelingt durch sehr behutsames, nur die Worte und Stimmlagen wiederholendes Spiegeln eine Annäherung an das Thema zu erreichen.

Als wenn auch weniger häufig auftretender Ausgangspunkt zur Anamnese einer sexuellen Störung könnte auch eine *soziometrische* Sequenz dienen, wenn sich durch die Aufstellung und Rollenzuweisung eine diesbezügliche Vermutung ergibt. Die weitere Exploration wird dann aber wahrscheinlich eher mit Doppeln und Rollentausch erfolgen können.

Monodramatische Interventionsmöglichkeiten im Therapieverlauf

Hat sich nun aufgrund unserer Anamnese oder durch die direkte Mitteilung unseres Klienten eine sexuelle Problematik als Teil oder Hauptbereich der Behandlung ergeben, haben wir fast die ganze Palette psychodramatischer Möglichkeiten zur Verfügung: Wir können im Rollenspiel, im Doppeln, *Inneren Monolog* usw. das anwenden, was uns hilfreich erscheint, wobei die grundsätzliche Regel gilt: angstmindernde Möglichkeiten am Anfang, das heißt z. B. einfühlsames Doppeln vor Spiegeln. Wie bereits erwähnt ist *Angst* immer ein wesentlicher Begleitfaktor, wenn nicht der Hauptgrund für sexuelle Störungen.

Anhand einiger Beispiele möchte ich mögliche Vorgangsweisen skizzieren. Die Beispiele sind ausgewählt aufgrund ihrer Einprägsamkeit und Eignung, grundsätzliche Bereiche einer Sexualtherapie zu beschreiben.

Klienten und Klientinnen, die als Grundproblem Schwierigkeiten mit dem Vollzug des Geschlechtsverkehr haben, sei es aufgrund von Vaginismus bei der Frau oder Angst vor dem Eindringen in die Scheide der Frau beim Mann, stellen sicher nicht das Gros der Menschen, die mit sexuellen Problemen in Therapie kommen, dar, dennoch treten diese Probleme häufiger auf als vielleicht vermutet.

Die Therapie dieser Problematik wird häufig mit der Bearbeitung zweier sehr grundlegender Bereiche der menschlichen Sexualität beginnen: einerseits der sprachlichen und andererseits der des Wissens um physiologische und anatomische Voraussetzungen des menschlichen Körpers. Beides ist bei Menschen mit sexuellen Problemen oft nicht oder nicht ausreichend entwickelt. Beide Bereiche sind aber für eine freie und unbelastete Sexualität von großer Bedeutung und auch nicht voneinander zu trennen. Repräsentiert die Sprache das Muster der Gestaltung seelischer Wahrnehmung, so sind die Vorstellungen und das Wissen um die körperlichen Vorgänge und Voraussetzungen in der Sexualität (beispielsweise das Wissen um Verhütung, Ansteckungsgefahr von Geschlechtskrankheiten bis hin zu der Frage, was passiert beim Geschlechtsverkehr) Bedingungen für einen möglichst angstfreien Umgang mit dieser.

Das Wissen um anatomische und körperliche Voraussetzungen im menschlichen Sexualkontakt können wir erfahren, indem wir den Klienten bitten, seine Vorstellungen von der Lage und den räumlichen Zusammenhängen der menschlichen Sexualorgane bildlich darzustellen. Sehr oft finden sich falsche und beschränkende Annahmen über die Lage, Funktion und Beziehung der Organsysteme zueinander. Die notwendige Erklärung der tatsächlichen körperlichen Zusammenhänge und Verhältnisse wird dann ein wichtiger Therapieschritt sein.

Dies ist beispielsweise anhand von schematischen Darstellungen und dazugehörenden Erläuterungen zu bewerkstelligen.

Die sprachlichen Ausdrucksmöglichkeiten eines Klienten betreffend seine Sexualität finden wir im Prozeß der Bearbeitung des sexuellen Problems relativ leicht heraus. Manche können sehr frei über sexuelle Inhalte sprechen, manche überspielen ihre Schwierigkeiten und Ängste, versuchen sich betont locker zu geben, wirken dabei aber eher verkrampft. Nicht wenige finden kaum Worte für die Benennung oder Schilderung sexueller Vorgänge und Inhalte.

Ausgehend beispielsweise von der sexuellen Entwicklungsgeschichte des Klienten können wir in der Darstellung im Spiel zu einem besseren Verständnis der bisherigen Verhaltensweisen gelangen und an deren Veränderung arbeiten. Durch die Auswahl uns wichtig erscheinender belastender und unaufgelöster Szenen dieser Entwicklung werden sprachliche Muster sichtbar und mit unserer Unterstützung veränderbar. Wie bereits eingangs erwähnt: immer mit der gebotenen Langsamkeit und Rücksichtnahme auf die Schamgefühle und Verletztheit der Klienten in diesem Bereich. Im Rollentausch, z. B. mit der Mutter oder dem Vater, ist es auch möglich, Glaubenssätze und Handlungsvorbilder im Bereich der Sexualität anschaulich und besprechbar zu machen. Therapeutisch ist es sicher sehr hilfreich, ausreichend zu doppeln, Phantasien, Ideen über Motive usw. anzusprechen und aufzugreifen, um den Prozeß der Entwicklung zu unterstützen. Von unserem Mitgehen mit den Emotionen des Klienten wird sehr entscheidend abhängen, ob eine gute und förderliche Kommunikation zustande kommt. Wichtigstes Gebot bei diesen Annäherungen an das Thema: möglichst große Selbstverständlichkeit und Natürlichkeit im Umgang mit den zutage tretenden Fakten und Haltungen. Nur so wird die Persönlichkeit unserer Klienten ermutigt, den Fährten und Spuren auf dem Weg zur Auflösung seiner Verletzungen und Kränkungen weiter folgen zu können, fühlt er sich verstanden und sicher.

Beschämung und *Scham* sind im Sexualbereich sehr häufig; viele Menschen haben in diesem Bereich die stärksten Verletzungen ihrer Kindheit und auch des Erwachsenenlebens erlitten. Daher ist behutsames Umgehen mit diesen Gefühlen unumgänglich. Dabei geht es nicht darum, mitzuhelfen, Themen auszusparen und nicht anzusprechen, um unangenehme Gefühle vermeiden zu helfen, sondern um den Stil der Konfrontation.

So kann beispielsweise beim Zeichnen und dem Besprechen der Zeichnungen der Sexualorgane des Menschen eine ganze Reihe von Reaktionen ausgelöst werden: Die Unwissenheit über Dinge, die man eigentlich wissen sollte, das Zeichnen und das Reden darüber, macht möglicherweise unsicher und beschämt. Ein nicht einfühlsamer Umgang mit den gezeichneten Vorstellungen würde Rückzug und Zweifel an der Sinnhaftigkeit der Auseinandersetzungen mit der eigenen Person fördern. Ein einfühlsamer Umgang mit diesem Material wird das Gegenteil bewirken: er wirkt befreiend, und wenn die passenden Worte für den eigenen und fremden Körper gefunden sind, wenn sexuelle Handlungen benannt werden können, stellt sich ein befreiteres Gefühl ein.

Monodramatisch können wir durch das *Doppeln,* vor allem durch das vorsichtig nachfragende und ergänzende Doppeln, einen spontanen Zugang zum Thema erreichen. So können die im Rollenwechsel dargestellten Körperteile besetzt werden und in der Form von z. B. „ich bin der Penis", „ich bin das Herz" usw. belebt und gespielt werden. Doppeln vor allem wiederum deshalb, weil das Doppeln noch nicht viel Bewegung des Klienten voraussetzt. Wir können uns hinter ihn/sie setzen und die Bewegung erfolgt noch in erster Linie im Kopf, in der Phantasie.

Sexualität hat viel mit in Bewegung sein, mit Bewegung zu tun, und diese ist irgendwann gebremst worden und verlorengegangen. Um gerade diese Bewegung und Beweglichkeit wieder in Gang zu bringen, können wir unsere Klienten in die Rolle ihrer eigenen Geschlechtsorgane, ihres Herzens, ihrer Muskeln, der Steuerungszentren im Gehirn und sonstige Zentren, die Sexualität steuern, in Rollenwechsel und Rollentausch schlüpfen lassen. Die Organe erörtern selbst, was sie hindert, das und jenes zu tun, was sie brauchen würden. Oftmals tritt dabei bereits eine merkliche Entspannung auf, es wird auf einmal auch lustig, es kann gescherzt und verschieden bislang versteckte Aspekte früherer Erfahrungen können angesprochen werden. Wir erreichen ein deutliches Absinken vorhandener, zu starker Schamgrenzen, wenn wir rollenspielerische Momente unserer Arbeit verwenden.

Widerstände gegen dieses Spielen der eigenen Sexualorgane und deren „Kommandoebenen" können noch mit behutsamem Nachfragen nach dem, was passieren könnte, wenn sich der Klient auf dieses Rollenspiel einlassen würde, aufgefangen werden.

Haben wir diese Bereitschaft mit unseren Klienten erreicht, kann es zur Zwiesprache der Sexualorgane, der Erregungs- und Verhinderungszentren im Gehirn kommen.

Oftmals wird davor aber noch eine intensive Phase der Befassung mit den Gefühlen und Körperwahrnehmungen stattfinden müssen. Dies deshalb, weil Sexualität sich in Berührungen an sensiblen Körperstellen äußert, diese aber eventuell als unangenehm oder angstmachend erlebt werden. In den Rollen der eigenen Haut, der eigenen Sinnesorgane, wie Sehen, Hören, taktilem Empfinden, können Erfahrungen korrigiert und ergänzt werden. Neue Wahrnehmungen sollen zugelassen werden können, und im Doppeln ist es möglich, aus den eigenen Empfindungspotentialen schöpfend neue Qualitäten vorstellbar und in weiterer Folge erlebbar zu machen.

Die Beschäftigung mit der Körper- und Sinneswahrnehmung des Partners ist eine notwendige Ergänzung dieser Annäherung. Wer Schwierigkeiten mit der eigenen Sexualwahrnehmung hat, hat sie meist auch mit dem anderen Geschlecht. Lernt nun z. B. der Partner einer Frau mit Vaginismus einmal durch das Selbsterleben in der Rolle als Vagina seiner Partnerin die dazugehörenden Gefühle und Bedingungen kennen, kann er sich einmal in die Rolle der Muskeln, die diese Spannung und Verkrampfung bewirken, einfühlen, wird er eine Idee davon bekommen können, wie er seine Partnerin unterstützen kann. Umgekehrt wird eine Frau in der Rolle des Penis ihres Partners vielleicht eine Ahnung davon bekommen können, wieso ihr Partner z. B. Leistungsdruck im Bett verspürt. In der Reflexion werden wir herausfinden können, wo diese Spannungs- und Angstmuster auch bei ihm oder ihr auftreten, welche Rolle sie in seinem oder ihrem eigenen Leben immer wieder hatten und wie sie die Partnerschaft auch von der eigenen Person her beeinflussen.

Haben wir diese Vorbereitungsarbeit abgeschlossen, können wir im Rollenspiel die Prozesse des Körpers und des Geistes beim Zustandekommen der sexuellen Funktion oder Dysfunktion anschaulich machen. Wir erreichen damit einerseits mehr Verständnis für das körperliche Geschehen, aber wir können auch anschaulich vermitteln, daß es immer noch die eigene Person ist, die so und nicht anders handelt. Man könnte es einen gespielten Dialog der Sexualorgane, der Erregungs- und Verhinderungszentren im Gehirn mit Herz und was sonst noch dazugehört, nennen. Der Klient spielt alle seine Organe, alle seine Empfindungen selbst und wird dabei von uns begleitet. Der Wechsel der Perspektive zwischen den verschiedenen Teilen kann durch Arbeit mit Sesseln in Form einer Aufstellung der verschiedenen Teile in ihrer Lage zueinander veranschaulicht werden und erleichtert den Überblick.

Durch Doppeln und Nachfragen können wir in den Ablauf eingreifen, verschiedene Reaktionen können gespiegelt werden und damit einen Prozeß der Umorganisation und Neuorganisation des ungesunden und belastenden Geschehens einleiten.

Wenn es gelungen ist, diese Bereiche anzuschauen und durchzuarbeiten, haben wir bereits viel erreicht: die angesprochene Beweglichkeit ist nun im weiteren Verlauf der Therapie im szenischen Spiel zu nützen. Es kann in manchen Fällen, wie beispielsweise bei Menschen, die noch nie einen Geschlechtsverkehr mit Penetration hatten, sinnvoll sein, auch einen Geschlechtsakt durchzuspielen, wobei der/die Klient/in alle möglichen Rollen, Körperteile und Wahrnehmungen seiner selbst und auch seines Partners, seiner Partnerin selber spielen kann. Damit können alle damit zusammenhängenden Ängste, verunmöglichenden Gedanken und Gefühle erlebbar gemacht werden. Es ist aber darüber hinaus auch möglich, diese Szene zu verändern, dabei die Ängste zu reduzieren und eine positive Besetzung der als beängstigend erlebten Situation zu erreichen. Es sind dies Szenen von enormer Intensität und Eindringlichkeit, eben dem Thema entsprechend. Und so kann möglich werden, was vielleicht schon seit vielen Jahren unmöglich, weil unvorstellbar war.

In dieser Phase der Therapie scheint auch Spiegeln hilfreich zu sein, da zu diesem Zeitpunkt die Schamschwelle schon deutlich niedriger geworden ist. Durch Spiegeln kann die positive eigene Entwicklung gut sichtbar gemacht werden und es wird auch nicht mehr als so kränkend erlebt, wenn unangenehme Wahrnehmungen von seiten des Therapeuten zu hören sind. Im Gegenteil: jetzt können Wahrnehmungen des Therapeuten Anstöße geben, beengende Muster wirklich abzustreifen und aufzugeben. Voraussetzung dafür, daß dies gelingen kann, ist natürlich, daß in der Therapie auch Bilder von einem Leben ohne diese Probleme entwickelt wurden und nicht aus Angst vor dem Unbekannten, das dann eintreten würde, am alten festgehalten werden muß.

Bei der Leserin bzw. dem Leser wird jetzt wahrscheinlich die Frage aufgetaucht sein, ob eine solche Arbeit, die ja doch einen sehr intimen Bereich des Menschen betrifft, nur mit einem gleichgeschlechtlichen Klienten durchführbar ist? Ich glaube, daß dies grundsätzlich das Vertrauen zwischen Therapeut und Klient fördert, manchmal wird es aber nicht möglich sein, diesem Anspruch gerecht zu werden. Dann ist allerdings sehr wichtig, was ohnedies eine Selbstverständlichkeit sein sollte: ein großer Respekt vor der Person unseres Klienten und Vermeiden aller unklaren Botschaften. Im Prozeß einer solchen Arbeit treten natürlich Übertragungen auf und damit muß der Therapeut/die Therapeutin einen klaren und verantwortungsbewußten Umgang haben. Obwohl es für jede Therapie in gleicher Weise gilt, sei es in diesem Zusammenhang nicht unerwähnt: Das Spiel mit Gefühlen von Klienten, insbesondere von sexuellen Gefühlen, ist ein Mißbrauch und ein Armutszeichen für den Therapeuten. Darüber hinaus ein Grund für Ausschluß aus dem Kreis der seriösen Psychotherapeutinnen und Psychotherapeuten.

In dem Beispiel mit dem Vaginismus wurde es bereits angesprochen; nämlich die Behandlung von in einer bestimmten Weise festgelegten körperlichen Funktionen. Anhand der Impotenz beim Mann soll beispielhaft monodramatisches Arbeiten mit funktionellen sexuellen Störungen dargestellt werden. Diese Störung kommt relativ häufig vor.

Wie am Anfang des Artikels bereits angesprochen, sind sexuelle

Probleme nie gesondert von der Beziehungsdynamik zu sehen. Es sollte daher immer, bevor wir an die Behandlung einer sexuellen Dysfunktion gehen, die Frage nach deren Sinn für die Beziehung zu stellen sein. Das macht das Arbeiten mit dem sexuellen Symptom in weiterer Folge wesentlich leichter möglich, da keine unbewußte Blockade im Prozeß auftaucht.

Erst wenn diese Frage ausreichend erörtert ist und auch klar ist, daß eine Behebung der Dysfunktion nicht durch eine andere unangenehme Form der Konfliktgestaltung abgelöst wird, kann sinnvollerweise mit der Behebung des belastenden Zustands begonnen werden. Auch sind mögliche neue Varianten verletzenden Verhaltens zu vermeiden. Es würde beispielsweise nicht gerade förderlich sein, wenn durch die Symptombehebung der Machtkampf in der Beziehung sich von diesem Beziehungsfeld in ein anderes verschieben würde.

Impotenz bei Männern setzt diese unter große Spannung. Wenn alle medizinischen Möglichkeiten ausgeschöpft sind, das Symptom nicht verschwindet, sind die Betroffenen oft schon sehr verzweifelt und der Selbstwert ist deutlich erniedrigt. Es wird daher unbedingt notwendig sein, auf einen Aufbau bzw. Wiederaufbau des Selbstwertes zu achten. Parallel dazu sollte aber bereits mit der therapeutischen Behandlung des Symptomzustands begonnen werden. Das hilft Klienten, Vertrauen zur Therapie zu gewinnen, da auch etwas mit dem Symptom getan wird.

Mit unterstützendem und nachfragendem Doppeln kann die Problemgeschichte aus der Sicht des Betroffenen, der Partnerin oder der phantasierten Partnerin, wenn der Klient gerade nicht in einer Beziehung lebt, ausgebreitet werden. Auf diese Weise können wir uns ein Bild davon schaffen, wie der Umgang mit dem Symptom bisher war, wie es sich auswirkte. Da Impotenz von Männern zumeist mit dem Gefühl verbunden wird, ein Versager zu sein, der eine erwartete Leistung nicht erbringen kann, wird es hilfreich sein, eine Verbindung herzustellen zu anderen Erlebnisbereichen, in denen ähnliche Probleme bestanden. Der Erfahrungshintergrund mit den Erlebnissen, in denen etwas nicht zu schaffen war, Dinge nicht kontrolliert werden konnten, werden sich vielleicht in szenischen oder imaginierten Bildern darstellen lassen. Dadurch entsteht eine Möglichkeit, die Momente der Trauer, des Schmerzes, der Angst und der Beschämung, die hinter diesen Erfahrungen stecken, wieder erlebbar zu machen und zu bearbeiten.

Das Fokussieren auf das betroffene Organ, den Penis, sollte erst zu einem Zeitpunkt geschehen, wenn es möglich erscheint, auch aushalten zu können, daß diese Funktion nicht so schnell wiederkommen würde, auch wenn das in der Regel nicht der Fall sein wird. Darauf vorzubereiten erscheint aber deshalb so wichtig, weil damit ein wesentlicher Druck in der Problematik wegfällt: der Druck sofort und immer leistungsfähig zu sein und scheinbar ohne diese Fähigkeit nicht akzeptabel zu sein. Diese Schwäche zeigen zu können und sie sich endlich erlauben dürfen, kann helfen, in ähnlich belastenden Situationen in der Zukunft auch anders reagieren zu können.

Möglicherweise werden andere Techniken des sexuellen Kontakts aktiviert und als gleichwertig erlebbar gemacht werden müssen, was durch eine einseitig auf Penetration ausgerichtete Sexualerziehung oft nicht so gesehen werden konnte.

Ist also die Voraussetzung dafür geschaffen, den Penis in den Mittelpunkt der Behandlung zu stellen, wird der Patient auch in die Rolle seines Penis schlüpfen können und aus der Rolle heraus seine Funktionsfähigkeit und Unfähigkeit erklären und darstellen können. In der Rolle der Steuerungszentralen im Gehirn, deren widersprüchliche Anordnungen ja im Erfolgsorgan zu den Problemen führen, werden die Muster der Verhinderung einer Erektion bzw. die Gründe für den Verlust der Erektion in bestimmten Situationen nachvollziehbar gemacht. Wer Woody Allens „Was Sie schon immer über Sex wissen wollten" gesehen hat, hat auf humorvolle Weise eine Demonstration dieser Arbeit erlebt. Es könnte ähnlich humorvoll auch in der Therapie werden. Hilfreich wird sein, mit Doppeln zu helfen, die Schwierigkeiten in der Benennung und Formulierung der Widerstände und Ängste zu mildern. So sollte es dann auch möglich werden zu einer Vorstellung davon zu kommen, wie es sein könnte, wenn die volle Funktionsfähigkeit wieder gegeben wäre.

In Szenen, die Situationen in der Beziehung darstellen, in denen die Schwierigkeit auftaucht (der Klient spielt dabei sich selbst, seine Partnerin, seinen Penis, seine Steuerungsfunktionen im Gehirn und alle weiteren zu diesen Szenen gehörigen Elemente), können wir die Faktoren, die noch zu diesem Erlebnis des Scheiterns gehören, ergänzend in Erfahrung bringen. Der Innere Monolog z. B. hilft die auftauchenden Gedanken und Behinderungen, das Abschweifen und Ausweichen in andere Phantasien aufzugreifen und in ihrer Funktion zu verstehen und zu bearbeiten.

In der Darstellung von Wunschszenen oder Szenen aus der Zeit, als es noch kein Problem mit der Erektion gab, können wir dann an der Auflösung der Problemsituation weiterarbeiten und das neue Verhalten einüben. Das heißt, Szenen, in denen es klappt, werden imaginiert und dann dargestellt. Es kann unter Umständen mehrerer Versuche bedürfen, bis eine passende Szene gefunden ist bzw. die Widerstände, die in der Wunschszene noch sichtbar werden können, beseitigt sind.

drama als eine wissenschaftliche Methode, die menschliche Wirklichkeit zu erforschen. „Es handelt von zwischenmenschlichen Beziehungen und persönlichen Welten" (Moreno, 1989, S. 45).

Wesentlich im Psychodrama sind die Rollentheorie und das Konzept der Begegnung (Leutz, 1986, S. 70). „Der Begriff der Begegnung
bedeutet Zusammensein, Zusammentreffen, Berührung zweier Körper, Sehen und Beobachten, Berühren, Einfühlen, Teilen und Lieben,
Verständigung miteinander, intuitives Erkennen durch Schweigen
oder Bewegung, Sprache oder Gesten, Kuß oder Umarmung, Einswer-
den" (Moreno, 1973, S. 54). Die Begegnung ist der grundlegende Begriff des ‚Mensch-Sein' (Frede, 1992, S. 40). Das Rollenspiel hat dabei
entscheidende Funktionen.

„Rollenspiel dient . . . der Rollenintegration. Eine neue Rolle kann
häufig nicht ohne Schwierigkeiten in das Leben eines Menschen ein-
gefügt werden... Rollenspiele können in diesen Fällen die Rollenintegration erleichtern, sie oft sogar noch vor dem Auftreten rollenkon-
fliktbedingter Schwierigkeiten ermöglichen und dienen damit der
Psychohygiene" (Leutz, 1986, S. 114 f.).

Deshalb ist das Psychodrama auch Menschen zugänglich, die ein
geringes Reflexionsvermögen haben. „Das szenische Spiel erreicht also
auch Menschen, die psychoanalytisch aufgrund ihrer Ich-Schwäche,
der rationalen Abwehr oder ihres geringen Intelligenzniveaus nur mit
großen Schwierigkeiten angegangen werden können" (Petzold, 1978,
S. 10).

2. Der Begriff des Tele (Zweifühlung)

„Moreno glaubte grundsätzlich an die Begegnung statt an die Übertragung als Heilungsprinzip . . . Die Betonung liegt auf der Beziehung
statt auf den Worten, auf einer physisch statt verbal herbeigeführten
Katharsis" (Fox in Moreno, 1989, S. 18).

Tele ist die Fähigkeit, andere so wahrzunehmen, wie sich diese
selbst wahrnehmen. Andererseits so wahrgenommen zu werden, wie
sich die Person selbst wahrnimmt. Tele ist anders strukturiert als Projektion und Übertragung. Die „Projektion" schreibt Personen Eigenschaften zu, die diese nicht haben. „Tele ist also nicht ein einseitiger
Vorgang, sondern echte Begegnung. Es steht in einem Bezug zu unserem täglichen Leben und ist die Fähigkeit, in flexibler Weise mit der
Welt um uns Umgang zu pflegen" (Blomkvist in Vorweg, 1991, S. 126).
Tele ist deshalb eng mit dem Begriff der Identität verbunden. Über
die Übertragung als Beziehungsmodus sagt Leutz:

„Setzt sich ein Mensch durch Übertragung zu einem anderen in

Beziehung, so ist der andere nicht als die Persönlichkeit, die er ist, von Bedeutung, sondern hauptsächlich als Träger unbewußter Wunsch- und Erinnerungsvorstellungen" (Leutz, 1986, S. 18). Tele ist ein meßbarer und sozialer Prozeß im sozialen Atom. Damit wird er zur Grundlage von Beziehungen, „die auf dem Gefühl und der Erkenntnis für die wirkliche Situation der anderen Personen beruht" (Zeintlinger, 1981, S. 213).

3. Die Universalien der Zeit, des Raumes, der Realität und des Kosmos

Zeit

Der Mensch kann einen Zustand durchleiden, der zu einer der Dimensionen der Zeit (Vergangenheit, Gegenwart und Zukunft) in Beziehung steht. „Während der Behandlung müssen sie daher als psychologische Aspekte der Zeit lebendig werden. Vergangenheit und Zukunft werden im psychodramatischen Geschehen gegenwärtig" (Schneider-Düker, 1985, S. 36). Dies ist das therapeutische Prinzip des „Hier und Jetzt". Die szenische Darstellung von lebensgeschichtlichen Ereignissen im Jetzt kann die Vergangenheit und die Zukunft, wie Leutz sagt, ihres „phantastmatischen Charakters"(Leutz, 1986, S. 74) entkleiden. Deshalb müssen diese Dimensionen der Zeit im therapeutischen Prozeß mitberücksichtigt werden.

„Dieses Phänomen steht in Gegensatz zu unserem gewöhnlichen Zeitempfinden . . . Die Fähigkeit oder Unfähigkeit, emotionales Erleben zeitlich zu intergrieren, kann als ein Maßstab für die seelische Gesundheit oder Krankheit angesehen werden" (Leutz, 1986, S. 74). Moreno spricht von der Zeit nicht „als philosophischem, mystischem oder phänomenologischen Begriff" (Moreno, 1989, S. 31), sondern von Zeit als einem therapeutischen Begriff.

Raum

Im klassischen Verständnis von Psychodrama kann der Ort der Handlung überall sein, auch eine Straße, ein Zimmer, ein Fahrzeug, ein Schlachtfeld usw. Moreno kritisierte jene Psychotherapieformen, die dem Raum zuwenig Beachtung entgegenbringen. Er betonte seinen wichtigen Anteil als Teil des therapeutischen Prozesses.

„Die Idee einer Psychotherapie des Raumes wurde zum ersten Mal durch das Psychodrama verwirklicht, welches handlungsorientiert ist und all die Dimensionen des Lebens in umfassender Weise in sich zu integrieren versucht . . . Wenn ein Klient den therapeutischen Raum

6. Abschluß

Das Psychodrama ist erlebnisorientiert und kann über die Literatur lediglich „angefühlt" werden. Nur über die Handlung, die Tat, die Aktion wird es möglich, mit der „Magie" des Psychodramas in Beziehung zu kommen. Magie darf hier nicht als „Zauberei", „Hexerei" oder „Hokuspokus" verstanden werden. Im schamanischen Verständnis wird Magie erklärt als die konstruktive Veränderung und Erweiterung des menschlichen Bewußtseins, das sich mit allen Aspekten des Lebens auseinanderzusetzen vermag.

Literatur

Bosselmann R (1993) Variationen des Psychodramas. Ein Praxishandbuch – nicht nur für Psychodramatiker. Limmer, Meezen. – Schriftensammlung unterschiedlicher Autor/innen

Frede U (1992) Behandlung unheilbar Erkrankter. Psychodramatherapie in Theorie und Praxis. Psychologie, Weinheim

Haan A (1992) Kreatives Erleben im Psychodrama. Zum Kreativitätskonzept in der Psychotherapie. Deutscher Universitäts-Verlag, Wiesbaden

Leutz G (1986) Psychodrama. Theorie und Praxis. Das klassische Psychodrama nach J. L. Moreno, Band 1. Springer, Berlin Heidelberg New York Tokyo

Moreno J L (1973) Gruppenpsychotherapie und Psychodrama. Einleitung in Theorie und Praxis. Thieme, Stuttgart

Moreno J L (1989) Psychodrama und Soziometrie. In: Fox J (Hrsg) Essentielle Schriften, Edition Humanistische Psychologie. – Die Schriften sind zwischen 1934 und 1973 enstanden

Petzold H (1978) Angewandtes Psychodrama in Therapie, Pädagogik und Theater. Innovative Psychotherapie und Humanwissenschaften, Band 2. Junfernmann, Paderborn

Schneider-Düker M (1985) Gruppenpsychotherapie. Methoden, Probleme, Erfolge. ETB Econ, Düsseldorf

Schützenberger A (1979) Psychodrama. Ein Abriß – Erläuterungen der Methoden. Hippokrates, Stuttgart

Vorweg M (Hrsg) (1991) Psychodrama, Band 12. Psychotherapie und Grenzgebiete. Barth, Heidelberg. – Schriftensammlung unterschiedlicher Autor/innen

Yablonsky L (1992) Psychodrama. Die Lösung emotionaler Probleme durch Rollenspiel. Fischer, Frankfurt am Main

Zeintlinger K (1981) Analyse, Präzisierung und Reformierung der Aussagen zur psychodramatischen Therapie nach J. L. Moreno. Dissertation, Salzburg

Einladung
zu einer Begegnung.

Das Testament des Schweigens.

Flugbericht von Jakob Levy.

Anzengruber-Verlag
Brüder Suschitzky.
Wien-Leipzig 1915.

Titelblatt eines der ersten publizierten Werke Morenos (1915) nach dem Original aus dem Besitz der Österreichischen Nationalbibliothek, Wien (Bibliothekssignatur: 507.423-B). Noch heute ist das Werk in den Zettelkatalogen der Bibliothek unter dem ursprünglichen Namen Morenos Jakob Levy verzeichnet. Der Name Moreno wurde von J. L. Moreno ja erst nach der Emigration 1925 als Familienname verwendet

SpringerNews

Alfred Pritz (Hrsg.)

Psychotherapie –
eine neue Wissenschaft vom Menschen

1996. 11 Abbildungen. XII, 365 Seiten.
Broschiert DM 89,–, öS 625,–
ISBN 3-211-82832-X

Die Psychotherapie tritt zunehmend als gesellschaftlich wirksame und verändernde Kraft hervor. Es ist daher naheliegend, eine Grundlagendiskussion zu führen, wie es Autoren aus Österreich, der Schweiz, Deutschland, Großbritannien und der Ukraine in diesem Band tun. Dabei stehen, ausgehend vom österreichischen Psychotherapiegesetz, zwei Fragen im Vordergrund: Was sind die spezifischen Merkmale einer Psychotherapie auf wissenschaftlicher Grundlage? Wodurch grenzt sich die moderne Psychotherapie von benachbarten Disziplinen, insbesondere von der Medizin, der Psychologie, der Pädagogik und der Theologie ab? Dabei wird deutlich, wie differenziert und vielschichtig sich der Diskurs um diese junge Wissenschaft entwickelt und gleichzeitig neue Fragen für die nächsten Jahrzehnte aufwirft.

Mit Beiträgen von:
Rudolf Buchmann, Wilfried Datler, Emmy van Deurzen-Smith, Ulrike Felt, Alexander Filz, Oskar Frischenschlager, Robert Hutterer, Alfred Pritz, Ludwig Reiter, Günter Schiepek, Thomas Slunecko, Mario Schlegel, David Smith, Gernot Sonneck, Egbert Steiner, Manfred Steinlechner, Gerhard Stemberger, Fritz Wallner, Elisabeth Wagner, Eva-Maria Wolfram, und Josef Vetter.

SpringerPsychotherapie

SpringerWienNewYork

P.O.Box 89, A-1201 Wien • New York, NY 10010, 175 Fifth Avenue
Heidelberger Platz 3, D-14197 Berlin • Tokyo 113, 3-13, Hongo 3-chome, Bunkyo-ku

SpringerNews

Renate Hutterer-Krisch (Hrsg.)

Psychotherapie mit psychotischen Menschen

Zweite, erweiterte Auflage
1996. 24 Abbildungen. XXVII, 879 Seiten.
Broschiert DM 160,–, öS 1120,–
ISBN 3-211-82838-9

Dieses Buch gibt einen Überblick über den Stand der derzeit vorliegenden Möglichkeiten auf dem Gebiet der psychotherapeutischen Behandlung psychotischer Störungen. Theoretische und praktische Aspekte der Behandlung psychotischer Störungen werden aus der Sicht bekannter Vertreter verschiedener psychotherapeutischer Schulen (tiefenpsychologische, verhaltenstherapeutische, humanistische, systemische Methoden usw.) dargestellt. Dabei wird deutlich, wie wichtig Psychotherapie als Ergänzung zur psychiatrisch medikamentösen Behandlung ist, um eine angemessene Behandlung zu gewährleisten. Bei der zweiten, erweiterten Auflage wurde die Gelegenheit wahrgenommen, Beiträge aus der Sicht der Bürgerhilfe, der Psychiatriebetroffenen, einer psychotherapeutisch orientierten psychiatrischen Station und medikamentenfrei arbeitender Psychotherapeuten/Fachärzte für Psychiatrie und Neurologie zu ergänzen.

SpringerPsychotherapie

 SpringerWienNewYork

P.O.Box 89, A-1201 Wien • New York, NY 10010, 175 Fifth Avenue
Heidelberger Platz 3, D-14197 Berlin • Tokyo 113, 3-13, Hongo 3-chome, Bunkyo-ku

SpringerNews

Renate Hutterer-Krisch, Vera Pfersmann,
Ingrid S. Farag (Hrsg.)

Psychotherapie, Lebensqualität und Prophylaxe

Beiträge zur Gesundheitsvorsorge in Gesellschaftspolitik,
Arbeitswelt und beim Individuum

1996. 7 Abbildungen. XI, 421 Seiten.
Broschiert DM 120,–, öS 840,–
ISBN 3-211-82773-0

„Aber der Mensch ist kein Ding, und wenn er sich in ein Ding
verwandelt, wird er krank, ob er es weiß oder nicht" (Erich
Fromm, 1958).
Dieses Buch befaßt sich mit dem Vorbeugen von Krankheiten,
ausgehend von den Erkenntnissen der Psychotherapie. Der
medizinische Begriff erfaßte Krankheit lange Zeit als einen
objektivierbaren, abgegrenzten Leidenszustand außerhalb der
Norm. Jegliche Subjektivität, wie sie eine psychologische,
soziale oder gesellschaftliche Betrachtungsweise einschließt,
wurde vermieden. Die Psychotherapie als Behandlungsmethode
befaßt sich mit der Heilung innerpsychischer und interindividu-
eller Symptome und Konflikte und schließt somit die subjektive
Befindlichkeit mit ein. Dem Leser wird Einblick in die Entste-
hungsbedingungen, Auslösefaktoren und den psychischen
Hintergrund der Leidens- und Genesungsdynamik gegeben.

SpringerPsychotherapie

 SpringerWienNewYork

P.O.Box 89, A-1201 Wien • New York, NY 10010, 175 Fifth Avenue
Heidelberger Platz 3, D-14197 Berlin • Tokyo 113, 3-13, Hongo 3-chome, Bunkyo-ku